KB273977

세계 최강을 추구하는
도요타 방식

세계 최강을 추구하는

도요타 방식

나카야마 키요타카 지음
민병수 옮김

가림출판사

내가 지켜본 도요타 자동차

책머리에

나는 오랫동안 도요타 자동차에 대하여 효율적인 자동차 만들기란 무엇인가를 생산기술이 아닌 제조기술의 면에서 탐구해 왔습니다. 자동차 만들기란 다수의 부품이 밀접하고도 또한 복잡하게 얽혀있어, 가히 기술의 결집 공정이라고 말할 수 있습니다. 마치 어떤 종류의 교향곡을 차종마다 만들어 내는 것이라고 해도 좋을지 모릅니다. 그 교향곡의 중심 테마는 무엇보다도 '저스트 인 타임(Just-In-Time)'이며, '사람 인변(人偏)'이 붙은 자동화임과 동시에 내가 매력을 느낀 점이라고 해도 좋겠습니다만, 사람이 가지고 있는 능력을 한없이 살리는 '1인공(一人工)'의 추구였다고 해도 좋을 것이라 생각합니다.

이들 세 가지를 근거로, 독자적인 교향곡의 양식이라고도 할 수 있는 생산 방식을 끊임없이 추구하여, 그 과정에서 아무런 가치를 낳지 않는 허비란 무엇인가에 대해 끝없이 연구하고 이것을 철저히 생략하는 데에 전력 투구해 왔습니다. 지난 세월을 돌이켜 보면 확실히 힘들었지만 해야 할 일 그리고 하고 싶은 일을 할 수 있어서 재미가 있었습니다.

도요타 자동차에서의 자동차 만들기는 선인(先人)들이 대단히 힘들었던 시대 배경 속에서 정말로 고생에 고생을 거듭한 끝에 낳은 독자적인 시스템입니다. 현재 세간에서는 찬사를 담아 도요타 생산방식(이하 도요타 방식이라고 함)이라고도 불리고 있습니다만, 처음부터 '시스템이 있는 세계'는 아니었습니다. 필자도 초창기에는 선배로부터 "이렇게 하라, 저렇게 하라"는 말을 듣고 무엇을 위해서 그렇게 하는지 전혀 모르는 채 그저 무작정 따라 했던 것을 선명히 기억하고 있습니다.

예를 들어 표면적인 능률과 진정한 능률의 차이라든지, 움직임과 일하는 것의 구별, 또 '어려움을 겪지 않으면 지혜가 나오지 않는다' 란 무슨 뜻인가, 라는 식으로……. 그러다가 그 이유라든지 목적을 조금씩 알게 되었고 지위가 올라감에 따라 마치 안개가 개는 듯이 본질이 보이게 되어 '최상의 상태' 란 무엇인가도 상황에 따라 그릴 수 있게 되었습니다. 도요타 방식이란 단순한 수단이나 기법의 세계가 아니고, 또 IT에서 자주 논의되는 룰이나 매뉴얼의 세계도 아닙니다. 사람에 대한 가치관(예를 들어, 일인공의 추구를 통한 인력 양성의 최상의 상태)이나 경영관(예를 들어, 기업이 이익을 확보하려면 저스트 인 타임을 기반으로 한 구조 만들기가 필요 불가결하다는 점)에 깊이 기인한 것이라고 확신하기에 이르렀습니다.

그런데 독립하여 컨설턴트의 일을 해보면, 클라이언트(컨설팅 대상 기업)는 자동차 산업 종사자들만은 아니기 때문에 조금 사정이 달라, 도요타 자동차나 자동차 부품 산업의 제조 방식만으로는 만족해 주지 않는다는 것을 절실히 느꼈습니다. 왜냐하면 클라이언트는 품질·양·납기·가격 등에서 고객의 만족도를 올리려고 합니다만, 그 중에서도 특히 납기 면의 개선은 고객과 클라이언트의 쌍방이 만족할 수 있다는 점을 깊이 인식했기 때문입니다. 물론 도요타 자동차 시대에서도 저스트 인 타임 생산을 염두에 두고 개선 활동을 행하여 왔습니다. 또 선배 분들도 의식하고 있었다고는 생각합니다만, 스피드 경쟁의 시대에서는 '시간축 = 납기' 가 얼마나 중요한가를, 고객과 클라이언트의 쌍방의 관계로 다시 정의해야 한다는 것을, 그 이전보다도 더욱 깊이 생각하게 되었습니다.

그래서 이 납기를 보다 의식하고, 지금까지보다도 한 두 걸음이라도 나아간 방법으로서 '딜리버리(Delivery) 설계' 를 생각해 냈습니다. 딜리버리 설계는 납기의 면에서 고객에게 보다 높은 만족도를 주고, 한편 클라이언트인 기업에 새로운 우위성을 만들어 내는 계기가 되는 것이라고 확신합니다. 딜리버리 설계는 경영에 크게 공헌할 뿐만 아니라 기업의 제조 업무 체질 강화로도 이어지는 일입니다. 그것은 도요타 방식에서 말하는 '저스트 인 타임 생산과 원가 절감'을 철저히 계속해 가는 데 따른 체질 강화 또는 그 이상의 성과로 이어져 가는 것이라고 생각하고 있습니다.

이러한 문제 의식을 기초로 본서를 집필하기에 이른 동기 두 가지를 정리해 보고자 합니다.

앞으로의 일본 산업, 특히 제조업을 강하게 하는 일에 공헌하려면 도요타 방식의 노하우, 수단을 타 산업·업종에 그대로 전개하는 것만으로는 효과가 한정됩니다. 세상에 도요타 방식의 책이 많이 나돌고 있습니다만, 대부분 수단에 대하여 기술하는 데 그치고 있습니다.

이것을 가지고서는 분명히 성과에 한계가 있다고 할 수 있습니다. 그리고 여간해서는 도요타 자동차와 같은 역량에 이를 수 없을 것입니다. 자동차 산업 이외에도 도요타 자동차와 같은 체질의 기업이 나타나는 것이 일본의 산업을 활성화하는 일로 이어지고 세계에서 인정받는 길이기도 합니다.

독립하여 7년 간의 컨설턴트 활동 속에서 추구해 온 '납기와 리드 타임'의 관계를 보다 진화시킨 사고방식과 실천 방법으로서 '딜리버리 설계'를, 제조업 뿐만이 아니라 모든 기업 경영자들에게 소개해주고 싶은 것이 집필을 결심한 첫 번째 이유입니다. 이런 의미에서 본서는 도요타 생산 방식을 타 업종으로 전개하는 데 필요한 응용편이라고 말할 수 있습니다.

두 번째 이유는 다음과 같습니다. 해외에서 팔리는 것을 해외에서 만드는 것은 이치에 들어맞는다고 생각합니다만, 일본에서 파는 것을 해외에서 만들어 다시 일본으로 들어온다면 일본에 일자리가 없어져 실업자가 늘어날 뿐만 아니라 결국에는 구매자도 줄어들게 됩니다.

이렇게 해서 기업은 번영할지 모르지만, 일본에서는 일자리가 없어지기 때문에 GNP는 확실히 떨어져 풍요로워질 수가 없습니다. 예를 들어 싱가포르와 같이 금융이나 상업 입국, 관광 입국을 목표로 한다면 그것은 한가지 선택 사항이지만 자원이 없는 일본은 물건 만들기를 중심한 무역 입국(貿易立國)으로 살아가지 않을 수 없습니다. 해외에 생산 거점을 옮기는 것은 기업에 있어서는 어쩔 수 없는 일일지도 모릅니다만, 일본에 있어서는 분명히 마이너스가 됩니다. 그렇다고 한다면, 해외에 나가는 것을 막기 위해서는 '해외에 나가는 일은 오히려 기업에게는 손해가 된다' 는 등식을 성립시키지 않으면 안 됩니다. 일본에서의 생산은 노동비 면에서는 부담이 있는 반면 특히 납기가 짧다는 점에서는 해외 생산보다 매우 큰 장점을 가지게 됩니다.

앞으로 일본인은 더욱 더 자기자신을 주장하여 타인과는 다른 자신의 취향에 맞는 것을 추구하는 사람이 많아질 것이라고 생각합니다. 고객 중에는 자신의 취향에 맞는 제품을 주문하여 짧은 납기로 손에 넣을 수 있다면, 가격이 조금 비싼 점은 감수하는 분도 많다고 생각됩니다. 앞으로 다양한 고객의 취향에 맞추려고 한다면 종류는 틀림없이 증가합니다. 그러한 가운데에서 고객 한 사람 한 사람의 만족도를 올려 가려고 하면, 극단적으로 말하여 모든 상품을 다르게 만들지 않으면 안 되게 되어, 재고에서의 대응은 한층 더 어려워집니다. 즉, 고객이 요망하는 상품을 단납기(短納期)에 생산, 납품하는 일이 대단히 중요해집니다.

이 점에서 해외에서 생산하는 일은 큰 핸디캡이 됩니다. 일본에서의 생산 리드타임을 압도적으로 짧게 하고, 해외 생산에서는 도저히 납기에 맞출 수 없도록 해 두면 일본에서 만들지 않을 수 없게 됩니다.

국내 생산도, 수송 시간을 포함한 해외 생산품의 리드타임과 비교하지 않으면 안 될 정도로 긴 리드타임으로 만든다면 해외 생산에 이길 수 없습니다. 해외로부터의 수송 시간(항공기라면 1~2일)보다 짧은 시간에 주문 생산에 응하는 초단납기 생산을 할 수 있으면 당연히 일본에서 생산하게 된다고 생각합니다.

이 납기, 딜리버리의 우위를 한층 더 확대하고 차별화해 가면, 일본에서 생산하려는 움직임이 당연히 나올 것이라고 생각합니다. 최근에 해외에는 나갔지만, '고기능, 신기술의 제품은 일본에서 만들자' 라고 하는 일본 회귀 움직임이 있습니다. 그러나 이것은 기술적인 측면에서의 회귀입니다. 기술 측면만의 이유라면 일시적으로 일본에 회귀해도, 머지않아 또 해외 생산으로 되돌아가 버립니다. 왜냐하면 대응 조치로서는 좋다고 해도 본질적인 문제가 해결되지 않았기 때문입니다.

고객이 자신의 취향에 맞는 상품을 짧은 납기에 요구하면 요구할수록, 초단납기 주문 생산에 가치를 두고 조치를 취하는 것이 대단히 중요하다고 생각합니다. 그리고 이런 업종이나 제품은 많이 있다고 생각합니다. 아니, 대부분의 제조업이 그럴 것입니다. 단납기에 대한 대처는 반드시 공업 입국의 부활로 이어질 것입니다.

이 사고방식은 브랜드 상품을 가지지 않는 기업, 예를 들어 자동차의 협력 기업에 적용해도 재고가 큰 폭으로 줄어들어서 공장의 모습이 일변하거나 노동생산성이 높아지는 등 커다란 효과를 얻을 수 있습니다. 게다가 리드타임을 짧게 해 두면 평준화 생산이나 돌발적인 주문에도 응할 수 있어 기업에 있어서 원가 절감 효과를 가져옵니다.

이상의 두 가지가 이 시기에 본서를 집필하기로 한 이유입니다.

본서는 다섯 개의 장으로 나누어져 있지만, 솔직히 말하여 명확한 문맥으로 구성되어 있는 것은 아닙니다. 도요타 자동차로부터 독립하여 여러 기업에서 컨설팅을 행하고 있을 때 '중요하다' 고 느낀 점을 메모해 두었는데 그것을 가능한 한 알기 쉽게 편집했기 때문입니다. 본서는 독자 여러분이 흥미를 가진 부분부터 자유롭게 읽어 주셔도 좋습니다.

　지금부터 제조 현장의 개선에 종사하는 분들은 할 수 있으면 제1장에서부터 순서대로 읽는 편이 보다 이해하기 쉬울 것입니다. 현장을 개선하는 지식이나 경험이 있는 분은, 제2장을 건너뛰어도 좋으며, 빨리 딜리버리 설계를 알고 싶은 분은 제3장부터 시작하셔도 좋습니다. 제5장은, 내용이 독립되어 있는 것입니다. 특히 경영자, 관리자 분들은 때때로 읽어 주시면 도움이 될 것입니다.

　본서를 집필할 즈음에 대단히 많은 분들의 도움을 받았습니다. 그 중에서도 특히 도요타 자동차 시대의 여러 선배님으로부터 귀중한 조언을 많이 받았습니다. 또 중부산업연맹의 사사키(佐佐木) 전 이사님으로부터는, 필자가 본 연맹의 종합 연구소 고문을 하는 관계로 여러 가지 정보를 제공해 주셨습니다. 이 기회를 빌어 진심으로 감사 드립니다.

　클라이언트 기업의 여러분 및 필자의 동료인 니스크 그룹의 컨설턴트 분들은 사례(事例) 제공 등으로 도움을 주셨습니다. 감사합니다.

　그리고 이번의 출판에 즈음하여 다이아몬드사 국제경영연구소의 후지시마 히데키(藤島秀記) 님, 다이아몬드사 출판 사업국의 하나다 시게아키(花田茂明) 님, 타무라 조지(田村讓司) 님은 편집 등등에서 몇 번이나 협의에 참가해 주셨습니다. 감사합니다.

　어쨌든 많은 분들의 협력이 없었더라면 본서가 세상에 발표되기 무척 어려웠을 것이라고 생각합니다.

　마지막으로 본서를 읽어 주시는 독자 여러분들의 기업 경영에 도움이 된다면 필자로서도 기대한 이상의 기쁨이 될 것입니다. 여러분의 건승을 간절히 염원합니다.

니스크 · 그룹의 오피스에서　나카야마 키요타카(中山清孝)

새로운 프로세스 매니지먼트의 필요성

본질추구형의 매니지먼트
지금까지의 매니지먼트 이노베이션을 생각한다
새로운 '프로세스 매니지먼트'의 핵심
'눈에 보이는 경쟁'과 '눈에 보이지 않는 경쟁'
문제 해결 능력을 생각한다
현금 흐름 경영시대의 도래

본질추구형의 매니지먼트

▌경영의 본질이란 무엇인가

기업이 요구하는 경영의 본질이란 '끊임없이 변화하는 고객의 니즈(Needs, 수요)에 따라 고객에게 환영받는 물건이나 서비스를 제공하는 일로서 사회의 발전이나 국익에 공헌한다' 는 것이다. 그리고 이와 같은 활동을 하는 가운데 다양한 경영 드라마가 시시각각, 국내에서 뿐만 아니라 글로벌 단위로 전개되고 있다. 기업에서는 현재 '스피드 경쟁' 이나 '현금 흐름 경영' 등의 경쟁 키워드가 각광을 받고 있으며 그것은 '약육강식' 의 양상을 띠고 있다. 주목해야 할 것은 미국이나 유럽제국의 호경기와 약진하는 중국 및 동남아시아 경제이다.

한편, 일본은 거품경제 붕괴 후의 침체로부터 아직껏 벗어나지 못한 상황에 있다. 때문에 리스트럭처링(Restructuring, 재구축)도 비싼 노무비용의 관점에서 인원삭감(정리해고)과 같은 말로 사용되고 있다. 개중에는 노무비용을 줄이기 위하여 국내 공장을 폐쇄하고 해외로 생산거점을 이전한 기업도 있다. 그러나 그들도 현지에서 각각 어려운 글로벌 경쟁에 노출되어 있다. 무엇보다 국내 공장을 폐쇄하는 것은 지역사회에 대단히 큰 영향을 미친다. 예를 들면 신규 졸업자의 채용이 감소함에 따라 실업자가 증가하고 현지 기업이 연쇄적으로 폐쇄되거나 상가가 쇠퇴하는 등의 직접적인 영향 뿐만 아니라 제조기능의 상실이나 지역주민의 정신적 공동화를 낳는 등 간접적인 영향까지 다양하게 나타나고 있다.

이러한 가운데에서 착실하게 거품경제 때를 웃도는 수입 증가와 수익의 증가를 기록하는 기업도 있는가 하면, 수입은 늘어났어도 이익이 감소한 기업도 있다. 개중에는 정리해고라고 하는 이름의 인원삭감을 통한 후유증에서 아직까지 회복하지 못한 기업도 있다. 어째서 이렇게 서로 다른 현상이 기업경영의 세계에 늘 따라다니는 것일까? 고수익을 올리는 기업은 어떠한 '본질추구형 매니지먼트'를 하고 있는 것일까? 경영자원을 어떻게 살리며, 어떠한 효율을 도모하고 있는 것일까? 어떻게 해서 활달한 사람 만들기, 활기찬 직장 만들기를 하고 있는 것일까? 한편, 저수익이나 적자에 고민하는 기업은 어떤 경영방식을 행하고 있는 것일까? 어디에 그 차이가 있는 것일까? 그리고 제조의 공동화를 저지하기 위해서는 어떠한 방법이 필요한가? 사회나 시장에 입각한 경영의 본질이란 무엇인지 이제 다시 자문해야 할 시기이다.

우리는 보통 아무렇지도 않게 매니지먼트라는 말을 입에 담지만, 매니지먼트란 생각이나 의도의 벡터(Vector, 방향과 힘을 포함한다)를 나타내는 것, 바꾸어 말하면 '최상의 상태(정체하는 일 없이 부가가치를 계속 창출하는 상태)'를 설정하여 그것을 실천하는 과정을 의미한다. 최상의 상태를 설정하지 않거나 그것을 향해 실천하는 과정이 없는 매니지먼트는 본래의 매니지먼트라고 말할 수 없다.

그러나 실제로는 여전히 관리부서나 상사가 단순히 알고 싶어 한다고 해서 자료를 만드는 '관리를 위한 관리'나, '관리자료와 평가자료'의 혼동, 현장의 생산능력을 초월한 돌발 주문을 처리하느라 분주한 '뒤처리 관리' 때문에 현장이 혼란스러운 일이 비일비재하다. 매니지먼트를 행할 때에는, 지금까지 해왔던 활동의 연장선상에 있는 '목표설정'이나 '실시사항'을 중점으로 한 대응형 활동을 원래 하던대로 행할 것인지, 아니면 철학이나 사명감에 바탕을 두고 '경영의 최상의 상태'를 향하여 문제해결을 해 나갈 것인지를 선택해야 한다. 이 양자 사이에서 선택을 해야 하는데 그 둘의 차이는 몹시 크다고 말하지 않을 수 없다. 굳이 표현한다면, 전자는 '대응형 매니지먼트'이며, 후자는 다이내믹한 '본질추구형 매니지먼트'이기 때문이다. 아래에서는 목표설정의 예로서 위에 기술한 두 가지 매니지먼트의 차이를 설명하고자 한다.

지금까지 해왔던 활동의 연장선상에서 보면 다음 두 가지가 목표설정의 예를 들수 있는데, 대부분 이러한 경우에 속한다.

하나는, 실행부서가 결정하는 방법이다. 이 방법에서는 '올해는 이만큼 할 수 있을 것 같다'고 해서 혹은 '이 정도의 성과를 낼 수 있을 것이다' 라고 생각하여 그것에 얼마간의 목표량을 얹은 목표가 되기 쉽다. 이 경우, 확실히 달성할 확률은 높지만 목표수치는 낮아질 위험이 있다.

또 하나는 기획부서(예를 들어 경영 기획부)가 결정하는 방법이다. 이것은 이익 목표를 기업이 필요하다고 생각하는 관점에서 결정하기 때문에 일반적으로 목표수치가 높아진다. 그러나 현장에서는 목표치가 그렇게까지 높지 않기 때문에, 기획 부서가 결정한 목표는 높지만 최종적으로 달성할 확률은 낮은 것이 보통이다.

결과적으로는 두 가지 모두 성과가 높은 편이 좋지만 어느 쪽이 더 좋다고는 말하기 힘들다. 그러나 이와 같이 '종래 해왔던 활동의 연장선상에 있는 목표'를 가지고는 비록 그 목표를 달성했다고 해도 기업이 살아남을 수 있다고 확신할 수는 없다.

다른 한편으로 '최상의 상태'를 향한 목표설정이라는 방법이 있다 (이것은 필자가 취하는 방법이기도 하다). 그것은 '몇 년 안에 업계에서 세계 제일이 되자'는 목표를 정하는 것이다. 그리고 올해는 여기까지, 내년에는 여기까지 해마다 일정한 목표를 정하고 그것을 그대로 달성하는 것이다. 이렇게 하면 기존의 방법 즉 '해마다 몇 퍼센트 향상'이라고 하는 것보다도 알기 쉽고, 앞의 두 가지보다도 높은 목표치를 얻을 수 있을 것이다. 또한 관리직 외의 사람들도 납득하기 쉬울 뿐만 아니라 오히려 솔선해서 실행해 나갈 수 있을 것이다.

이와 같이 매니지먼트에는 생각과 과정이 무엇보다 중요하다. 그러나 유감스럽게도 이것을 인식하고 있는 기업은 그다지 많지 않다.

'국익, 경영에 기여하는 물건 만들기, 사람 만들기'가 필생의 사업

거품경제의 붕괴로 인한 수십 년의 경제불황에 따라 기업은 어떻게 해서라도 어려운 환경을 타파하기 위해 여러 가지 시책을 펼쳤다. 하지만 이제까지 정리해고나 아웃소싱으로 대표되는 '대응형 매니지먼트'에만 지나치게 치우친 감이 없지 않다. 때문에 이제 우리는 원점으로 돌아가서 현장에서 땀 흘리며 일하는, 즉 일의 본질을 추구하는 매니지먼트를 되찾아야만 한다. 사실 그것을 행하기 위한 근본적인 방법은 '사람의 지혜를 발휘하는 면'과 '행동하는 방법' 속에 있다. 하지만 필자는 그것 이상으로 '높은 뜻'이 중요하다고 생각한다. 현재와 같은 도요타 자동차의 위상의 근원도 선인(先人)의 '높은 뜻'에 있다.

도요타 사키치(豊田佐吉) 씨는 어머니를 편하게 해드리고 싶어서 자동방직기를 발명했고, 일본의 발전(국익)에 힘쓰기 위해 그것으로 사업을 시작했다. 또 도요타 키이치로(豊田喜一郎) 씨는 일본이 풍요로워지려면 공업입국(工業立國)이 되어야 한다고 판단하고 곧 도래할 자동차 시대를 맞이해 일본인의 손으로 자동차를 만들고자 노력했다. 공업입국으로 가는 수단은 여러 가지가 있겠지만 자동차 생산은 공업입국을 위한 큰 수단으로서 손색이 없는 것이었다. 오노 타이이치(大野耐一) 씨도 도요타 키이치로 씨처럼 공업으로 나라 경제를 발전시키는 데 공헌하기 위해 세계 어디에 내놓아도 뒤지지 않을 품질과 생산성 높은 자동차를 만드는 것이 목표였다.

이상과 같은 선인의 '높은 뜻'을 표본으로 삼으며 필자 또한 오랜 세월, 현장에서 경영에 기여하는 개선활동을 해왔던 체험과, 도요타 자동차를 떠나서 경영 컨설턴트로서 현재까지 활동해 왔던 7년 동안의 경험을 토대로 국익이나 산업계의 발전에 기여하고 싶다. 더불어 새로운 본질추구형 매니지먼트를 구축하기 위해 작은 힘으로나마 공헌할 수 있다면 필자로서는 더할 수 없는 행복이다. 어떠한 견해와 생각을 해야 하고, 어떠한 행동이 필요한가, '국익에 부합하는 제조업계의 최상의 상태', 혹은 '경영에 기여하는 사람 만들기' 등의 탐구와 창조, 이것이 필자의 필생의 사업(Life work)이다.

필자는 새로운 매니지먼트 사고방식이, 지금까지의 매니지먼트에 대한 돌파구가 될 것을 바란다. 그와 동시에 산업계 안에서 새로운 매니지먼트를 실천하는 영역을 확장시켜 가는 일에도 힘을 다하고 싶다.

지금까지의 매니지먼트 이노베이션을 생각한다

백가쟁명과 같은 1990년대의 매니지먼트

여기서는 1990년대에 많은 기업에서 전개한 매니지먼트의 특징을 총괄해 보고자 한다.

1990년대의 디플레이션 불황기 속에서 각 기업은 현재 직면한 상태를 바꾸려고 미국발 '주주가치'나 '경제 부가가치' 등의 사고방식을 채용하거나 '컴퍼니 제(Company 制)' 또는 '능력주의적 인사제도'의 도입 등 조직이나 제도의 개혁에 관심을 쏟았다. 가전 업계에서는 비용절감의 일환으로서 '제조 외부 위탁(EMS)'의 도입도 일부에서는 보였다. 또 업무의 흐름을 재구축할 것을 지향하여 IT를 활용한 '리엔지니어링(Re-engineering)'을 비롯하여 ERP(Enterprise Resource Planning)로 대표되는 정보 시스템 등 타사에서 성공한 시스템을 도입하는 방식도 자주 행하였다. 백가쟁명(百家爭鳴)처럼 계속해서 다양한 매니지먼트 수법이나 기법이 개발 및 도입되었다.

자사의 '최상의 상태'를 향하여 새로운 매니지먼트가 필요

이와 같은 매니지먼트 수법이나 기법은 어디까지나 그것을 낳은 산업이나 기업이 추구하려고 했던 목적을 달성하기 위해 활동한 결과이며 그 때문에 큰 성과를 거두어 왔다. 그러나 이들을 도입한 기업의 공통점은 기성복에 사람의 몸을 억지로 맞추듯이 '타사에서 성공한 제도나 시스템이 자사에서도 성공할 것이다'라는 기대를 가지고 도입했다는 것이다. 때문에 자사가 원하는 모습을 향해서 새로운 구조를 창조하지 못한 경우도 있었다.

무슨 일이 있어도 자사의 현재 상태를 바꾸려고 하는 에너지나 집념이 헛돌 때에는 제도나 시스템을 '최상의 상태'를 달성하기 위해서라면 언제든지 바꿀 수 있다는 것을 조건으로 삼지 않으면 안 된다. 그러나 도입한 제도나 룰이 그 후 자사의 현재 상태의 개선을 저해하거나 변화를 거부하는 것을 정당화시키는 이유가 되는 경우도 의외로 많다.

이러한 일을 뒷받침하듯이 많은 기업의 컨설팅에 참여하다 보면, 앞에서 서술한 여러 가지 매니지먼트 수법이나 기법이 반드시 예고된 성과를 충분히 올리지 못한 경우를 보게 된다. 특히 현장에서 볼 때 활성화는커녕 '억지로 하게 되는 느낌'이나 '강요당하는 느낌'이 강하다. 극단적으로 말하면 성과를 '실제 이상으로 많아 보이게' 한다는 느낌마저 들게 된다. 게다가 유감스럽게도 그 상태를 경영자나 관리자는 충분히 인식하고 있지 못하고, '잘 되고 있을 것', '잘 하고 있을 것'이라고 착각하는 경우가 많다.

흔히 있는 예로 재고삭감의 경우를 들자면 분기 말에만 의도적으로 재고를 제한하면서도 평소부터 빠듯한 재고로 운영하는 것처럼 장부의 숫자를 조작하는 일이 많든 적든 행하여지고 있다.

정보 시스템 부문은 야단법석을 떨며 ERP를 전개했지만, 현장의 실태나 능력에 맞지 않기 때문에 사용하기가 불편하다. 실제로 현장에서 독자적으로 정보를 가공하면서 생산을 행하고 있었다는 예도 볼 수 있었다.

인재육성에서는, 일이나 프로세스의 개선을 통하여 인재를 양성한다는 생각이 충분히 인식되지 않아 결과나 성과만으로 평가를 하기 때문에 눈앞의 목표만 달성하면 된다는 부분적인 개선이 중심이 되었다. 그래서 넓은 시야에서 일을 진행시키는 인재를 좀처럼 성장시키지 못하는 기업도 있다.

커뮤니케이션을 취하는 방법에 대해서도, 현지·현물에 바탕을 둔 인간미가 있는 '하트 투 하트(Heart to Heart)'의 커뮤니케이션에서 회의나 미팅에서 행하는 '페이스 투 페이스(Face to Face)'의 다소 형식적인 혹은 '데이터 투 데이터(Data to Data)'만의 사무적·기계적인 방식으로 변질되고 있다. 때문에 활발한 대화가 결여되어 커뮤니케이션에서부터 생겨나는 신뢰관계나 각자의 아이디어를 서로 부딪치게 하는 가운데에서 생겨나는 상승효과를 얻을 수 없는 것이 아닐까 하는 염려가 앞선다.

일에 대한 명확하고 가슴이 설렐 만한 '최상의 상태'라는 목표가 제시되고, 그 목표를 향하여 "힘들다, 그러나 재미있다"라고 느끼게 해 주는 인간미가 있는 매니지먼트가 필요하다. 진정한 매니지먼트는 '뜻이 있는 목표설정'과 '거기에 도달하는 과정'을 함께 하는 것이다.

새로운 '프로세스 매니지먼트'의 핵심

도요타 방식은 '최상의 상태'를 향해 지금도 진화하고 있다

현재 업종·업계를 불문하고 해외에서까지 주목받는 매니지먼트 중에 도요타 방식이 있다. 제조업뿐만 아니라 서비스업, 금융기관, 의료기관 그리고 관공서에서도 도입을 시도하고 있을 정도이다. 그리고 서점에는 이에 관한 서적 코너가 따로 설치되었을 정도로 관심은 대단하다.

그러한 서적 중에는 도요타 방식을 완성된 시스템으로서 논하는 것도 있지만 필자는 그렇게 생각하지 않는다. 도요타 방식은 '최상의 상태'를 향해 지금도 진화하고 있으며, 시대의 변화와 더불어 앞으로도 계속 진화할 것이다. 도요타 방식이 오늘의 형태가 되기까지는 최고 경영자의 결단이나 강렬한 리더십, 그리고 수많은 사람들의 지혜가 있었고 반대로 많은 시행착오도 있었다. 일본 공영방송인 NHK에서 방영하여 호평받은 프로그램 '프로젝트 X(어려운 프로젝트에 도전하여 역경에 굴하지 않고 그것을 달성해낸 사람들의 스토리를 소개하는 다큐멘터리 프로그램)'와 같은 감동적인 인간 드라마가 프로젝트 하나하나에 담겨 있었다. 그 속에 있었던 필자도 지금 돌이켜 보면 '긴장과 고통의 연속이었지만, 재미있었다', '도요타에서 여러 가지를 자유롭게 해주었다', 또 '여러 가지를 배울 수 있었다'라고 할 만큼 말로는 다할 수 없는 추억이 무수히 많다.

현장 혁신을 중심으로 한 새로운 프로세스 매니지먼트가 필요하다

현장 혁신을 중심으로 한 새로운 '프로세스 매니지먼트'에 대하여 그림 1-1, 1-2로 논해 보고자 한다.

최종적으로는 뜻이 높은 '최상의 상태'를 실현하는 경영 혁신을 목표로 하는 것인데, 그림 1-1에서는 현장 개선→관리 혁신→현장 혁신→경영 혁신의 순서로 변화한다.

현장 개선은 현장의 허비를 배제하거나 벤치마킹 방식에 의한 수평 전개를 중심으로 한 활동이며, 경영 혁신을 위한 기초·원천이다. 다만 현재 상태 구조 속에서의 개선이며 기존 시스템 안에서의 활동이다.

그림 1-1 역(逆) N형 프로세스 매니지먼트

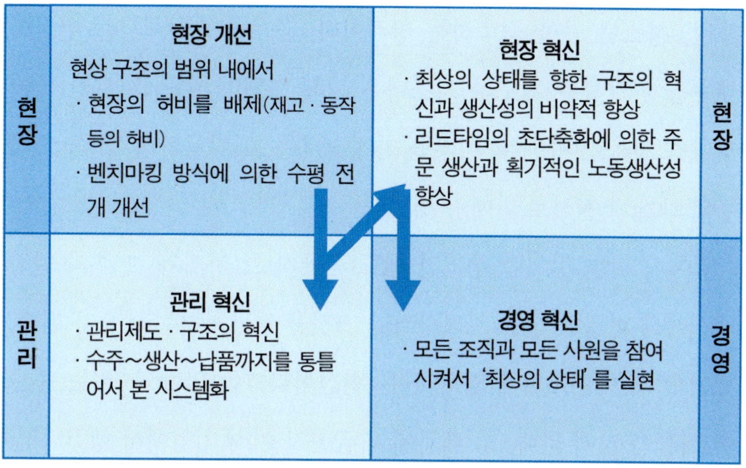

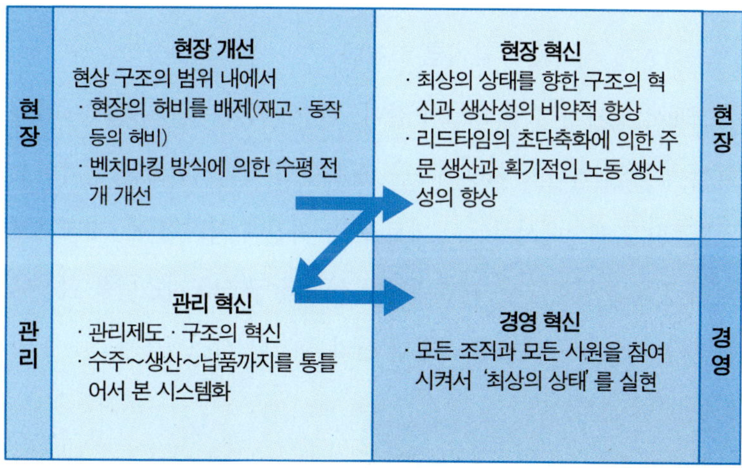

그림 1-2 Z형 프로세스 매니지먼트

그 다음의 관리 혁신은 기획·관리 부문이 주체가 되어서 제도나 조직, 시스템 등을 구축하는 방식이다. 즉, 이 순서에서는 현장의 행동을 규정하는 제도나 시스템은 기획·관리 부문에서부터 주어진다는 것을 의미한다. 이것을 가지고서는 그 다음의 현장 혁신 범위와 레벨에 저절로 한계가 생긴다.

앞에서 말한 것처럼 주어진 제도나 규칙 그 자체가 그 후의 현장 개선이나 현장 혁신을 저해하거나 그것을 정당화하는 이유가 된다. 당연히 최종 단계의 경영 혁신은 혁신이라고는 말할 수 없는 수준에 머물 수밖에 없다. 그 때문에 지금까지 여러 기업에서 행한 경영 혁신은 현장에서 실천하는 일에 바탕을 둔 실태로부터 고려된 것이 아니라, 논리적인 사고에 의한 전략이거나 제도나 시스템으로 전개하는 방식이었다. 이와 같은 매니지먼트의 사고방식·진행방식을 '역(逆) N형'이라고 부르기로 하겠다.

그래서 필자는 그림 1-2와 같이, 현장 개선→현장 혁신→관리 혁신→경영 혁신이라는 새로운 프로세스 매니지먼트를 생각하고 있다. 현장 개선에서부터 곧바로 관리 혁신에 가기 전에, 지금까지의 구조를 초월한 높은 레벨까지 현장의 구조나 시스템을 혁신해 둔 다음, 이 높은 레벨에 적합한 관리 구조나 시스템을 혁신·도입하는 것이 순서이다.

본래의 물건 만들기(제조업)는 설계하는 것, 제조하는 것, 판매하는 것으로 성립되며 그 외는 보조적인 일이다. 따라서 물건을 만드는 과정을 최상의 상태로 설정한 다음 이것을 관리하는 구조를 생각하면 된다. 현장 혁신에는 최대한 시간과 에너지가 필요하다는 점을 생각해 두어야 할 것이다. 그러나 이 현장 혁신이라는 프로세스를 거쳐야만 관리 혁신에 의해 도입된 제도나 시스템의 개선이 촉진되어 인재를 육성하는 데에 공헌할 수 있다고 확신한다.

이 일련의 프로세스를 필자는 앞의 '역 N형'에 대해 'Z형'이라고 부르고 있다. 보다 알기 쉽게 하기 위해서 다음에 몇 가지 사례를 소개하고자 한다.

예를 들어, 현재 호황을 이루는 어느 반도체 전문 메이커에서 '4배속'의 경영 스피드를 달성할 필요성을 최고경영진이 밝혀, 거기에 바탕을 두고 제조를 중심으로 한 회사 전체 차원의 혁신 활동이 전개되고 있는데 이 과정에서 종래와는 다른 초스피드식 매니지먼트 스타일이 탄생하였다.

도요타에서는 2차 대전 후 얼마 되지 않았을 무렵에 "일본의 생산성은 미국의 8분의 1이다. 일본이 지금부터 세계에서 살아 남기 위해서는 3년 안에 미국을 따라잡지 못하면 안 된다"라고, 당시로서는 아무도 생각하지도 못한 목표를 제시했다.

미국의 경우를 보더라도 사람을 달 표면에 보냈던 '아폴로 계획'이 그랬고, 공민권 운동으로 유명한 킹 목사의 연설 'I have a dream' 또한 누구도 생각지 못한 목표를 제시한 예에 속한다.

신제품 개발에는 여러 종류의 기술과 다방면에 걸친 부문의 제휴가 필요한데, 그 개발 리드타임(Lead time)을 극적으로 단축하려면, 예를 들어 '리드타임 10분의 1' 달성이라는 대담한 목표를 세워서 변혁 행동을 개시하는 것이 유효하다는 사실을 수많은 사례들이 제시하고 있다.

이와 같이 기존의 경영활동에서는 생각할 수도 없는 '대담한', 게다가 가슴이 설레는 목표를 최고 경영진이 표명함으로써, 제조만이 아니라 개발이나 영업, 물류 등 모든 부문의 현장을 개선하는 것부터 우선 행하여진다. 그리고 관리 혁신, 경영 혁신으로 회사 전체의 활동이 전개되어 가는 'Z형' 쪽이 결과적으로는 빠르고 큰 성과로 이어진다는 것을 확신한다.

물론 이 목표는 수요가 '최상의 상태'인 경우를 기준으로 설정해야 하지만, 달성할 수 있는 전망을 가지고 있다는 것도 중요하고 최고 경영진이 강한 리더십을 가지고 부하를 믿고 맡기는 것도 중요하다. 이렇게 함으로써 최고 경영진과 직원간의 신뢰 관계가 형성되어 간다.

앞에서도 서술했지만 다시 한 번 목표에 대하여 생각해 보고자 한다. 필자가 이 정도로까지 목표를 강조하는 이유는 불투명한 경영 환경 속에서는 스스로 설정한 목표가 자신을 분발하도록 만드는 원천이 되기 때문이다.

목표는 '몇 년 안에 업계에서 세계 최고가 되자' 라고 정하는 것이 좋다

그림 1-1, 1-2의 현장 혁신을 전개할 때에, 필자는 평소 '현장을 분발하게 하는 목표', '목표달성 시 구체적인 이미지(회사를 3년 후에는 '이런 모습'으로 하고 싶다는 등)를 최고 경영진이 가지고 있는 것이 매우 중요하다고 생각한다. 먼저 간단하게 서술했는데, 여기서는 보다 자세하게 '목표를 세우는 방법'을 예로 들도록 하겠다.

목표를 설정하는 방법에는 세 가지가 있다고 할 수 있다.

첫째는 실행 부서가 결정하는 방법이다.

조금 극단적으로 말하면 전망이 있는 사항의 예상 효과(확실히 이룰 수 있다고 간주되는 레벨)와 지난해까지의 목표치 달성률을 감안하여 너무 높지도 않고 너무 낮지도 않은 무난한 값을 목표로 결정하는 방식이다. 즉, 이만큼의 일을 할 수 있을 것 같고 이 정도의 성과가 날 것 같으니 그것에 다소의 목표량을 추가한 값을 목표치로 정하는 것이다. 당연히 달성할 확률은 높지만 목표의 레벨은 반대로 낮아지기 쉽다.

둘째는 기획 부서가 결정하는 방법이다.

이 방법이라면 이익 목표 등의 필요성부터 결정하기 때문에 일반적으로 목표의 수준은 높아진다. 그러나 현장은 거기까지의 목표가 서있지 않기 때문에 양자 간의 조정이 필요하다. 기획 부서는 현장에 목표를 납득시키는 것이 곧 성과로 이어지기 때문에, 웬만해서는 설정한 목표를 내리는 일은 하지 않는다. 그 결과, 현장은 견실한 목표가 서지 않은 채 "실행안을 만들어서 행하겠습니다"라고 말하지 않을 수 없게 된다. 이렇게 되면 목표 수준은 높지만 그것을 달성할 확률이 적어지는 것이 보통이다. 중간 점검 회의에서는 "속도가 더딥니다. 열심히 했지만 생각했던 대로 성과가 나오지 않았기 때문에 다른 안을 생각하고 있습니다" 따위의 변명을 하고, 기말 점검 때에는 '무슨 말을 듣더라도 가만히 참고 있으면 무사히 넘길 수 있다' 는 생각으로 안일하게 지나쳐 버리기 쉽다. 또, 달성한 부서에는 아무것도 말하지 않고 달성하지 못한 부서에서는 숫자만 가지고 이러쿵저러쿵 말하기 쉽다. 오히려 달성한 부서에는 "이런 방식으로 하면 더 성과를 낼 수 있었던 것이 아닌가"라고 조언하고, 달성하지 못한 부서에는 경영진이나 기획 부서도 '내가 무언가 할 수 있었던 일은 없었는가' 라고 반성하여 회사 전체를 참여시켜 그 부서를 돕도록 하는 것이 좋다. 관리자는 숫자로 관리할 것이 아니라 직무로써 관리해야 한다.

오노 타이이치 씨는 하향식(Top down)으로 주위가 깜짝 놀랄 만큼 높은 목표를 주었다. 하지만 현장을 스스로 시찰하고서 결정하였던 것이지 기획 부서가 결정하는 방식과는 기본적으로 달랐다.

게다가 오노 씨는 목표치를 달성하지 못한 부서에는 직접 찾아가서 선두 지휘를 하였다.

셋째는 세계 제일을 지향하는 방법이다.

세계 유수의 A전기 메이커가 행하는 방식과 비슷한 방법으로서, A사에서는 "세계 1위나 2위가 아니라면 그 사업은 그만두어라"고 말한다. 이와 같이 '몇 년 안에 세계 제일이 되자'라는 목표를 결정하는 방법이다.

A사의 최고 경영진은 기술개발, 조달, 생산기술, 제조 등이 세계 정상인 기업을 상당한 시간과 노고를 들여서 시찰하고 돌아온 다음 '몇 년 안에 업계에서 세계 최고가 된다'라는 목표를 채택하였다.

그런데 업계에서 세계 제일이 되려고 해도 일반 기업의 경우, A사와 같이 연구하려고 해도 하지 못하고 업계 중 세계 제일이 어느 정도 수준인지 알지 못하여 좀처럼 목표를 정할 수 없는 것이 보통이다. 그래서 화제가 된 방법을 그대로 모방하여 그것을 목표로 삼는 곳이 많게 되는 것이다(좋은 수단을 도입한다고 해도 곧바로 목적을 달성할 수 있다고는 할 수 없다).

필자는 최근 몇 년 동안 "업계에서 세계 제일이 됩시다. 세계 제일의 수준은 이와 같은 상태로 만드는 것입니다. 수치로 말한다면 ○○정도가 됩니다"라는 목표치를 제시하는 방법을 사용하고 있다. 그리고 이 목표치를 몇 년 만에 달성할 것인지 관리자 스스로 결정하고, '올해는 이 레벨까지, 내년은 이 레벨까지' 라는 단기간의 목표를 설정한다. 이렇게 하는 편이 매년 '몇 퍼센트 향상' 이라고 정하는 것보다 알기 쉽고 관리직 이하의 사람들도 납득하기 쉽다.

이 세 번째 방식이 앞의 두 가지보다 높은 목표치라 할 수 있다. 왜냐하면 '나도 세계 제일의 공장에서 일을 한다' 라는 명확한 목적의식이 생겨나 적극적으로 일을 할 수 있기 때문이다.

그리고 이 목표를 달성하기 위해서 실시해야 할 개선재료를 언제라도 사용할 수 있는 구조를 만들어 두는 것이 효과적이다. 회사 안에는 매우 흡사한 일을 하는 부서가 있기 때문에 어딘가의 부서에서 했던 일을 수평으로 전개할 수 있는 경우도 많다. 그러므로 1년 앞 정도까지의 개선재료 때문에 어려움을 겪는 일은 없을 것이다.

이와 같이 '세계 제일을 목표' 로 하여, 현장에서 스스로 해야 할 사항을 실시할 수 있는 매니지먼트를 시행해야 한다. 그러나 유감스럽게도 이와 같은 경영방식을 행하는 기업은 별로 많지 않다.

개선에는 단기형과 장기형이 있다

개선에는 알아차리고 나서 바로 행하거나 수개월 이내에 행하는 단기적인 것과 몇 년에 걸쳐 하는 장기적인 것이 있다. 여기서는 장기적인 개선에 효과적으로 임하는 방법에 대해 예를 들어서 서술하고자 한다.

예를 들어, 한 상자에 담을 수 있는 물품의 수량을 적게 하고 싶다고 해서 지금 당장 할 수 있는 것은 아니다. 우선 한 상자에 들어가는 부품 원가의 최대치나 중량 등 수용할 양을 결정하는 데 대한 룰을 구입처와 의논하여 결정해야 한다. 그리고 나서 차기 모델부터 실시하는 방식을 취한다. 대부분의 부품은 몇 년이 지나면 바뀌므로 그 때마다 성과가 나타난다. 장기형의 과제에는 이와 같이 조직적인 대처를 하면 확실히 성과도 나오고 담당자도 수행하기 쉽다.

이상과 같이 현장에서 '몇 년 안에 업계에서 세계 제일이 되자' 라는 구체적인 목표 수치를 세운 다음, 최고 경영진의 이해와 지원·협력을 얻어 그것을 구체적으로 실천한다면 현장 개선은 현장 혁신으로 이어진다. 이와 같은 Z형의 프로세스 매니지먼트를 실행했을 때 비로소 기업은 계속해서 이익을 얻을 수 있을 것이다.

'눈에 보이는 경쟁'과 '눈에 보이지 않는 경쟁'

오늘날 기업은 두 가지 영역에서 경쟁을 하고 있다. 하나는 시장에서 전개되는 '눈에 보이는 경쟁'이고 다른 하나는 기업 내부에서 이루어지는 '눈에 보이지 않는 경쟁'이다. 눈에 보이는 경쟁은 기업 외부의 '수익 센터'를 의미하며, 눈에 보이지 않는 경쟁은 기업 내부의 '코스트 센터'라고 말할 수 있다.

눈에 보이는 경쟁에서는 차별화로 우위에 선다

눈에 보이는 경쟁의 구성요소는 세 가지로서 '제품이나 서비스가 갖는 가치', 즉 성능, 기능, 품질, 납기와 가격 등이 있고, 느낌(Feeling)이라고도 할 수 있는 '감성적 가치'(스타일이나 멋 등의 패션, 즐거움, 아름다움, 청결감 등)가 있으며, 나아가 '메시지 목표 가치'(브랜드나 지위, 신뢰성, 안전이나 환경에 대한 대처 자세 등)도 있다. 기업은 이들 세 가지 가치의 균형을 취하면서 '개성화'나 '차별화'라는 독자성으로 시장에서 경쟁하고 있다.

'눈에 보이지 않는 경쟁'은, 눈에 보이는 경쟁을 하기 위한 제품이나 서비스가 갖는 가치, 감성적 가치, 메시지 목표 가치를 '만들어 내는 힘'이다. 빙산의 이미지로 도해하면 그림 1-3과 같이 된다.

그림 1-3 '눈에 보이는 경쟁'과 '눈에 보이지 않는 경쟁'

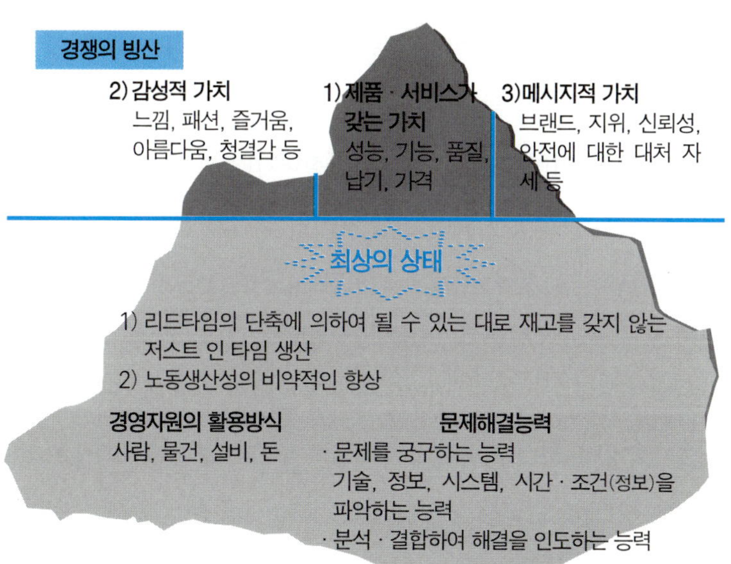

눈에 보이지 않는 경쟁은
'최상의 상태 추구' 를 대전제로 한다

빙산에서 눈에 보이는 영역이 '눈에 보이는 경쟁' 에 해당하고, 수면 아래의 영역이 '눈에 보이지 않는 경쟁' 에 해당한다.

그림 1－3에서 말할 수 있는 것은 첫째, '눈에 보이는 경쟁' 영역은 겉으로 보기에는 같아 보이지만 정작 추구하는 것은 기업들마다 제각기 다르다는 것이다. "흐름을 원활히 하고 리드타임을 단축하고 싶다" 라고 표면적으로 말은 하지만, 그와 같은 상태를 궁극의 목표로 추구하는 것이 아니라 단순히 그 수단이나 기법만 알고자 하는 경우가 많음을 알 수 있었다.

또, '다대대기(多臺待機)' 나 '다공정대기(多工程待機)' 를 실시한다고는 하지만 그것이 실상은 한정된 어느 작업자의 필요를 충족하거나 리드타임을 단축하는 데 그치거나 또는 단순히 형태를 도입한 것일 뿐 목적이 무엇인지 알 수 없는 경우도 있다. 즉, 겉으로는 같아 보여도 그 목적의식에는 커다란 차이가 있다고 말할 수밖에 없다.

타사의 것을 형태만 손쉽게 흉내낸다고 하더라도 목적의식에 차이가 있으면 같은 결과를 얻을 수 없다. 이는, 자사의 '최상의 상태' 를 추구한다는 목적을 이해하고, 그것을 위해 무엇을 해야 하는가를 생각하는 것이 성공의 비결이라는 점을 여실하게 나타내고 있다.

눈에 보이지 않는 경쟁은
경영 자원의 활용방법으로 기업 간 격차가 생긴다

두 번째로서, 이 점이 중요한데, 이 '최상의 상태'를 추구하기 위한 경영자원(사람, 물건, 설비, 돈, 기술, 정보, 시스템, 시간)의 활용방법이다. 어느 기업에서나 똑같이 활용할 기회가 주어져 있음에도 불구하고 어느 새 격차가 생기게 되며 그 이유를 잘 모르는 채 지낸다. 그것은 기업 안에 있는 사람이 자사(自社)를 활용하는 방법에 관한 장점이나 약점을 잘 모르기 때문이다. 왜냐하면 조직 행동에는 관성의 법칙과 같은 것이 있어서 각 회사마다 당연하다고 간주되는 사고방식과 행동 패턴이 뒤따른다.

그 때문에 허비에 착안하여 경영 자원을 사용하는 방법을 바꾸려고 하면, "지금 잘 되고 있는데 왜 바꾸려고 하는가", "바꿔서 뭐가 좋아지며, 과연 돈을 벌게 되느냐" 따위의 반대나 저항에 부딪히고 만다.

이렇듯 활용해야 할 경영자원(사람, 물건, 설비, 돈, 기술, 정보, 시스템, 시간)에는 조합과 같은 통합하는 힘뿐만이 아니라 기업 문화나 풍토까지도 포함된다. 이 점은 제2장에서 자세하게 서술하고자 한다.

이것들은 오랜 세월 동안 시행착오를 하며 노력한 끝에 형성되는데 좀처럼 타 기업과 비교하기가 어렵다. 때문에 몇 번이나 서술하지만, '자신의 진정한 장점과 약점이 무엇인가'를 잘 모른다. 그러므로 눈에 보이지 않는 경쟁력을 분명히 하려면 일반적으로 관찰,

인터뷰, 앙케트, 데이터 등의 기록물 등을 이용하거나 혹은 능력있는 컨설턴트에게 부탁하여 분석한다.

눈에 보이지 않는 경쟁에 이기려면 문제 해결 능력을 몸에 익히지 않으면 안 된다

세 번째로 '최상의 상태'를 추구하는 과정에서는 여러 가지 문제에 부딪친다. 우리가 이와 같은 문제를 해결해 갈 때에 그 현상을 충분히 포착하는 것도 중요하지만 그보다도 현상의 배후에 있는 '사실(진정한 원인)'을 포착하는 것이 더 중요하다. 그러나 많은 기업을 컨설팅하면서 느끼는 것은 말로는 "현지주의 · 현물주의"라고 하면서도, 유감스럽게도 진정한 원인이 무엇인지 충분히 고민하고 있지 않는 경우가 많다. 현상에서부터 진정한 원인을 찾아가는 방법에 대해서는 다음 페이지에서 예를 들면서 자세하게 서술하고자 한다.

우리는 지금까지 '눈에 보이는 경쟁'이나 '눈에 보이지 않는 경쟁'에 많은 관심을 쏟아 왔지만 글로벌화한 기업 경쟁 시대에는 '눈에 보이지 않는 경쟁에서 이기는 방법'에 다시 한 번 눈을 돌릴 필요가 있다고 생각한다. 눈에 보이지 않는 경쟁에서 '본질을 추구하는 매니지먼트'를 실천하고, Z형 프로세스 매니지먼트를 전개한다면 성과는 저절로 나타날 것이다.

문제 해결 능력을 생각한다

문제 자체가 목적에 비추어
'해결할 가치가 있는가'를 음미한다

문제 해결 능력에 대해 말하기 전에 우선 다음 그림 1-4의 과제에 대해 차분히 생각해 보자.

그림 1-4 과제

같은 조건의 집 (1)과 (2)가 있어, 같은 체격을 가진 A씨와 B씨가 각각 똑같은 도구를 사용하여 굴뚝 청소를 했다. 그 결과, 어쩐 일

인지 A씨는 그을음으로 새까맣게 더러워졌는데 B씨는 별로 더러워지지 않았다.

문제 : "어느 쪽이 먼저 목욕을 하겠습니까?"

정답은 무엇일까?

예를 들어, "당연히 새까맣게 더러워진 A씨부터 먼저 목욕탕에 들어간다", "아니, A씨가 먼저 들어가면 목욕물이 더러워지기 때문에 별로 더러워지지 않은 B씨가 먼저 들어가야 한다" 등등, 여러 가지 이유를 들면서 A씨인지 B씨인지를 대답하였을 것이다.

그러나 잘 생각해 보면 '목욕탕은 하나로 두 사람이 사용하는가, 아니면 각자의 집에 있는 목욕탕을 사용하는가', '원래 A씨, B씨는 목욕하고 싶은가, 그렇지 않은가' 등, 다양한 상황과 조건이 고려되어야 한다는 것을 알 수 있다. 결국 주어진 정보만 가지고 문제를 풀기에는 불충분하다는 것을 깨닫게 될 것이다.

그럼에도 불구하고 우리는 대체로 어떤 과제가 주어졌을 경우, 그것의 '답'을 찾는 데에만 관심을 기울여, 문제 그 자체가 과연 풀기에 적합한 것인지, 문제의 전제조건은 뚜렷한지 등에는 소홀하기 쉽다.

오늘날 기업은 싫든 좋든 다양한 문제에 직면하고 있다. 글로벌화나 업종의 다각화가 진행되어 지금까지 경험한 적이 없는 문제에 직면해 있다. 그래서 무언가의 '답 = 성과'를 신속하게 이끌어 내지 않으면 안 되는 어려운 상황에 처해 있기도 한데 사실 이런 현실에서 다음과 같은 '오류'가 발생하고 있다.

예를 들어, 모 대기업 제조업체는 경영 다각화를 추진하는 것이 유망하다는 생각 아래 그것을 성공적으로 해나갈 수 있느냐 없느냐 하는 인식을 충분히 하지 않은 채, 본업과는 다른 컴퓨터 사업에 진출하였다. 그 결과 현재 큰 부채를 짊어지게 되었다.

한편 어떤 가전업체는 스피드 경영을 달성하기 위해 '서플라이 체인'의 히든카드라고 하는 '기간 업무 패키지 소프트'를 도입했다. 하지만 회사 전체로서 가장 적합한 사고방식이나 부서 간의 협력을 얻지 못하여 큰 혼란이 생겼다. 이것은 수단과 목적을 혼동한 사례라고 할 수 있을 것이다.

최근의 산업계에서 IT는 불가결하지만, 'IT투자는 의도한 성과를 정말로 낳고 있는가'라는 질문을 자문자답해 보기 바란다. 올바른 의사결정의 가속화 등, 부가가치가 높은 업무에 사람이 전념할 수 있도록 IT는 정말로 공헌하고 있는 것일까? 그다지 중요하다고 생각되지 않는 메일을 주고받는 일에만 시간을 사용하고 중요한 본질적 문제에 대한 대처를 뒤로 미루고 있지는 않는가? 지금 내가 다니고 있는 기업에서는 어떠한가?

문제를 해결하려면 해결하기에 적합한 과제인지 어떤지를 판별하는 능력이 우선 필요하다. 게다가 문제를 해결하기 위해서 필요한 전제조건(정보)을 파악하는 능력과 그것들을 분석 · 종합하여 어떠한 답을 이끌어내는 능력이 필요하다.

도요타 방식에서는 5 WHY, 즉 '왜?'를 5회 반복하는 방법으로 진정한 원인을 밝혀 해결하도록 유도하고 있다. 문제가 일어났을 때 만사의 흐름, 사람의 행동이나 설비의 움직임, 또 그와 같은 조합에 대하여 철저하게 "왜, 왜, 왜……?"라고 자문자답을 되풀이하

그림 1-5 5 WHY의 의의와 방법

현상(문제발견 — 표준과의 격차)

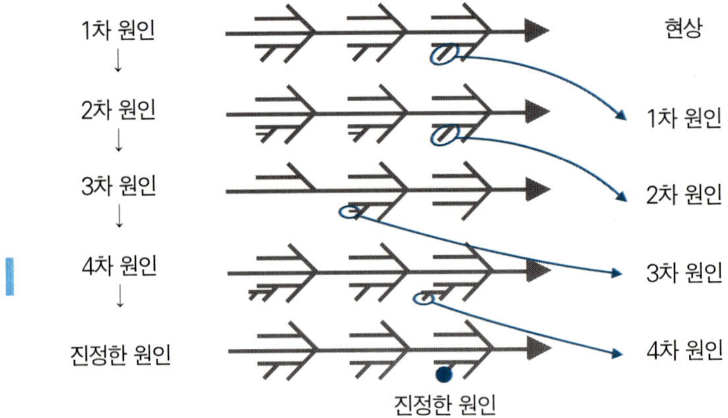

는 것이다.

이 때, 사람에게만 물을 것이 아니라 항상 '물건'에도 물어야 한다. 즉 현지·현물로 확인하는 자세가 중요하다. 사람에게 물으면 아무래도 그 사람의 주관이나 의견이 들어가게 마련이다. 그것을 피해 사실에서부터 진정한 원인을 객관적으로 포착하기 위해 물건자체가 말하는 바를 묻는다는 의미다.

5 WHY의 의의와 실천방법

그러면 5 WHY의 의의를 그림 1−5에서, '진정한 원인을 밝혀내어 해결하는 실천 방법'을 그림 1−6, 1−7의 예를 통해 서술해 보고자 한다.

우선 문제를 발견할 때는, 현상을 표준(관리 수준)과 비교하여 발견한다. 현장을 관리하기 위한 지표는 가지각색이고, 관리자·감독자의 입장에 따라서도 차이가 많다. 그리고 이러한 지표에는 관리 수준이 되는 레벨이 반드시 있다. 만약 결정되어 있지 않다면 그 지표는 도움이 되지 않는 것이라고 생각해도 괜찮다.

예를 들어, 설비의 문제로 인하여 공정이 정지하게 되었을 때, 30분 이내는 감독자가 처리하고, 30분부터 1시간 이내는 과장에게, 1시간 이상은 부장에게까지 보고한다는 관리 수준을 결정해 두는 것이 중요하다.

현상치가 표준 레벨과 비교하여 정상 범위를 벗어나 있다면, 문제가 생겼다고 보면 된다. 그림 1─5에서는 이것을 상단의 '현상(문제 발견 ─ 표준과의 격차)' 으로 나타내고 있다.

히스토그램이나 팔레트 전개 등은 과거의 데이터를 정리하고 나서 무엇을 해결할 것인지 결정하기 위한 것이다. 이것도 대단히 중요하기는 하지만, 문제해결이란 말 그대로 지금 일어난 한 건 한 건을 해결하는 일이다. 따라서 반드시 관리 수준을 결정해 둔 다음 벗어난 것 한 건 한 건을 해결하도록 한다.

즉, 어떤 액션을 취하여 정상적인 상태로 되돌리지 않으면 안 된다. 거기서 이 현상이 왜 생겼는지에 대한 원인을 현지 · 현물로 규명하여 1차 원인을 파악한다. 그리고 그 다음은 이 1차 원인이 발생한 이유는 '왜일까' 라고 규명하여 2차 원인을 파악한다. 이 순서를 되풀이하여 진정한 원인까지 도달하여 대책을 취하면 표준 수준을 유지할 수 있다. 덧붙여서, '5WHY' 에서 '5회' 는 상징적인 숫자이며 실제로는 몇 번이고 되풀이하여 진정한 원인에 도달하는 것이 본질이다.

조치로 끝나지 마라! 대책 · 재발 방지가 중요

다음에 '혈명기(穴明機)가 움직이지 않는다' 는 문제를 예로 들어

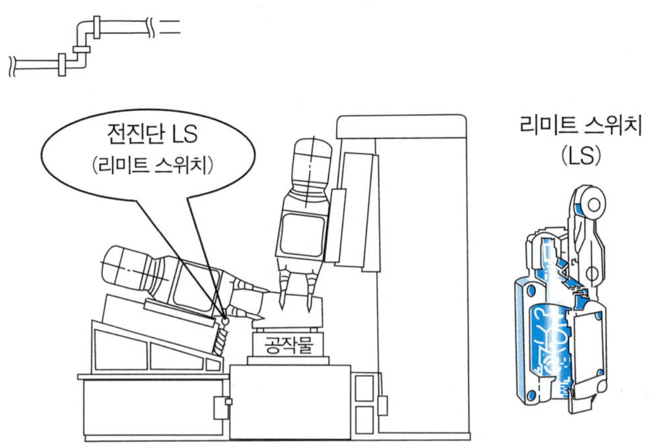

그림 1-6 5 WHY의 사례 (혈명기 문제, 움직이지 않는다)

서 설명하고자 한다(그림 1−6, 1−7).

혈명기가 움직이지 않는다. 이것이 현재 상태이다. 그래서 왜 움직이지 않는지 추적 조사를 하였더니 공작물을 언클램프(Unclamp, 가공 완료 후 고정 기구를 완화하는 것)하지 않았기 때문이었다. 그러면 어째서 언클램프하지 않았는지 조사해 보았더니, 혈명기 주축의 전진단(前進端) '리미트 스위치(Limit switch)'가 계속 켜진 상태였다는 것을 알았다. 그것은 리미트 스위치 안이 합선되었기 때문이며, 그 원인은 리미트 스위치 안에 물이 들어가 있었기 때문이라고 판명되었다.

여기서 리미트 스위치를 교환하였더니 혈명기가 움직였다고 해서 그 이상의 진단을 그만둔다면 그것은 단순히 조치를 한 것이 된

그림 1-7 5 WHY의 사례 '혈명기 문제 : 움직이지 않는다'

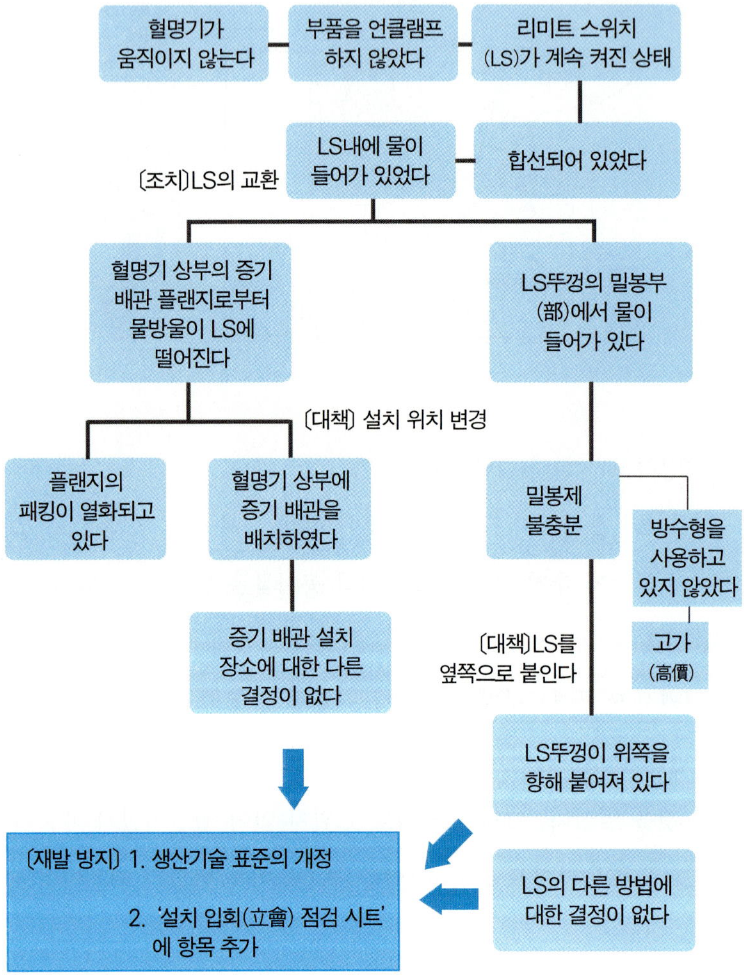

다. 이와 같은 조치로 끝마친다면 문제는 분명 재발한다. 때문에 왜 물이 들어갔는지 조사해야 한다. 조치란 단순히 부품을 교환하는 것에 그치는 것이므로 반드시 문제는 재발하고 만다.

여기서 두 가지 계통으로 나누어진다. 하나는 '밀봉형 리미트 스위치의 어느 부분에 물이 들어갔는가', 또 하나는 '들어간 물이 어떻게 리미트 스위치에 도달했는가' 이다. 전자를 조사했더니 리미트 스위치의 뚜껑이 위를 향해 있어, 이 뚜껑의 틈새로부터 물이 들어간 것을 알았다. 그래서 리미트 스위치를 다는 위치를 측면으로 변경하였다. 이것은 이것대로 한 가지 대책이라고 할 수 있다. 즉, 이 혈명기에서는 최소한 이 원인으로 인한 문제의 재발은 막을 수 있게 된다.

그러나 이런 종류의 공작기계는 그밖에도 많이 있다. 이와 똑같이 뚜껑이 위를 향해서 달린 리미트 스위치가 있을지도 모른다. 또, 앞으로 도입되는 공작기계에도 같은 방식으로 리미트 스위치가 달린 기계가 있을지도 모른다. 즉, 리미트 스위치를 다는 방법이 결정되어 있지 않았다는 것이 진정한 원인 중의 하나이다. 또 다는 방법을 사내표준(社內標準)으로 개정함으로써 신설 설비의 입회 점검 시트에 항목을 추가하여 비로소 재발을 방지할 수 있게 된다. 대책이란 문제가 발생한 설비에서는 재발하지 않도록 하는 방법이며, 재발방지는 사내에서 같은 종류의 문제가 발생하지 않도록 하는 방법을 말한다.

원인을 밝히는 또 한 가지 방법으로서, 들어간 물은 어디에서 들어

왔는지를 더듬어 가면 혈명기의 바로 위에 배치된 증기 배관의 플랜지(Flange) 부위로부터 물방울이 새서 리미트 스위치에 떨어졌다는 것을 알 수 있었다.

여기서도 플랜지의 패킹을 교환하는 것만 가지고는 앞에서 리미트 스위치를 교환했던 경우와 똑같은 조치를 했을 뿐인 결과가 된다. 또 증기배관의 설치 위치를 변경한다면 이 혈명기의 경우에는 문제 발생을 막을 수 있겠지만, 그밖에도 같은 방식으로 리미트 스위치가 달린 증기배관이 있을지도 모르고, 혹은 장착된 증기배관이 새로 나올지도 모른다. 결국 증기배관의 설치 장소에 대한 결정사항이 없다는 것이 또 하나의 근본적인 원인이 된다. 리미트 스위치의 재발방지와 마찬가지로, 증기배관을 설치하는 방식을 사내표준으로 개정함으로써 신설 설비의 입회 점검 시트에 항목을 추가한다.

이상은 한 가지 예인데, 조치로 끝마친다면 문제는 확실히 재발한다. 대책까지 간다면 해당되는 문제는 막을 수 있지만, 같은 종류의 문제가 다른 곳에서 발생하게 마련이다. 따라서 ‘왜’를 거듭함으로써(5 WHY) 진정한 원인까지 거슬러 올라가 사내에서 같은 종류의 문제를 모두 없애는 재발방지를 해야만 비로소 문제를 해결했다고 말할 수 있다.

이처럼 ‘왜’를 5번 반복하는 것은 근본적인 원인에 한 걸음씩 다가가는 일이며, 앞으로도 ‘왜’를 통해 진정한 원인까지 깊이 생각하는 것은 매우 중요하다.

이제까지 문제해결능력에 대하여 서술했다. 이로써 '왜'라는 시점이 얼마나 중요한지 이해했으리라 믿는다. 이 장을 마무리하면서 두 가지 사례를 소개하고자 한다.

개선은 항상 전체적으로 목적을 달성하고 있는가를 보지 않으면 안 된다

부엌을 시스템 키친으로 개조한 집의 이야기이다.

생선을 구웠더니 팬을 돌리고 있는데도 방에 냄새가 나서 견딜 수 없었다. 그래서 점검을 의뢰하였더니 영업사원은 "팬을 제조한 회사에 확인을 의뢰하겠습니다"라고 하였다. 팬을 제조한 회사의 시스템 담당자가 조사한 결과, "연소된 가스에서 발생하는 배기가스를 옥외로 배출시키기에 충분한 성능의 팬이 설치되어 있으므로 연기의 흡입량은 충분합니다. 냄새가 고이는 일은 없습니다"라고 하였다. 그러나 실제로는 냄새가 나기 때문에 "키친 시스템으로서는 문제가 있는 것이 아니냐"고 해서 재차 조사한 결과, 이 시스템은 가스레인지를 사용했을 경우에 정상 동작하였지만 전열기구를 사용하면 상승 기류가 없어 상부에서 팬이 돌아도 배기가스와 냄새를 충분히 흡입하지 못한다는 것을 알 수 있었다. 가스레인지를 사용할 경우 그 기능이 제대로 작동하지만 전열기구의 경우에는 전혀 작동하지 않았던 것이다. 한 곳을 바꾸었다면(가스에서 전열기구) 다른 곳에 대한 영향은 없는지 확인하는 것이 중요하다.

이렇듯 한 곳을 개선하여 좋아졌다고 생각해도 '전체적으로 목적을 달성했는가', '그 밖의 악영향은 없는가' 하는 관점을 잊어서는 안 된다.

수단을 목적과 착각하고 있는 예

어느 호텔에서 필자가 아침식사를 하려고 엘리베이터에서 내렸더니, 호텔 종업원이 "아침식사 장소는 이쪽, 프런트는 저쪽"이라고 안내를 해 주었다. 그런데 어떤 단체 손님들이 유카타(浴衣, 일본식 잠옷)를 입은 채 아침식사 장소에 있었다. 엘리베이터 앞에서 안내를 하던 종업원이 유카타를 입은 채 아침식사를 하는 그들에게 왜 주의를 하지 않았는지 필자는 이상해서 견딜 수가 없었다. 그 종업원이 하는 일의 목적은 무엇인가? 바로 손님이 기분 좋게 머물 수 있도록 배려하는 것이다. 행선지를 안내하는 것은 일의 종류 중 하나일 뿐 오직 그것만이 종업원으로서 일하는 목적은 아닐 것이다.

똑같은 일을 다른 호텔에서도 경험하였다. 아침식사 장소가 흡연석과 금연석으로 나누어져 있었으므로 필자는 금연석에서 식사를 시작하였다. 공조(空調) 설계의 문제로 담배 연기가 필자가 앉은 쪽으로 흘러오는 것이 아닌가. 도대체 누구를 위한 금연석인지 알 수 없었다. 바람의 방향을 생각하여 금연석을 설정해야 하는데도 금연석이라고 모양새만 갖추면 된다는 생각에서 비롯되었다고밖에 생각되지 않았다. 이는 곧 목적을 잊어버리고, 형태만 있는 식이 아닌가. 그 후부터 이 호텔에서는 바람이 불어오는 쪽의 흡연석에서 식사를 하도록 하고 있다.

기업 중에도 지시받은 일을 묵묵히 행하기만 할 뿐 조직이나 개인의 목적을 잊어버린 경우가 많지 않을까?

자동화에 대해서도 비슷한 이야기가 있다. "형편이 나쁜 상황이 생기면, 컨베이어를 멈추고서 우량품만 후속 공정으로 보내도록 해주세요"라고 지시받았다고 해서 맹목적으로 그렇게만 하는 것도 똑같다. 컨베이어를 멈추고 그 자리에서 수리하는 것은 응급처치에 지나지 않는다. 목적은 기계의 이상이 더 이상 생기지 않도록 하는 것이다. 시간이 지나서도 수리만 계속하고 있는 것은 앞에 예로 든 호텔과 그 경우가 다를 바 없다. 혹은 한사람분의 작업을 확보하기 위해 오버타임 공정을 찾아내어 시간 내에 개선하는 것이 목적일 터인데, 충분히 잘 돌아가고 있는 공정에도 허비가 있다고 해서 개선하기만 한다면 오히려 여유를 만들게 된다. 이 여유를 모아서 나아가 인건비를 줄인다면 좋지만, 그렇지 않다면 본래의 일인공(一人工) 작업을 준다는 목적을 잊어버렸다고 말하지 않을 수 없다.

현금 흐름 경영시대의 도래

경영자원의 활용 방법이 더욱 중요해지는 시대

　지금까지 많은 기업에서는 '손익계산서'를 기초로 해서 차기의 이익계획 등을 설정하여 무엇을 하지 않으면 안 되는지 논의했다. 그러나 '축적'(Stock)으로부터 '흐름'(Flow)의 시대로 이행하고 있는 지금, 손익계산서를 중심으로 한 재무분석에만 그친다면 문제를 제대로 인식하지 못한 것과 같다.

　손익계산서에서는 '자본의 개념'을 비롯한 '재고', '리드타임', '매출 채권의 회전 기간'이라는 개념, 다이내믹한 기업활동의 움직임, 시시각각 변화하는 상황에 대응하기 위한 시점이나 아이디어는 찾아낼 수 없다. 그러므로 이제는 손익계산서보다 대차대조표에 중점을 두고 경영자원을 활용하는 것이 더욱 요구되는 시대가 되었다. 보다 엄밀하게 말한다면 앞에서 서술한 '손익계산서', '대차대조표'에 더하여 '제조원가 보고서', '현금 흐름 계산서'의 네 가지를 종합적으로 읽어내는 힘이 필요하다는 것이다.

예를 들어, 인건비가 국내보다 '극단적으로 싸다'는 전제 아래 생산거점을 해외로 옮기고 있는 기업이 있다. 그러나 국내에서 개선에 개선을 거듭하여 그 날의 일을 오후 3시에 끝낼 수 있다면 나머지 시간(사람)이나 설비는 극단적으로 말하여 '공짜'로 활용할 수 있게 된다. 이것은 해외뿐만이 아니라 국내에서 인건비의 높낮이로 외주(外注)를 내는 경우도 똑같다.

생산 면에 관련되는 '개선이나 혁신'은 제조의 원가 절감이나 효율화(영업 현금 흐름의 증가)뿐만 아니라, 그것으로부터 얻은 성과(매몰 경영 자원＝제대로 활용되지 않는 인력·물건·설비·자금·정보·시간·공간 등)를 경영관리 면에서 얼마나 유효하게 활용하는가 즉, 비용이 들지 않는 '잉여 경영자원'을 새롭게 투입하는 전략의 필요성을 경영자·관리자에게 묻는 것이라 할 수 있다. '간접 부문'의 관리자는 이것을 이해하고 시시각각 변화하는 현장을 파악한 다음, 미래를 생각하는 중요성을 재인식해야 할 것이다.

인건비나 외주 가공비 등이 싸다고 해서 해외 생산이나 협력 기업에 위탁한다면 물류비도 증가하지만, 그것보다 리드타임이 길어지는 쪽이 문제이다. 리드타임이 길어짐으로써 재고는 증가하고 아울러 수요변동을 따르는 데 시간이 걸린다. 그것을 위한 뒤처리에 쫓기거나 최악의 경우 부재나 제품을 폐기할 수도 있다. 그 결과, 여분의 재고나 관리 공정수가 발생하여 현금흐름이 원활하지 못하게 된다. 즉, 리드타임(시간) 위에는 재고(현금)가 올라타 있는 것이다. 원가와 리드타임은 동전의 앞뒤 관계에 있으며 서로 다른 일이 아니라는 뜻이다.

리드타임을 단축했는데도 불구하고 회계상으로는 원가절감이 되지 않는다. '만일 오늘 주문을 받은 것을 오늘 하루 중에 만들고 창고에서 99일 재운 후 100일째 되는 날에 고객에게 납품하는 경우'와, '오늘 하루 중에 만들고 고객에게 바로 납품하는 경우' 중 어느 쪽도 지금 행하여지고 있는 재무 회계상의 '제품 제조원가'에서는 어떤 차이도 없다. 왜냐하면, 지금의 '전부 원가계산' 아래에서는 제조 간접비의 배부기준(配賦基準)에 사이클 타임(Cycle time)은 있지만, 리드타임의 개념이 들어있지 않기 때문이다. 따라서 현장을 충분히 이해하지 못한 경영자에게는 '리드타임'을 단축한다 해도 기쁜 일이 아니다. 저스트 인 타임의 전개를 방해하는 요인 중 하나가 여기에 있다. 즉, 저스트 인 타임을 정당화하는 관리 회계가 아직도 충분히 갖추어지지 않았다는 것이다.

세간에서는 대체로 도요타 방식을 "마른 수건을 짠다"라며 강제적으로 원가를 내리는 방식처럼 파악되고 있지만, 그것은 크나큰 오해이다. 도요타 방식은, 현장의 모든 '허비'를 합리적으로 줄이고 원가를 낮추려는 것이 목적이다.

특히 물건과 사람의 허비에 초점을 맞추고 있다. 물건은 저스트 인 타임으로 생산하여 자본 효율(회전율)을 높이고, 사람은 줄이고 효율이 좋은 동작으로 원가절감을 하는 것을 목표로 하고 있다. 즉, 앞에서 서술한 현금 흐름의 효율화를 도모하려 하는 것이다.

▌'고객 만족'을 목표로 하여 리드타임을 중시하고 싶다

지금부터는 나아가서 '고객 만족', '고객 감동'을 목표로 하여 품질, 양, 납기, 타이밍, 가격 등의 면에서 눈에 보이는 경쟁을 하지 않으면 안 된다.

그 중에서도 특히 필자는 타이밍이 중요하다고 말하고 싶다. 왜냐하면 지금까지는 품질이나 가격이 큰 구입요인이었다. 하지만 경쟁하는 타사 이상으로 고객이 원하는 타이밍에 납품하면 그것이 곧 차별화이고, 게다가 가능한 재고가 없는 상태에서 납품하면 원가를 내리게 되기 때문에 앞으로도 그것은 큰 강점이 된다고 확신한다.

그래서 기업은 재료의 조달에서부터 제조, 납입까지의 생산에 대한 모든 리드타임을 단축한 후 가능한 재고를 줄여 어느 공정에서부터 주문 생산할 수 있도록 하느냐가 중요하다. 이것을 실현하기 위한 사고방식과 진행방식을 '딜리버리 설계'라 한다. 이에 대한 상세한 내용은 제3장과 제4장에서 자세하게 서술하겠다

제2장

경영에 기여하는 현장 개선의 사고방식과 실천

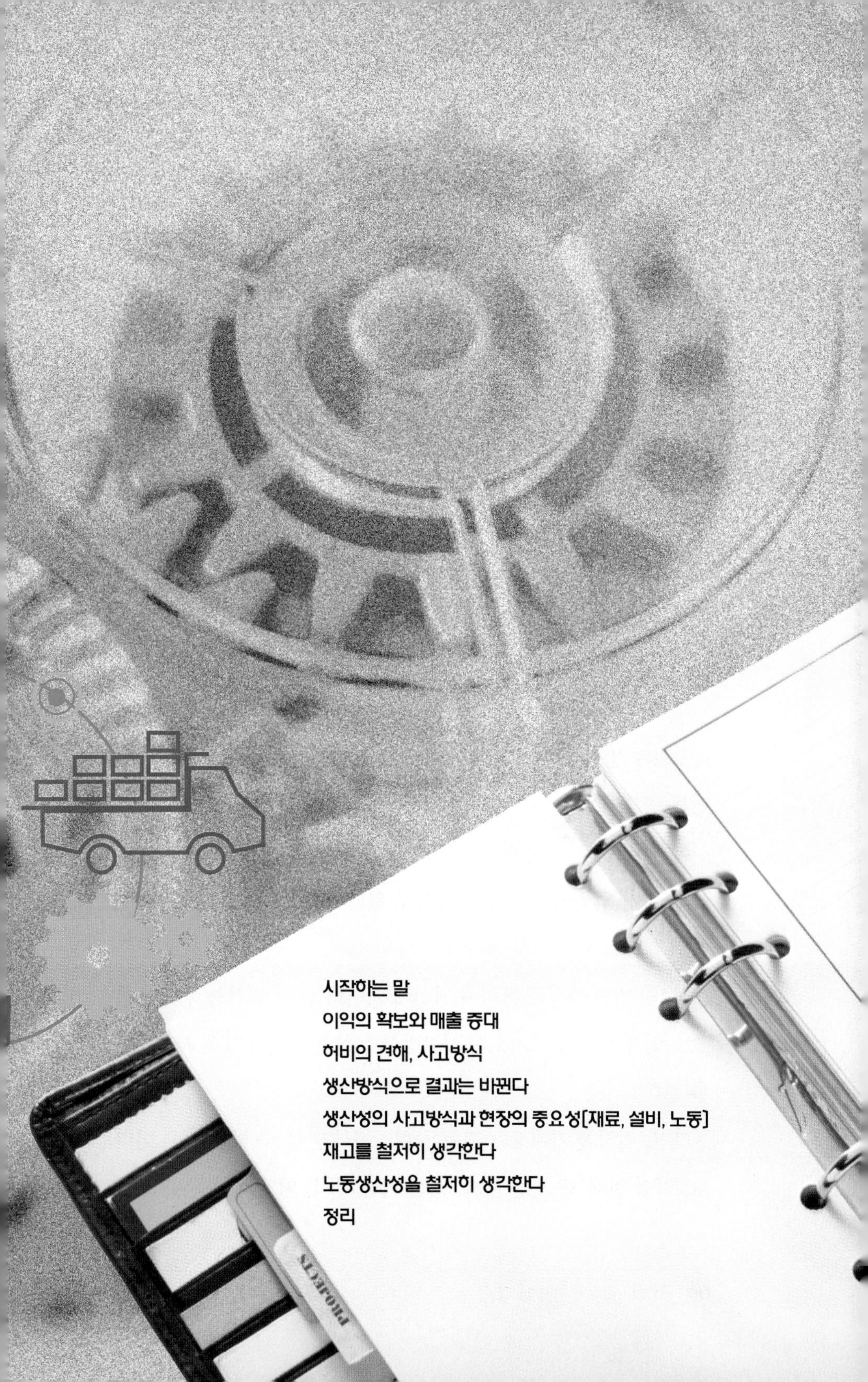

시작하는 말

생산현장의 개선을 통해
경영에 기여하는 사고방식과 실천 방법

도요타 방식의 각종 세미나에서 소개되는 내용은 주로 자동차를 만드는 데 대한 이야기이다.

이 장(章)에서 서술하는 내용은 그것들과 기본적으로는 같지만, 여러 가지 업종의 기업을 컨설팅해 왔던 경험을 토대로 어느 업종에도 적용할 수 있도록 체계화한 내용이다.

생산현장의 개선을 통하여 경영에 기여하는, 즉 현장을 주체로 삼고 기업에 이익을 가져오는 사고방식과 실천 방법에 대해 서술하고자 한다.

다만, 이익을 가져오는 활동은 현장에서만 할 수 있는 것은 아니고, 기업 전체 즉 개발 부서, 생산 기술 부서, 영업 부서 등이 서로

협력했을 때 가능한 것임은 말할 필요도 없다. 그러나 제조 기업에
서는 제조의 특성이 강하다는 면이 경쟁상 특히 중요하다는 점에는
변함이 없다.

기업의 존재 의의

기업의 존재 의의에 대하여 생각해 보자.

유제품(乳製品)의 품질 문제, 대형 트럭의 리콜 숨기기, 조류독감
처리 방법 등 규정 준수에 관한 문제를 일으킨 기업의 예를 들 필요
도 없이, 기업이 존재하기 위해서는 제품이나 서비스를 통하여 사
회적 사명을 완수하고 사회와 조화를 도모하지 않으면 안 된다. 기
업은 이 책임을 다함과 동시에 이익을 도모함으로써 오래 존속할
수 있다. 간단하게 말하면 비난받는 일 없이 이익을 확보해야만 존
재할 수 있다는 뜻이다.

이익을 꾸준히 올리면 기업이 존속함은 물론 사원의 생활도 안정
되고 지역경제 발전에도 공헌하게 된다. 즉, 본래 기업은 존재하는
것 자체가 사회공헌이라고 할 수 있다.

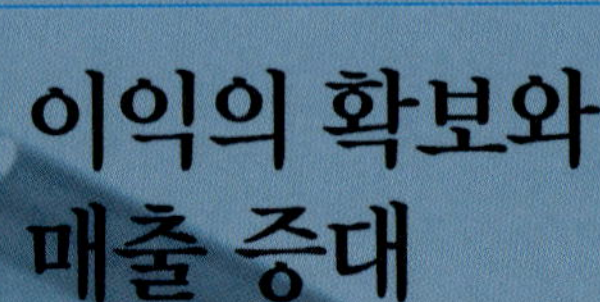

이익의 확보와
매출 증대

▎원가주의보다 원가절감

그러면, 어떻게 하면 이익을 올릴 수 있을까? 그것은 원가주의(原價主義)보다 원가절감(原價節減)의 사고방식으로 기업을 경영하는 일이다.

원가주의란, 제조하는 데 드는 비용 혹은 추측한 원가에 적정 이윤을 더하여 그것을 가격으로 삼는 개념이다. 견적서라든지 공공사업의 가격 등의 개념이다. 공식으로 나타내면 다음과 같다.

$$가격 = 원가 + 적정\ 이윤$$

그런데 자유경쟁의 시장경제 사회에서는 상품의 가격은 기업이 자유롭게 결정할 수가 없다. 예를 들어, 자동차와 같이 경쟁 기업이 많은 경우에는 자동차가 갖는 가치와 가격을 각 회사들이 비교하여 고객이 어느 자동차를 구입할 것인지 결정한다. 그 때 자동차의 외관, 내장, 배기량 등 자동차의 품격과 가격으로 선택한다. 이와 같이 판매자인 기업이 마음대로 가격을 결정하지 못하며 가격은 시세에 의해 결정된다.

그러므로 다음의 공식이 성립된다.

$$\text{이익} = \text{가격} - \text{원가}$$

이 공식에서부터 이익을 올리기 위해서는 시장에서 정해지는 가격을 올릴 수 없는 이상 원가를 절감하는 사고방식으로 행하는 방법 이외에 수단은 없게 된다. 이것이 원가절감으로 이익을 올린다는 의미이다.

사원 전원이 사주는 제품을 만드는 것이 중요

앞에 예시된 공식은 한 대, 1개당의 이익에 대한 공식이지만 실제로는 이익 총액이 문제이다. 이익 총액을 보다 많이 확보하려면 매상 수량을 더욱 더 늘리지 않으면 안 된다. 공식으로 나타낸다면 다음과 같다.

$$\text{이익 총액} = (\text{가격} - \text{원가}) \times \text{매상 수량}$$

여기서는 고객이 많이 사는 것이 중요하다.

그러면, 매상 수량을 늘리려면 어떻게 하면 좋은가? 그것은 사원 전원이 고객의 요구에 부응하여 영업 부서가 팔기 쉬운 제품을 만드는 것이다. 즉, 모든 사원이 각각의 입장, 역할을 통하여 품질, 양, 납기, 가격 등에서 고객의 마음에 들게 하고 고객이 사주는 제품을 만드는 것이 수량을 늘리는 중요한 요인이 된다.

특히 고객과 가장 가까운 영업 부문은 고객에게 자사 제품의 정확한 정보를 전함과 동시에 고객이 요망하는 정보를 설계 · 생산 부문에 피드백(Feed back)하는 데에 힘을 쏟아야 한다.

허비의 견해, 사고방식

▌원가를 내리는 것은 곧 '허비'를 없애는 것

그림 2-1 허비의 종류

1. 너무 많이 만든 허비	5. 운반의 허비
2. 재고의 허비	6. 가공 그 자체의 허비
3. 가지고 있는 허비	7. 불량 · 다시 시작하는 허비
4. 동작의 허비	

원가를 내리려면 '허비'를 없애야 한다. 허비에도 여러 가지가 있다. 그 중 도요타 방식이 시작된 도요타 자동차 기계공장에서는 주된 허비가 7가지였다. 그래서 예를 그것으로 들었다(그림 2-1).

허비란 원가를 올리거나 부가가치를 저해하는 모든 것을 말한다. 이 중에서 '너무 많이 만든 허비', '재고의 허비'는 물건에 관한 것, '가지고 있는 허비', '동작의 허비', '운반의 허비'는 사람에 관한 것, '가공 그 자체의 허비'와 '불량·다시 시작하는 허비'는 제조·품질에 관한 것이 된다.

허비의 종류(재고, 동작, 품질 등)

이러한 허비에 대하여 간단하게 서술하겠다.

- 룰에 따라서 만든 재고가 '재고의 허비'이며, 룰 이상으로 만든 재고가 '너무 많이 만든 허비'로 이 두 가지는 명확하게 구별된다. 다만, 재고는 룰의 유무와는 관계없이 허비라는 인식을 하지 않으면 안 된다. 재고가 '나쁘다'는 것에 대해서는 후에 다시 서술하겠다.
- '가지고 있는 허비'는 아무 것도 하는 일이 없는 상태를 말한다.
- '동작의 허비'는 공구나 도구를 찾거나 필요 이상으로 큰 동작을 하는 것 등을 가리킨다.
- '운반의 허비'는 옮기는 일에 의해 부가가치가 생겨서 판매가가 올라가는 경우는 제외하고, 일반적으로는 레이아웃 등의 관계로 어쩔 수 없이 행하는 허비이다.
- '가공 그 자체의 허비'란 도면에서 지시 받은 이상으로 가공하거나 완성하는 것 등 필요 이상의 품질로 가공하는 허비를

말한다.

- '불량 · 다시 시작하는 허비'는 재차 말할 필요도 없는 허비이다.

이외에도 행동으로 이어지지 않는 자료 만들기(가공의 허비)나 너무 빠른 정보 등 많은 허비가 기업의 생산활동 속에 존재한다. 이와 같은 허비를 없애 가면 쉽게 원가가 내려가는 것은 예상할 수 있을 것이다.

'눈으로 확인하기 쉬운 허비'와 '허비라고 판단할 수 있는 허비'

허비(부가가치를 높이지 않는 모든 것)에 관해 생각해 본다.

그림 2-2 '눈으로 확인하기 쉬운 허비'와 '허비라고 판단할 수 있는 허비'

허비의 종류		눈으로 확인하기 쉽다	허비라고 판단할 수 있다
너무 많이 만든 허비, 재고의 허비	물건	○	✕ (할 수 없다)
가지고 있는 허비 동작의 허비 운반의 허비	사람	△ (하기 어렵다)	○
가공 그 자체의 허비 불량, 다시 시작하는 허비	품질	△ ○	○ ○

✕ : 해결해야 할 과제

다음으로, 이와 같은 허비에 대한 이해를 심화하기 위해서 그림 2-2에 나타낸 것처럼 허비를 '눈으로 확인하기 쉽다' 인지 '허비라고 판단할 수 있다' 인지 정리해 보았다.

우선, 눈으로 확인하기 쉬운지 여부를 기준으로 보게 되면, 재고나 불량·다시 시작하는 부분에 대해서는 눈으로 확인하기 쉽고 누구라도 쉽게 알아차릴 수 있을 것이다.

그러나 사람의 행동에 관한 허비는 아무 것도 하지 않는 대기시간이나 어정버정 돌아다니는 행동은 따로 하고, 특히 섬세한 손(오른손, 왼손)의 움직임에도 어디에 허비가 있는지는 눈으로도 좀처럼 알기가 어렵다. 또, 가공 그 자체의 허비도 언뜻 보기만 해서는 확인하기 어렵다.

한편, 허비라고 판단할 수 있느냐의 문제를 생각해 볼 때 재고는 허비라고만 판단하기 어렵다. '언젠가는 팔린다', '또 갑작스러운 주문에 응하기 위해서도 재고는 있는 편이 좋다' 라고 쉽게 생각하기 때문이다. 오히려 반대로 재고가 없으면 불안해지고, 재고가 있다는 것은 알고 있어도 허비라고는 생각하기 어렵다. 재고는 그런 성격을 가지고 있다. 사람의 행동, 가공이나 품질의 허비는 눈으로 확인할 수 있다면 누구든지 허비라고 판단할 수 있다.

재고는 허비라고는 판단하기 어렵고, 동작의 허비는 좀처럼 찾아낼 수 없다

이상을 정리하면, 재고는 눈으로 보고 확인은 할 수 있어도 허비라고는 판단하기가 어렵다는 것, 그리고 행동이나 가공에 관한 허비를 찾아내면 허비라고 판단할 수 있지만 이 허비란 찾아낼 수 있는 안목이 갖추어지지 않으면 좀처럼 찾아낼 수 없다고 말할 수 있다.

허비라고 해도 이상과 같은 다양한 특성을 가지고 있다. 그리고 '재고는 철저히 허비라고 생각하여 없앨 것'과 '동작의 허비란 찾아내는 것'을 중시할 필요가 있다.

'저스트 인 타임'에 물건을 만들어 재고를 될 수 있는 대로 줄이는 것, 그리고 '사람이 작업하는 방식'에 주목하여 생산성을 올리는 것을 두 개의 기둥으로 삼고 철저히 실천한 것이 도요타 방식의 특징이다.

생산방식으로 결과는 바뀐다

생산방식의 좋고 나쁨으로 성과가 바뀐다

이 테마를 생각하기에 앞서 우선 그림 2-3을 보자. 그리고 자사의 생산현장을 머리에 그리면서 어떤 방식을 택하고 있는지 생각해 보자.

기업 현장에서는 경영자원인 '사람', '설비', '물건'을 투입하여 각 기업의 제조 방법으로 '품질', '양·타이밍', '원가', '안전' 등의 성과를 내고 있다.

제조의 목적은 성과를 내는 것이며, 고객이 그 기업의 제품을 살지 사지 않을지는 이와 같은 성과를 내는 것을 타사와 비교하여 결정한다. 이 중 어느 것 하나만 빠져도 고객으로부터 선택되는 일이란 있을 수 없다. 균형, 뛰어난 특징, 우위성 등을 가지는 것이 중요한 요소로 작용한다.

예를 들어, 양과 타이밍(납기)으로 말하면 일의 순서를 바꾸는 시간을 단축하는 것이 목적이 아니다. 일의 순서를 바꾸는 회수를 늘려 로트(Lot, 생산 또는 생산품의 단위 수량)를 작게 하여 '팔리는 수량을 팔리는 타이밍으로 만드는' 일이 목적이 된다. 즉, '목적이나 최상의 상태가 무엇인가' 를 제대로 파악해 두지 않으면 안 된다.

이하에서는 '방식의 좋고 나쁨' 으로 성과가 어떻게 바뀌는지 생각해 보자.

그림 2-3 생산방식의 좋고 나쁨으로 성과는 바뀐다

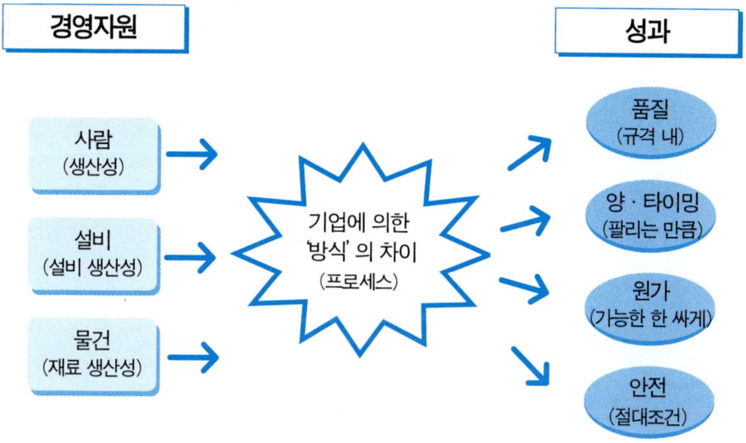

안전과 품질은 절대조건이다

'안전' 에 대해서는 사고(재해)가 제로인 것이 절대조건이다. 사고 (재해)로 이어지는 작업은 해서도 안 되고 시켜서도 안 된다. 특히 생산 라인을 새롭게 가동, 변경 시 맨 처음에 '안전은 괜찮은가' 하는 점을 확인하는 것이 극히 중요하다. 사원은 물론, 지역 주민을 포함한 안전관리도 중요하다. 최근에는 환경도 매우 중요한 요소가 되었다. "환경에 대한 대응 없이 기업의 번영은 없다"고까지 일컬어지고 있는데 지금까지 각 기업의 대처를 보더라도, 또 신문·TV 등에서 보는 불상사의 예를 보더라도 이는 분명하다.

여기서 말하는 '품질'은 어디까지나 '제조품질'로 한정한 것, 도면대로 제품을 만드는 것, 그 상태가 유지되어 있는지 확인하는 활동 전부를 가리킨다. 즉, '공정에서의 품질 만들기가 포함됨'이라는 의미이다.

우선, 안전(환경), 품질은 '문제가 없는가'라고 생각하는 것이 필수조건이며, 그 후에야 비로소 생산활동을 할 수 있다.

양과 타이밍은 타사에 지지 않을 짧은 리드타임이 무기이다

양은, 팔리는 양만 만드는 데에 철저해야 한다. 언젠가는 팔릴 것이라고 생각되는 양을 만드는 것이 아니라 저스트 인 타임의 관점에서 말한다면 '지금 필요한 양만 만드는 것'에 철저히 집중하면서 물건이 회사 전체를 원활하게 흘러가도록 할 필요가 있다.

납기는 당연히 엄수해야 하지만 시세(경쟁사)와 비교하여 리드타임이 짧은 것은 큰 무기가 될 수 있다. 지금까지는 단납기(短納期)에 대응하기 위해 대부분의 기업은 고객과 가까운 곳에 창고를 가지고 납입하는 방법을 취하는 등 재고를 가지고 대응하는 일이 많지 않았을까? 그러나 전자 제품에 특징적으로 나타나 있듯이 제품 종류의 증가와 단수명화(短壽命化)가 이러한 재고에 의한 대응의 한계를 가져오고 있다. 실제로 물류센터에 높이 쌓인 채 잠자고 있는, 특히 해외에서 들여온 제품이 많다. 게다가 제품에 불량도 상당히 많아 검사원은 골머리를 앓으며 검사 비용과 다시 시작해야 하는 공정수(工程數)의 증가를 부르고 있다.

또 완전하지 못한 수요예측에 의해 재고품이 발생하여 자사 브랜드를 스스로 깎아 내리는 염가판매로 치닫거나 폐기라고 하는 최악의 사태에 빠져 있지는 않을까?

이상, 양과 납기의 양립을 생각한다면 세간 시세보다 단납기를 엄수하면서, 재고(완성품, 제작중인 물건, 재료)를 될 수 있는 대로 가지지 않도록 하는 방법을 추구하는 것이, 현금 흐름의 관점에서 보아도 더욱 절실히 필요하다고 말할 수 있을 것이다.

원가와의 싸움에 끝은 없다

원가는 가능한 한 싸게 하는 것이며 품질이나 양과 달리 여기에는 끝이 없다. 이것을 예로써 설명하고자 한다.

어느 제조 관리자가 며칠간 해외 출장을 갔다고 하자. 그가 출장에서 돌아오면 부하 직원에게 "뭐, 별다른 일은 없었나?"라고 묻는 것이 보통이다. 그리고 부하 직원은 대체로 "순조롭습니다"라고 대답할 것이다. 이 경우의 순조롭다는 의미는 다친 사람도 없고 품질상 문제도 없고 예정대로의 양이 만들어져 있음을 가리키는 것이 아닐까?

그러나 이 순조롭다는 의미는 안전, 품질, 양, 납기, 원가를 어떻게 해서든 유지하고 있는 상태에 불과하다. 경쟁사가 진보하고 있다면 오히려 이 경우 후퇴하고 있다고 생각해야 할 것이다. 그러니까 결코 순조롭지 않았던 것이다. 원가를 싸게 하는 것은 유지 활동만으로는 할 수 없다. 제조방법(방식)을 바꾸지 않는 한 싸게 할 수가 없다.

앞에서와 같은 상태라면 어쨌든 우선 '재고'나 '사람'을 줄여 볼 필요가 있다. 방식을 바꾸면 "순조롭습니다"라고는 도저히 말할 수 없는 상태가 염려된다. 그리고 재고나 사람을 줄인 채 이 순조롭지 못한 상태를 다시 순조로운 상태로 만든다면 결과적으로 원가는 내려가고 확실히 경영에 기여하게 된다.

예를 들어, 재고를 줄이려면 구조 방식을 바꾸지 않으면 안 된다든지 약간의 이상도 문제가 되어 순조롭지 않게 된다. 그러면 대책이나 재발방지를 해야 된다. 사람을 줄일 경우 표준 작업을 바꾸지 않으면 일을 할 수 없게 됨과 동시에 잔업이 필요해지므로 순조로운 일은 없어진다. 순조로운 상태로 만들기 위해서는 개선하여 잔업을 줄이는 활동이 필요해진다.

그리고 또 순조로워지면 더더욱 재고나 사람을 줄여간다. 이와 같은 되풀이 조치에 의해 원가는 틀림없이 내려간다. 원가를 가능한 한 싸게 하는 데는 끝이 없다 함은 바로 이런 것을 가리킨다.

이와 같이 '순조롭지 못한 상태를 다시 순조롭게 한다'는 것은 경영에 기여하는 생산현장의 개선활동이라고 말해도 틀림이 없다. 순조롭다는 것은 진보를 멈추고 있을 뿐만 아니라 오히려 후퇴하고 있다고 생각하면 된다. 또 아무 것도 하지 않는다면 사람도 성장하지 않는다.

원가를 가능한 한 싸게 하는 데에 끝은 없다. "순조롭다"고 하는 말을 사용할 경우에는 "순조롭게 원가절감이 되고 있습니다"라는 의미로 바꾸어 사용해야만 할 것이다.

생산성의 사고방식과 현장의 중요성(재료, 설비, 노동)

원가를 내리는 것을 경영자원 측면에서 본다면 생산성을 올리는 일이다. 사람, 설비, 물건의 생산성, 즉 '노동생산성', '설비생산성', '재료생산성'을 올리는 것을 의미한다.

재료생산성은 흉내내기 쉽다

재료생산성은 소정의 성능이나 기능에 대해 어떤 재료를 사용하여 어떤 가공 방법으로 행하느냐에 의해 정해지는 것이다. 제조 단계에서 하는 경우도 있지만 설계나 생산 기술 단계에서 재료나 가공 방법을 선정하는 것이 가장 큰 비중을 차지한다. 따라서 기업의 기술 개발력이나 축적한 노하우가 매우 중요하다고 말할 수 있다.

그런데 이 재료생산성에 대해서는 신제품이 시장에 나오면 그 다음날에는 경쟁 상대도 구입하여 분해·분석하고 있다고 생각하지 않으면 안 된다. 지적 소유권의 문제가 없다면 재료 생산성은 반드시 모방되고, 반대로 우리도 경쟁사의 그것을 모방할 수 있다. 중국이나 동남아시아의 모방상품은 그 상품의 좋고 나쁨을 떠나서 일단 유명하다. 하지만 '사용 원료에 대한 제조품의 비율(Yield rate)'이나 '재료 가공 방법'이라고 하는 현장의 노하우는 모방할 수 없기 때문에 그 점에 대한 우위성은 앞으로도 중요하게 여길 필요가 있다.

설비생산성도 흉내내기 쉽다

다음으로 설비 생산성에 대하여 생각해 보자. 일의 순서를 바꾸어 시간을 단축하거나 사이클타임을 단축하는 등 현장에서 생산성 향상을 위해 행하는 일은 많다. 그러나 공정을 어떻게 짜는가, 그것을 위해서는 어떤 설비를 투입하는가 등 기업이 가진 생산기술의 힘에 의해 설비생산성은 거의 정해진다고 해도 과언이 아니다.

그리고 어떤 설비를 어떻게 사용하고 있는지에 대해서도 경쟁 상대는 대체로 알고 있다. 반대로, 우리도 경쟁사의 그것을 대체로 알고 있다. 자금만 있으면 똑같은 설비를 살 수도 있다. 즉, 설비생산성도 모방되고, 반대로 우리도 모방할 수 있다. 설비 메이커가 그 중간에 있기 때문이다.

다만, 내제기(內製機)라든지 생산 현장에서의 창의성의 산물인 치공구(治工具)의 개발이나 장치류(裝置類)는 예외이다. 최근 이 분야에서 제품의 노하우를 블랙박스(Black box)화하는 예가 나와 있다. 이것은 중요한 일이다.

노동생산성으로 기업 간 격차가 생긴다

노동생산성에 관하여 고찰해 보자.

주어진 물건이나 설비만으로 어떻게 생산력이 좋을 수 있는가라고 의심하는 사람은 생산성 높은 작업 방식을 이해하기 어렵다. 또 비록 알았다고 해도 바로 '흉내내기'도 어려운 법이다. 요즈음 많은 사람들이 벤치마킹한다며 공장견학을 하러 가곤 하는데 그 후 견학하러 갔던 기업의 작업 방식이 바뀌었다는 이야기는 들은 적이 없다. 몇 번 보았어도 또 리포트를 아무리 많이 써도 사람의 작업 방식은 흉내내기가 힘들다. 그것은 프로 골프의 토너먼트를 몇 번 관전해도 자신의 골프 스코어가 결코 좋아지지 않는 것과 같다. 즉 다른 사람에게 자신의 노하우를 잘 설명했다고 상대방의 실력이 좋아지지는 않는다.

이와 같이 물건이나 설비와는 달리, 노동생산성은 일조일석(一朝

一夕)에 레벨 업(level up)을 할 수는 없다. 과거의 성공체험이나 경험, 그리고 감정을 가지고 있는 사람이 지닌 생산성은 생산 현장의 역사나 풍토가 되기 때문에 그것을 변경하는 것은 간단하지 않다. 그것은 '사람이 행하는 작업방식을 좋게 만들겠다' 라는 강한 의식을 가지고 매일 매일 부지런히 개선을 지속하는 방법 외에는 없다. 이 나날의 노력이 기업 간의 격차를 만든다고 해도 과언은 아니다. 그리고 한 번 차이가 나면 간단히 따라잡을 수는 없다. 지금 한 번 노동생산성의 중요성을 가슴 속 깊이 새겨 재인식할 필요가 있다.

제조 현장의 원가구성은 업종에 의해 차이가 있지만 제조업의 경우는 노무비(勞務費)가 대체로 20%이다. 노동생산성의 공헌도가 작기 때문에 다른 구입 부품비, 즉 설비의 감가상각비 등에 관심을 갖는 편이 좋다는 것이 일반적인 견해이다. 그러나 이 구입 부품이나 설비를 만드는 데에도 노무비가 들어가는 것을 감안한다면, 노동생산성의 영향은 사실 크다고 말할 수 있다. 필자는 제품의 가격은 노무비가 거의 100%라고 생각한다.

현장 자체에서 노동생산성을 올리는 것이 그 기업의 생명선이라고 인식하는 것이 중요하다. 결코 현장의 노무비 절감 노력을 경시하거나 과소평가해서는 안 된다.

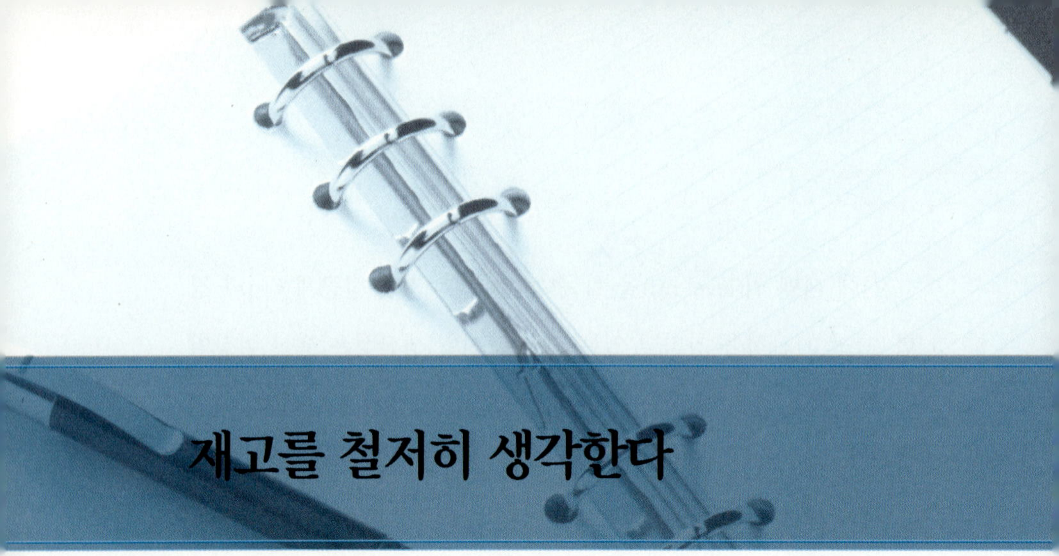

재고를 철저히 생각한다

그림 2-2 '눈으로 확인하기 쉬운 허비'와 '허비라고 판단할 수 있는 허비'로 돌아가서, 재고를 될 수 있는 대로 줄여서 생산하는 저스트 인 타임에 대하여 생각해 보자. 저스트 인 타임이란 말할 필요도 없이 '필요한 것을, 필요한 때에, 필요한 만큼 만든다'는 것을 의미한다. 바꾸어 말하면 고객이 원하는 수량을 최적의 시기에 만들어 납품하는 일이다. 필요한 것을 필요한 양만, 필요한 때에 생산·납품하고, 빨리 대금을 회수하면 기업에 득이 되는 것이 당연하다.

그러나 팔리는 양만 최적의 시기에 제조하기란 사실 몹시 어렵고 아무래도 현재의 실력으로서는 보유하지 않으면 안 될 재고가 발생한다. 그러나 재고가 생기면 여러 가지 '부작용'도 일어난다.

▌재고의 '부작용'은 현장의 문제를 은폐하는 것

재고는 구입 재료나 부품을 미리 구비해 두는 일(현금의 유출)이라고 하는 재고 자체의 허비 외에 새로운 허비도 발생시킨다. 용기(상자)나 공간이 필요한 것은 물론 창고까지도 빌리거나 지어야 할 수도 있고 창고에서 사용하는 운반기기·에너지 및 관리 공정수 등이 한층 더 필요하게 된다. 재고의 허비가 새로운 허비를 부르는 것이다.

게다가 재고는 자본 회전율을 나쁘게 하여 현금 흐름을 저해한다. 그러나 그 이상으로 나쁜 것은 현장에 관련되는 여러 문제를 덮어 가리는 것이다. 즉 개선이나 혁신의 필요성에 뚜껑을 덮어 현장의 여러 환경을 나쁘게 만드는 것이다.

이것을 그림 2-4와 그림 2-5로 설명하고자 한다. 횡선이 수면(재고량)이며, 수면 아래에는 장애물이 숨어 있다. 수면이 높을 때, 배는 장애물에 부딪치는 일 없이 항해할 수 있지만, 수면이 내려가면 장애물이 나타나서 항해를 할 수 없게 된다. 그러나 원래 없던 장애물이 갑자기 나타난 것이 아니라 원래 있던 것이 수면이 내려갔기 때문에 그때서야 비로소 나타난 것이다. 이 수면의 높이를 재고량, 장애물을 현장의 여러 문제라고 생각해 보자. 재고가 많으면 문제를 숨겨 버려서 언뜻 보기에 순조로운 것처럼 보이게 되는 것이다.

예를 들어, 4시간분의 재고를 가지고 있는 현장에서 1시간이 정지하였다고 하자. 이 일은 아마 상사에게까지 보고되지는 않을 것

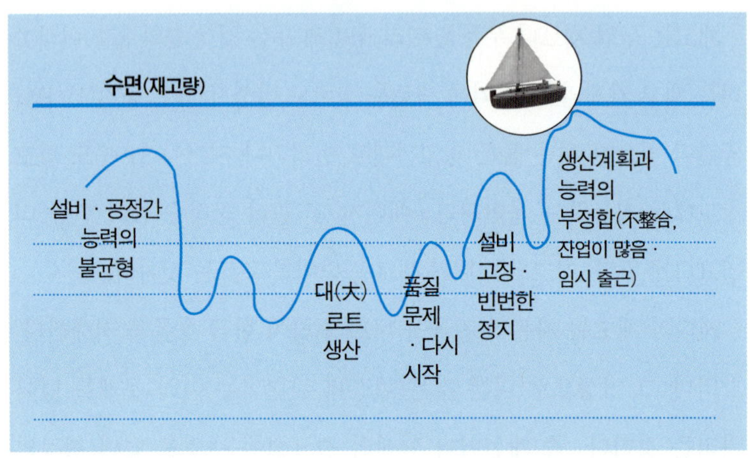

그림 2-4 재고의 부작용은 현장의 문제를 덮어 가리는 것
(너무 많이 만든 허비는 문제를 숨긴다)

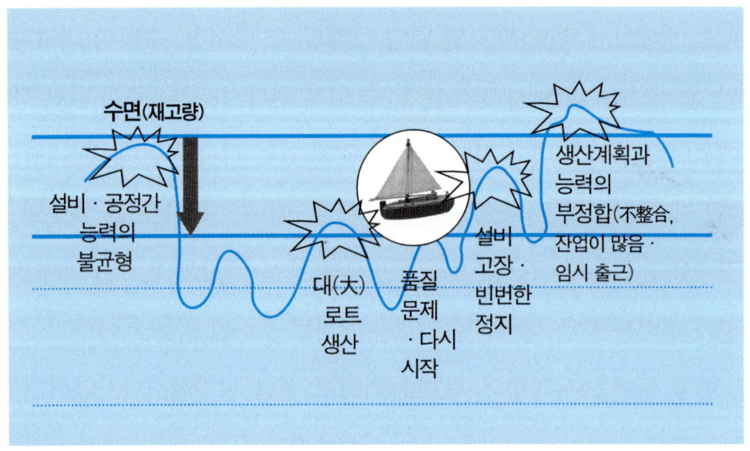

그림 2-5 재고를 줄이면 현장의 문제가 표면화된다
(재고를 줄이면, 문제가 표면화된다)

이다. 그러나 1시간분밖에 재고가 없으면, 후속 공정이나 고객에게
까지 미납될 우려가 있기 때문에 일대 소동이 일어난다. 4시간분의
재고가 1시간 정지라는 '나쁜 점'을 숨긴 것이다. 만약, 1시간분밖
에 재고가 없다면, 라인이 두 번 다시 정지하지 않도록 재발을 방지
하려고 할 것이다. 또 가능한 한 빨리 복구하기 위해서 최신 도면이
나 예비품을 보관하는 방법, 복구기능 등의 수준을 높여놓지 않으
면 안 된다.

재고를 줄여서 여러 가지 문제를 그때그때 알 수 있도록 개선해야
현장 환경이 좋아진다. 재고를 줄이면 기술력은 진보하고 재고가
늘어날수록 진보가 늦어진다. 이와 같이 재고는 현장의 여러 가지
문제를 덮어 가리는 무서운 존재이다.

재고의 '부작용' 사례
_ 후속 공정이 재고를 가지면 앞의 공정이 무너진다

다음으로 고객(후속 공정)이 재고를 가져주면 다행이라고 생각하
기 쉽지만 그러한 안일한 사고방식으로 실제로 혼이 났던 예를 살
펴보자. 일본에서 석유파동이 일어났을 때 농기구 메이커에 카뷰레
터를 납품하던 기업의 이야기이다(그림 2-6).

농기구 메이커는 1개월 로트(Lot) 생산을 하고 있었다. 그 때문에 1

그림 2-6 재고의 부작용 사례
(후속 공정이 재고를 가지면 앞의 공정이 무너진다)

메이커 / 월	1월	2월	3월	4월	5월	6월
농기구 메이커 · E/G생산 · 카뷰레터 재고	10,000 10,000	10,000 10,000	3,000 7,000	3,000 4,000	8,000 8,000	10,000 10,000
카뷰레터 메이커 · 카뷰레터 생산	10,000	10,000	0	0	12,000	12,000

후속 공정인 농기구 메이커는 1개월 분의 카뷰레터를 재고로 가지고 있다.

개월 분의 카뷰레터 재고를 가지고 있었다. 1월, 2월은 1만 대를 생산해 카뷰레터 메이커에 1만 개씩 납품하고 있었다. 그런데 3월은 석유 파동 때문에 생산량을 3,000대로 줄이게 되었다. 당연히 필요한 카뷰레터도 3,000개였으므로 1만 개에서 3,000개를 사용해도 아직 7,000개의 재고가 있었다. 그에 따라 카뷰레터 메이커에 대한 주문은 0개인 것과 마찬가지가 된 것이다. 4월도 3월처럼 3,000대의 생산, 재고는 4,000개 남아 있었기 때문에 역시 카뷰레터의 주문은 0개였다.

그런데 5월은 생산 8,000개, 재고도 8,000개가 필요하여 생산한 8,000개에 재고 증가 분의 4,000개를 더한 12,000개를 주문받은 것이다. 6월은 원래의 1만 대로 돌아왔기 때문에 카뷰레터의 주문은 12,000개가 되었다.

농기구 메이커의 생산은, 10,000대 →3,000대 →3,000대 →8,000대 →10,000대로 변화했지만 카뷰레터 메이커에 대한 주문은, 10,000개 →0개 →0개 →12,000개 →12,000개가 되어, 고객(후속 공정)이 재고를 가지면 납입 메이커(앞의 공정)의 생산량 변동폭은 보다 더 커진다. 재고가 적으면 예를 들어 하루분이라면 카뷰레터 메이커에 대한 주문량은 농기구 메이커의 생산 대수와 엇비슷하게 같았을 것이다.

카뷰레터 메이커는 이러한 변동폭에 대응하기 위해 사람이나 설비를 여분으로 가지든지 재고로 보완하든지 하나의 방법을 썼어야 한다. 어쨌든지 원가는 오르고 농기구 메이커는 결국 비싼 카뷰레터를 사는 꼴이 된다.

이러한 관계는 기업 내의 제조와 영업 사이에 일맥상통한다. 영업 창고에 몇 주일분, 몇 개월분의 재고가 있으면 똑같은 현상이 일어난다. 몇 개월이라고 하면 과장된 듯이 들리겠지만 개개의 상품을 잘 보면 판매량의 일부 상품에서는 잘 볼 수 있는 일이다. 또 리드타임이 긴 해외로부터의 제품이나 부품을 조달하는 경우, 리드타임이 길기 때문에 후속 공정에서 이미 재고를 가지게 된다. 이때 앞서 서술한 예와 같이 크게 흔들리는 경우를 아직도 많이 볼 수 있다.

후속 공정에서 재고를 가짐으로써 기업에 득이 될 일은 없다. 재고를 줄이는 것은 곧 앞의 공정을 위한 일이기도 하다. 또, 제조(앞의 공정) 방식 자체가 한꺼번에 만드는 것이라면 리드타임이 길어지기 때문에 판매의 변화를 따를 수 없다. 그 결과 영업(후속 공정) 과정에서 품절이 되면 영업 과정에서도 재고가 생기지 않을 수 없다. 제조에서 리드타임을 짧게 하여 팔리는 시기에 그만큼의 양만 공급하는 것은 이처럼 중요하다.

▌재고를 가지는 방법에는 좋고 나쁨이 있다

재고는 생기지 않도록 하는 것이 좋은 것은 당연한 사실이다. 하지만 생기지 않을 수 없을 때는 '댐'이 아니라 '저수지'로 관리하는 것이 좋다.

댐은 물이 흐르는 도중에 물을 모은다. 그 수량이 곧 재고량이 된다. 댐은 많은 비가 내렸을 때에도, 가뭄 때에도 하류에 문제를 발생시키지 않도록 수량을 조절하는 것이 목적이다.

생산과정에서 이와 같은 재고가 생겨나면 앞서 서술한 것처럼 현장의 여러 가지 문제를 숨기는 최악의 허비가 발생한다. 현장에서 발생하는 문제를 표면화하여 개선하기 위해서는 재고가 생기지 않도록 하는 것이 필요하지만 그 과정을 무리하면 후속 공정에 폐를 끼칠 수 있다. 만약 그렇게 된다면 아무런 소용이 없다.

그래서 '저수지'와 같은 형태로 재고를 관리하는 것이 좋다. 선납입(先納入)·선제공(先提供)을 하는 수고가 늘어나더라도, 생산과정과는 별도로 재고를 가지는 것이다. 이에 생산 라인은 빠른 흐름으로 진행시키되, 문제가 생겼을 때 바로 알아차릴 수 있도록 하는 것이다. 예기치 않은 문제로 생산이 늦어졌을 때, '저수지'로 관리된 재고를 상급자의 승인을 얻어 일시적으로 빌린다. 그 다음, 후속 공정을 멈추었다고 생각하고 재발 방지로 이어가서 체질을 강화해야 하는 것이다. 재발 방지로 문제를 없애거나 혹은 짧은 시간에 복

귀할 수 있게 된다면 재고량을 줄여 갈 수 있다. 그러므로 머지않아 재고는 없어지고 '저수지' 로 관리되는 재고도 살아있게 된다.

피할 수 없는 재고

그러면 어떻게 하면 재고를 줄일 수 있는지 이제부터 생각해 보자. 기업이 가진 '물건' 은 표준 소지(표준적으로 소지한 것)와 재고의 합이다. 수식으로 나타내면 다음과 같다.

> 물건 = 표준 소지 + 재고(피할 수 없는 재고 + 피할 수 있는 재고)

작업 중이나 설비 중에서 가공 중인 것이 '표준 소지' 이며, 가공되어 있지 않은 것이 '재고' 이다. 생산 라인에서는 표준 소지만 물건으로 하고 싶어 하지만, 현실적으로 재고가 존재하지 않기란 매우 힘들다. 예를 들어 프레스 공정이면 재고는 표준 소지의 몇 천 배, 성형 공정에서 몇 백배, 조립 공정에서 2배면 좋은 편이다.

현장에서 '물건을 줄이려면' 표준 소지가 아니라 재고를 줄이는 것이 효과가 크다. 게다가 설비나 공정을 신설하는 것이 아니라 현재 가지고 있는 것으로 빠른 흐름을 만들고 재고를 줄여야 한다.

재고에는 '피할 수 없는 재고' 와 '피할 수 있는 재고' 두 종류가 있다. 어쩔 수 없이 생기지 않을 수 없는 재고를 '피할 수 없는 재고'라고 한다. 피할 수 없는 재고란 다음의 세 가지 경우이다(그림 2-7).

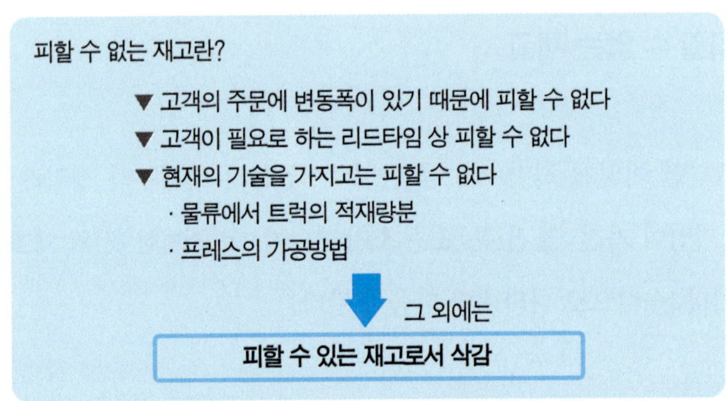

그림 2-7 피할 수 없는 재고와 피할 수 있는 재고

- 어느 시기에 많이 팔려서 어느 정도 보존할 수 있는 상품 재고
예를 들어, 크리스마스 케이크, 섣달 그믐에 먹는 국수, 에어컨, 난방 기구 등, 계절성 상품은 수요기에 따라 재고가 생기는 것은 피할 수 없다.

- 고객이 원하는 기한 안에서 제조의 리드타임을 기술적으로 대응할 수 없을 때 생기는 재고
예를 들어, 업계에서는 꼭 필요한 기한을 고객이 기다릴 수 없을 때나, 그 자리에 있는 물건을 구매하는 경우는 재고로 대응할 수밖에 없다.

- 물리적으로나 현재의 기술력으로는 생기지 않을 수 없는 재고

예를 들어, 트럭으로 운반하는 경우, 트럭 한 대분의 재고를 가지지 않으면 안 된다. 프레스 등 로트 생산 공정에서는 작은 로트로 했다고 해도 어느 일정한 로트분을 생산하여 재고로 가지고 있는 편이 설비생산성 측면에서 유효하다.

이외는 모두 피할 수 있는 재고이다. 재고를 줄이기 위해서는 아래에서 서술하듯 생산이나 운반의 리드타임을 단축해 가는 것이 중요하다.

▌ 재고는 3요소로 정해진다

재고는 '매니지먼트의 좋고 나쁨', '운반 로트의 크기', '생산 로트의 크기'의 3요소로 정해진다(그림 2-8).

재고 = 재고 삭감의 매니지먼트 · 운반 로트 · 생산 로트

그림 2-8 재고의 3요소
(재고 삭감의 매니지먼트, 운반 로트, 생산 로트)

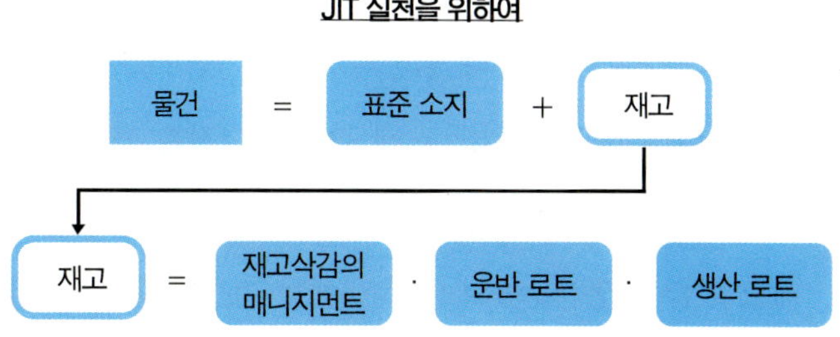

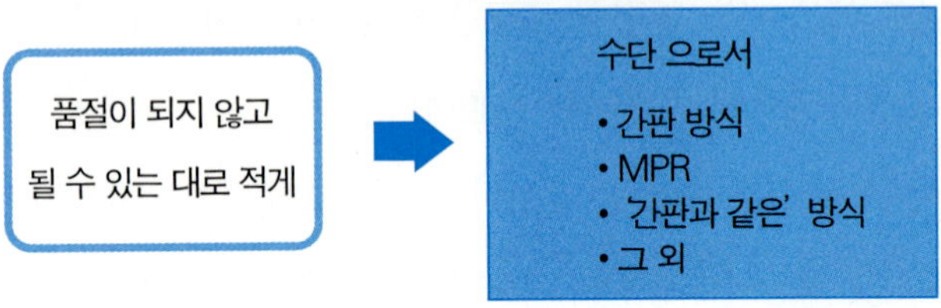

그림 2-9 재고 삭감의 매니지먼트

재고 삭감의 매니지먼트

재고 삭감의 매니지먼트란 현재의 운반 로트, 생산 로트에서 후속 공정이 품절되지 않고 후속 공정과 자신의 공정에서 재고를 가능한 한 줄일 수 있는 구조를 가리킨다. 납품 직전의 재고와 출하 직후의 재고가 최소인지에 대한 확인으로 매니지먼트의 좋고 나쁨을 판단하면 알기 쉽다. 납품과 납품, 혹은 출하와 출하의 도중에 보는 것은 이해하기가 어렵다. 그 수단으로서 도요타 자동차에서는 '간판방식'을 생각해냈다. 간판이란 '무엇을, 몇 개, 언제, 운반하거나 생산해야 하는가'에 대한 지시정보이다. 본래 이 간판상의 매수라면 후속 공정과 자신의 공정의 재고를 줄여도 품절이 일어나지 않을 것이다. 품절을 일으킬 것 같으면 그것은 생산이나 운반에 문제가 있다는 것이다. 즉, 간판은 지시정보로서의 역할은 물론이고, 재고를 줄여 생산활동의 여러 문제를 발견할 수 있는 역할을 한다는 것이다.

그런데 세간에서는 MRP Ⅱ(Manufacturing Resources Planning Ⅱ) 방식이 널리 사용되고 있다고 한다. 이것은 지금의 운반이나 생산 방법을 긍정한 다음 취할 수 있는 최적의 재고 방식이다. 현재의 방법을 지키는 것만 중시한 나머지 재고를 줄이는 방향으로 바꿀 생각을 못하는 일이 있어서는 안 된다. 간판 방식으로 문제를 표면화하여 현장에서 발휘하는 지혜로 생산 방법, 운반 방법의 개선을 진행시키면, MRP 방식보다 재고를 10분의 1 정도로 줄일 수 있다 (제4장의 사례 참조).

재고를 줄일 때에는 '현재보다 얼마나 줄어들었는가'가 아니라 '최상의 상태'를 기준으로 하거나 아주 조금의 버퍼(Buffer)량으로 하는 것이 목적이다. 필자는 실제 이전보다도 재고가 반으로 줄었다고 해서 만족한 채 보고하는 것을 들은 적이 있다. 이것은 올바른 게 아니다. '최상의 상태'를 기준으로 아직 몇 배나 재고를 가지고 있다는 식으로 생각해야 할 것이다. 중요한 것은 품절 없이 될 수 있는 대로 재고를 줄이는 매니지먼트를 함으로써 경영에 기여하는 것이다.

가끔 '간판 방식과 비슷하기만 한 방식'을 가지고 간판 방식이라고 생각하는 사람이 있다. 이는 지금 있는 모든 재고에 간판과 같은 표찰만 붙이는 것으로 이러한 것만 가지고서는 현장이 좋아질 수가 없다. 간판 방식과 비슷한 일을 하는 것이 목적이 아니라 어디까지나 재고를 '최상의 상태'에 비추어 어디까지 줄여 갈 수 있느냐가 중요하다. 그 수단으로서 간판을 사용할 뿐이며, 간판이나 MRP자체에 구애될 필요는 없다(그림 2-9).

재고배율로 제조 현장의 수준을 알 수 있다

매니지먼트의 좋고 나쁨의 견해와 재고배율이라고 하는 견해에 대해 살펴보자.

재고배율이란 해당되는 창고의 1회당의 출하량과 입하량 중에서 큰 쪽을 선택하여 출하량이 많다면 출하 직전에 그 몇 배의 재고를 가지고 있는가를 따지는 것이며, 반면 입하량이 많을 경우 입하 직후에 그 몇 배의 재고를 가지고 있는가를 가리키는 것이다.

1배라면 현상의 구조로서 가장 능숙한 매니지먼트를 하고 있다고 말할 수 있다. 현상의 매니지먼트를 유지하는 레벨은 이 재고배율로 밝혀진다. 1배 이상 가지고 있다면 여러 가지 이유는 있겠지만 개선하지 않으면 안 된다.

배율이 1에 가까워지면 나아가서 운반 로트, 생산 로트를 작게 하여 재고량을 줄여 간다. 그리고 또 재고배율 1을 목표로 개선하는 것이 좋다.

운반 로트는 가능한 한 작게 하여
세세하게 옮긴다

다음으로, 운반에 대하여 생각해 보고자 한다.

운반은 공장 안팎을 불문하고 본래는 운반하지 않는 것이 바람직하다. 왜냐하면 운반은 비용 증가를 가져와서 리드타임을 길게 하기 때문이다.

그러나 레이아웃이나 장소 등의 관계로 어쩔 수 없이 운반하는 경우는 로트를 가능한 한 작게 하여 세세하게 옮기는 것이 기본이다. 왜냐하면 로트를 크게 하면 운반의 전후에서 큰 재고가 발생하여 리드타임을 보다 길게 만들기 때문이다. 운반 횟수를 늘리면 '운반 대기'나 '운반 중의 재고'를 줄일 수는 있지만, 운반 공정수가 증가하기 때문에 어느 정도의 양이 생길 수밖에 없다. 이 '작은 로트와 노동생산성'을 동시에 취하는 방식으로서 '다회다종혼재운반(多回多種混載運搬)'이 있다. 이 다회다종혼재운반의 특징은 1회당 운반하는 양은 결정되어 있지만 종류마다 작은 로트로 하는 것이다. 이 방식을 기본으로 공장 내의 공정 간 운반 방법을 결정하는 방식에 대해서 생각해 보자.

운반 시간은 '이동'과 '반입과 반출의 취급 시간'의 합이며 다음의 공식으로 나타낼 수 있다.

여기서 말하는 시간은 모두 1사이클의 시간이다.

이동 시간이란 운반하는 영역을 1사이클 이동할 만한 시간을 말하며, 취급 시간은 부품을 차에 싣거나 선반에 넣거나 하는 시간이다. 그러므로 운반 횟수가 아니라 일의 양으로 정해진다. 이 이동시간을 운반 시간의 2할 정도로 하면 혼재(混在)의 면에서도 운반 효율에서도 가장 좋다. 운반 시간은 이동 시간(루트를 아무 것도 하지 않고 단순히 이동 = 걷는 시간)을 측정하고 그것의 5배를 운반 사이클로 결정한다.

공장 내의 운반을 예로 설명하겠다.

예를 들어, 이동 시간이 1사이클에 2분(약 200m) 걸린다면 운반 사이클은 10분이 된다. 즉, 계산상 생산성 2할은 내리지만 다회다종혼재에 의해 재고를 줄이고 양자의 균형을 취하는 것이다. 이 2할이라는 값은 지금까지의 많은 실적에서부터 얻은 경험 수치이다. 지금까지 사용한 큰 로트 운반보다는 생산성이 확실히 올라간다.

위에 서술한 예로 말하면 사이클 타임을 20분으로 하면 이동에 의한 손실은 계산상 1할이지만 실제로 그것만으로는 끝나지 않는다. 왜냐하면 운반량이 2배가 되기 때문에 운반 도구가 크고 무거워져서 움직이기 힘들다. 또한 운반 도구 위에서 부품 상자를 찾는 수고나 교체로 인해 여분의 시간을 소비한다. 손실은 생각 외로 크다.

'이동 2할, 취급에 8할'이라는 운반 방식이 재고도 줄이고 노동생산성도 최소의 손실로 해결할 수 있는 방법이다. 또, 운반 전후 공정 과정에서 생긴 재고를 보관할 공간도 작게 할 수 있다.

공정을 흐름화하는 것이 제일 좋다

리드타임을 짧게 하여 생산하려면 공정을 흐름화하는 것이 가장 좋다. 왜냐하면 작업자가 공정간을 운반하기 때문에, 표준 소지는 자동 기계 속의 것으로만 해결된다. 그래서 가장 짧은 리드타임 동안 생산할 수 있기 때문이다. 그러나 가공 작업과 운반 작업을 하는 사람이 따로 일하게 되면, 두 명의 사이에 표준 소지가 최소한 1개 필요하게 되고 그 만큼 리드타임은 늘어난다. 만일 공정을 분할해야 한다면 적어도 공정간은 1개씩 옮기는 것이 기본이다.

저스트 인 타임 생산에서 공정의 흐름화는 대단히 중요하다.

생산 로트도 가능한 한 작게

생산 로트도 가능한 한 작게 쪼개어 재고를 줄일 필요가 있다. 작게 쪼개면 리드타임은 짧아져서 재고는 확실히 준다. 우선은 나날이 수주하는 품목의 모든 번호를 매긴다.

생산 로트를 작게 하면 도구 변경(Tooling change), 도구 변경 작업 횟수가 증가한다. 그래서 1회마다의 도구 변경 시간이 변하지 않으면 총 도구 변경 시간(Total tooling change time)은 증가한다. 원래 도구 변경 시간이란 장치 내 배치(On-machine setups) 시간과 조정 시간의 합이다.

도구 변경 시간 = 장치 내 배치 시간 + 조정 시간

여기서는 자세한 설명을 하지 않겠지만 설비 능력이 부족할 때는 도구 변경 시간을 짧게 하기 위해서 장치 내 배치 작업을, 별도 라인 작업(Off the line setups)으로 옮김으로써 조정 작업을 없애도록 개선하는 데에 우선해야 한다. 그렇게 설비 능력을 보강한 다음에 가동시간의 1할 정도를 전체 도구 변경 시간으로 사용하는 것을 기준으로 삼는다. 그래서 도구 변경 횟수를 늘리는 것이 효과적인 것이다. 우선은 나날이 모든 품목의 번호를 매기는 것을 목표로 도구 변경 시간을 단축하도록 해야 한다.

또 정시 가동 시간도 일이 없는 공정에서는 생산에 필요한 시간 이외는 모두 도구 변경 시간으로 사용한다. 그렇게 해서 도구 변경 횟수를 늘려 나가서 생산 로트를 더 작게 하도록 한다. 게다가 가동 시간 중에서의 도구 변경 시간을 늘리기 위해 품질에 전혀 영향을 주지 않는 설비 기계의 동작을 재검토하여 머신 사이클 타임(Machine cycle time)을 단축하는 데 적극적으로 노력한다. 그렇게 생산 시간을 짧게 해서 도구 변경 시간을 만들어 내는 것도 중요하다.

: 도구 변경 시간

생산 라인에서 생산하는 품종을 변경할 때에 도구 변경 작업을 행하는데, 이 때 걸리는 시간을 말한다. 도구 변경 작업의 내용은, 가령 설비의 설정 변경이거나 공구의 교환이거나 배치의 변경이다. 도구 변경 작업을 하는 동안 라인은 멈추게 되므로 작업자는 대기 상태가 된다. 이 시간은 로스타임이다. 다품종·소량 생산의 시대가 되어 소(小) 로트 생산이 되므로, 도구 변경 작업 횟수가 필연적으로 많아졌다. 따라서 로스타임도 많아진다. 도구 변경 시간을 줄일 수 있으면 로스타임이 적어져서 소 로트 생산이 가능해지고 재고 부담이 상당히 줄어들기 때문에 생산 리드타임도 짧아진다. 따라서 도구 변경 시간은 될 수 있는 대로 줄이는 것이 바람직하다. 설비를 변경하거나 도구 변경을 간단히 할 수 있도록 하는 것도 한 가지 방법이다.

: 장치 내 배치

하나의 기계나 설비 등의 라인에서, 그 라인을 멈추어서 도구 변경을 하는 것이다.

: 별도 라인 작업

라인을 멈추지 않고 도구 변경을 하는 작업 방법. 도구 변경 작업이 라인 작업과는 별도로 행하여진다면 로스타임은 줄어든다.

▌재고를 줄이는 것을 높이 평가하는 시스템이 필요하다

리드타임을 짧게 하기 위해서는, 도구 변경 횟수를 늘리고 생산 로트를 작게 하여 재고를 줄이지 않으면 안 된다. 그런데 기업의 평가 시스템에는 노동생산성은 중시하지만, 재고의 많고 적음을 평가 항목에 포함시키지 않는 경우가 많다. 그 때문에 좀처럼 도구 변경 공정수를 늘리지 못하고 도구 변경 횟수가 한정된다.

그래서 필자는 경영자의 양해를 얻어서 도구 변경 전문가를 별도로 우선 받아들이게 한 다음 도구 변경 횟수를 늘리도록 했다. 그 결과 재고가 줄어들고 제품의 처리 공정수 등도 줄어들어 후속 공정에서는 인원이 남는다.

그리고 해당 공정에서도 일단 사람은 늘렸지만, 그 후의 개선을 통하여 원래 사람 수로 작업할 수 있도록 하였다. 그러자 앞뒤의 공정에서 사람을 줄인 만큼 공장 전체에서는 노동생산성이 올라가게 되고 물론 재고는 줄어들게 된다.

또 다른 방법으로, 도구 변경 1회당의 공정수를 노동생산성 평가의 표준 시간에 넣으면 현장은 도구 변경 횟수를 늘려도 생산성은 떨어지는 일이 없다. 그렇기 때문에 도구 변경 횟수를 늘리게 된다. 나아가 도구 변경 1회당 공정수를 줄이면 능률이 오르기 때문에 현장에서는 더욱 도구 변경 횟수를 늘릴 것이다. 그 결과, 노동생산성을 올리는 한편 재고가 줄어들어 리드타임이 짧아진다. 도구 변경 횟수를 늘리고 재고를 줄여서 리드타임을 짧게 하는 것을 평가하는 것이 여러 면에서 유익하다.

노동생산성은 3요소로 정해진다

이제 노동생산성을 향상시키는 진행 방식에 대해 알아보자. 노동생산성은 '매니지먼트의 좋고 나쁨', '소인화(少人化)', '효율적인 작업 동작' 이 3가지로 정해진다(그림 2−10).

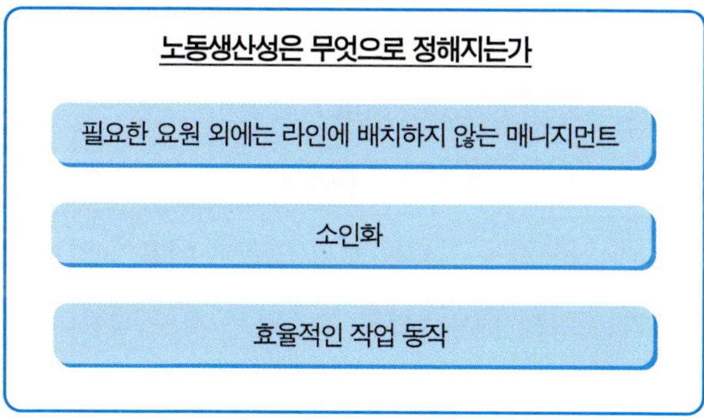

그림 2−10 노동생산성의 3 요소
(매니지먼트의 좋고 나쁨, 소인화, 효율적인 작업 동작)

노동생산성을 철저히 생각한다

필요한 요원 외에는 라인에 배치하지 않는 매니지먼트

매니지먼트란 팔리는 수량의 물건을 생산하기 위해 몇 사람이 필요한가를 파악하여 그대로 배치하는 것을 말한다. 그것을 위해서는 제품 1개를 생산하기 위해 필요한 생산 시간을 파악해 알맞은 인원만 투입하는 구조를 갖추어야 한다.

그러므로 인사 부서에서는 현장에서 요구하는 인원만 단순히 채용할 것이 아니라 회사 전체를 보고 인원이 여유가 있는 부서로부터 이동시키는 등의 대체방법을 강구하는 것도 필요하다. 물건이 팔리는 수량에 의해 필요한 인원 수를 알 수 있으므로 거기에 바탕을 두고 적절히 배치하는 체제를 구축해야 한다. 이것을 할 수 없으면 필요 이상의 인원을 생산 라인에 투입해 불필요한 것을 만들게 되고 또 생산성도 오르지 않는다.

소인화

'소인화'란 생산성을 떨어뜨리는 일 없이 필요한 인원 수로 생산할 수 있는 라인을 만드는 것을 의미한다. 그것을 위해서는 생산량에 의해 인원 수가 증가하든 줄어들든 작업에 균형을 유지할 수 있는 구조를 갖추어야 한다. 즉, 항상 1인공(1人工) 분의 일을 담당할 수 있도록 처음부터 생각해 둘 필요가 있다.

정해진 시간 내에 생산을 끝마치는 라인은 시간이 지나면 사람이 너무 많아 생산성이 오르지 않는다. 그러므로 무조건 1명을 줄이는데 그러면 당연히 잔업이 생긴다. 하지만 일하는 방법 등을 개선하여 잔업 시간을 짧게 하면 확실히 능률이 오르기 때문에 반드시 경영에 기여하게 된다.

잔업 시간에는 한도가 있다. 때문에 어느 일정 인원 이상으로 그룹화를 해두지 않으면 안 된다. 예를 들어 소정 시간이 8시간, 한도 잔업 시간이 2시간인 라인에서는 적어도 몇(정수 N) 명을 그룹화 해야 하는지 생각해 본다.

정시 시간에서는 N명, 최대 잔업 시 1명이 줄어든 N−1이 되기 때문에 공식화 하면 다음과 같다.

$$8시간 \times N = (8+2)시간 \times (N-1)명$$

그러므로 N(정수)은 5(명)가 된다. 즉, 5명 이상으로 그룹화하면 좋다는 결론이 된다. 수식으로 나타내면 다음과 같다.

$$8 \times N \leqq (8+T) \times (N-1)$$

N : 그룹에 필요한 최소 인원 수,   T : 잔업 한도 시간

만약 1시간밖에 잔업을 할 수 없으면 9명 이상이 필요하다(그림 2-11).

생산성을 떨어뜨리는 일 없이 팔리는 수량에 적합한 인원으로 생산할 수 있도록 하려면 그룹을 고려한 라인을 구성하고 다능공화(多能工化) 및 레이아웃 만들기가 필요하다.

그림 2-11 소인화

소인화란?

필요한 생산 수에 따라 생산성을 떨어뜨리는 일 없이 몇 사람으로라도 생산할 수 있는 라인을 만들어 내는 것을 말한다.
즉, 라인이 정시에 끝나게 되면 무조건 1명(1공정)을 줄여서 작업의 균형이 잡히는 라인으로 만들 것(항상 1인공분의 일을 계속 줄 것)

조건 : 1명 줄어듦으로써 허용 잔업시간 내에 생산을 행하기 위해서는 어느 일정 수 이상의 작업자를 집약할 필요가 있다.

허용 잔업시간(H) T	2 H	1 H	0.5 H
필요 작업자 수(사람)N	5명 이상	9명 이상	17명 이상

$$N \times 8(\text{정시}) \leqq (N-1) * (8 + T)$$

효율적인 작업 동작

  다음은 효율적인 작업 동작에 대하여 알아보자. 사람들이 하는 '동작의 허비'를 없앨 수 있으면 작업의 효율은 반드시 높아진다. 이것은 좀처럼 쉽지 않지만, 매우 큰 효과가 있다. 동작 방법에서 작업 시간이 크게 바뀌는 것을 해외의 경우에서도 밝히기 위해 볼펜을 이용한 예를 소개한다.

  이것은 캡에 볼펜을 집어넣는 동작을 2번(2회) 행하는 예이다(그림 2−12). 이때 속도는 모두 똑같다.

  그림으로 나타내면 그림 2−13, 그림 2−14, 그림 2−15가 된다.

  그림 2−12의 ①과 ⑤를 비교하면 같은 동작 스피드에서도 오른

그림 2−12 효율적인 작업 동작의 실례
(캡에 볼펜을 집어넣는 동작)

① 오른손으로 펜을 쥔 다음 왼손으로 캡을 들고, 캡에 펜을 집어넣고 나서 오른쪽 전방으로 이동하여 오른손으로 둔다.   (2회) 9초

② 오른손으로 펜, 왼손으로 캡을 동시에 들고, 캡에 펜을 집어넣고 나서, 오른쪽 전방으로 이동하여 오른손으로 둔다.   (2회) 7초

③ 오른손으로 펜, 왼손으로 캡을 동시에 들고, 오른쪽 전방으로 이동하면서 캡에 펜을 집어넣고 양쪽 손으로 둔다.   (2회) 6초

④ 오른손으로 펜, 왼손으로 캡을 동시에 들고, 캡에 펜을 집어넣고 그 바로 밑의 위치에 둔다.   (2회) 5초

⑤ 캡을 치구(治具)에 고정해 두고, 양손으로 동시에 1개씩 펜을 들고, 캡에 펜을 집어넣고 바로 아래에 둔다.   (1회) 3초

손, 왼손의 동작 방법으로 작업시간이 약 3분의 1로 단축되는 것을 알 수 있다.

그림 2-13 효율적인 작업 동작의 실례
(그림 2-12의 ①, ②, ③)

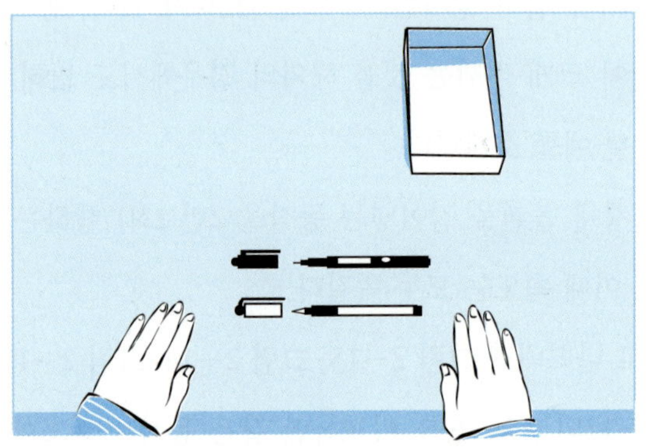

그림 2-14 효율적인 작업 동작의 실례
(그림 2-12의 ④)

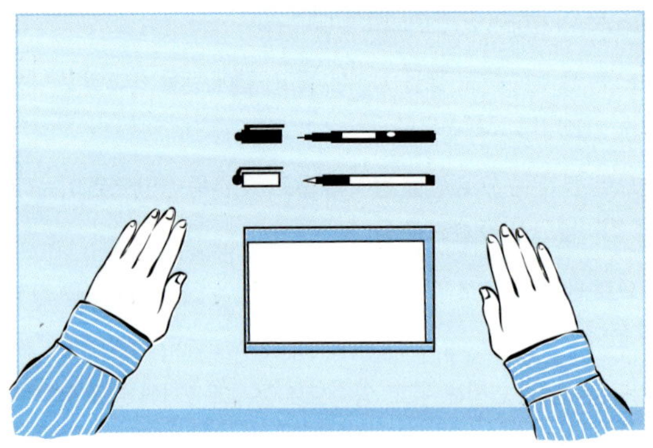

동작방법의 차이를 몇 가지 소개한다.

1. 앞의 ①에서, 오른손으로 펜을 쥐고 있을 때 왼손은 기다리는 상
   태이며, 왼손으로 캡을 들 때는 오른손이 대기 상태이다. 그것을
   ②에서는, 동시에 행하여 양쪽 손의 대기 시간을 없애고 있다.

2. 마찬가지로, ①에서 조합한 볼펜을 오른쪽 전방에 오른손으로
   두러 가는 동안 왼손은 대기 상태이며, 오른손도 이동 중에는
   단지 보관 유지하고 있을 뿐이므로 기다리는 상태라고 생각할
   수 있다. 이것을 ③에서는 오른쪽 전방으로 이동하면서 집어넣
   음으로써 양쪽 손의 대기 상태를 없애고 있다.

3. ④에서는 집어넣은 볼펜을 두는 위치의 바로 밑으로 함으로써
   이동 시간을 적게 하고 있다.

4. ①~④까지 양쪽 손을 사용하여 캡에 볼펜을 집어넣는 한 가지 일밖에 하지 않았다(이것을 양손 작업이라고 한다). 양손을 사용하여 처리하던 한 가지 작업을 양손이 각각 맡아 동시에 처리하도록 한 것이 ⑤의 사례이다.

동작의 허비를 찾아내는 방법은, 길브레스(Gilbreth)의 서블릭(Therblig) 법 등 지금까지 여러 가지 기법이 개발되어 소개되고 있다.

둘이서 행하는 공동 작업은, 타이밍이 맞지 않고 어느 한 쪽이 대기 상태가 되어 버린다. 공동 작업은 될 수 있는 대로 없애는 것이 좋다.

: 서블릭

수작업에서의 행동경제를 그 최소 단위로 하여 18의 기본 요소로 나눈 것으로, 그 창시자인 길브레스의 스펠을 거꾸로 하여 '서블릭'이라고 하였다. 각각의 기본 요소는 동소(動素)라고 하는데, 각 동소는 기호화하여 모든 손의 동작이 어떤 동소에 의해 구성되는지 명확하게 표현하였다.

노동생산성은 헛된 동작을
부가가치가 높은 동작으로 바꾸면 향상된다

필자가 도요타 자동차에 재직할 무렵, 어느 지각 있는 사람이 "도요타는 이러쿵저러쿵 하면서도 노동 강화를 하고 있는 것 아닙니까?"라며 단정적으로 말하는 사람이 있었다. 뿐만 아니라 컨설턴트 중에도 그러한 사람이 있었다. 그때 필자는 다음과 같이 이야기하였다.

(예를 들어, 복수의 부품을 들어서 조립하여 완성품을 만드는 일이 있다고 하면) "이 한 사이클의 작업을 섬세한 동작(요소 작업)으로 단락지어 보십시오. 그 안에서 부가가치를 낳는 것은 적은 에너지로 행할 수 있는 조립 동작뿐이며 부품을 들고 완성품을 두는 동작은 필요하기는 하지만 본래는 낭비입니다. 나아가서 부품이나 완성품을 넣는 상자가 멀리 있어 뒤돌아보거나 주저앉거나 하면서 부품을 꺼내거나 완성품을 두거나 한다면 낭비 때문에 더욱 더 많은 에너지를 사용하는 동작이 됩니다. 쓸데없이 에너지를 낭비하지 않고 에너지가 적은 동작만으로 부가가치를 얻으려는 것이 도요타의 방식입니다. 이 방식으로 바꾸면, 적은 에너지만 들이고서도 많은 생산을 할 수 있습니다. 기존의 작업 방식으로 속도만 높이는 노동강화와는 근본적으로 다릅니다."

겉보기의 능률 향상과 진정한 능률 향상

노동생산성에 대하여 이하에서는 보다 깊게 생각해 보고자 한다 (그림 2-16).

그림 2-16 겉보기의 능률과 진정한 능률의 차이

팔리는 수가 변하지 않는 경우

현재상태	겉보기의 능률 향상	진정한 능률 향상
10명이 100개 / 일	10명이 120개 / 일	9명 이하로 100개 / 일

주지하는 바와 같이 노동생산성을 재는 척도를 생산능률이라고 한다. 간단히 말하면 "혼자 몇 개 만들었는가"이다. 이 능률에는 '겉보기의 능률'과 '진정한 능률' 두 가지가 있다.

10명이 100개 만들던 라인에서 120개를 만들 수 있게 되었다고 가정하자. 이전에는 1명이 10개였지만 12개로 늘어났다. 다시 말하여 20%의 능률이 오른 것이다. 그러나 이 경우 팔리는 수가 문제이다. 팔리는 수가 120개라면 능률이 20% 올랐다고 말할 수 있지만, 100개인 채라면 20개를 초과하여 만든 것이 된다. 이 경우 능률이 올라갔다고 결코 말할 수 없다. 그러면 어떻게 할 것인가? 팔리는 100개를 9명 이하로 만들면 된다.

전자를 '겉보기의 능률 향상', 후자를 '진정한 능률 향상'이라 한다. 즉, 노동생산성은 팔리는 수만큼만 만들고 초과하여 만들지 않는다는 것을 전제로 해야 한다. 그러나 많은 기업에서는 지금도 단순히 '생산고(生産高)'만으로 생산성을 논의하는 것을 볼 수 있다.

경영에 기여하는 생산성 향상이 아니면 아무런 의미가 없다. 또, 보람이나 성취감을 맛볼 수도 없다.

정리

기업은 종업원의 생활 안정, 지역경제 기여 등 막대한 영향을 끼치는 존재이므로 존재하는 것 자체에 이미 가치가 있다. 그리고 앞으로도 존속하고 발전하기 위해서 돈을 벌지 않으면 안 된다. 때문에 팔리는 것만을 만들고, 빠른 자금 회수로 현금 흐름을 원활하게 하며, 저스트 인 타임으로 문제를 현재화(顯在化)하여 재발을 방지해 현장 환경의 질을 높이고 노동생산성을 향상하는 것이 중요하다(그림 2-17).

▌노동생산성에서 본 정리

노동생산성을 올리는 방법에는 동작 속도를 향상하여 올리는 방법과 동작의 낭비를 제거하는 것이 있다. 동작 속도를 올리는 방법

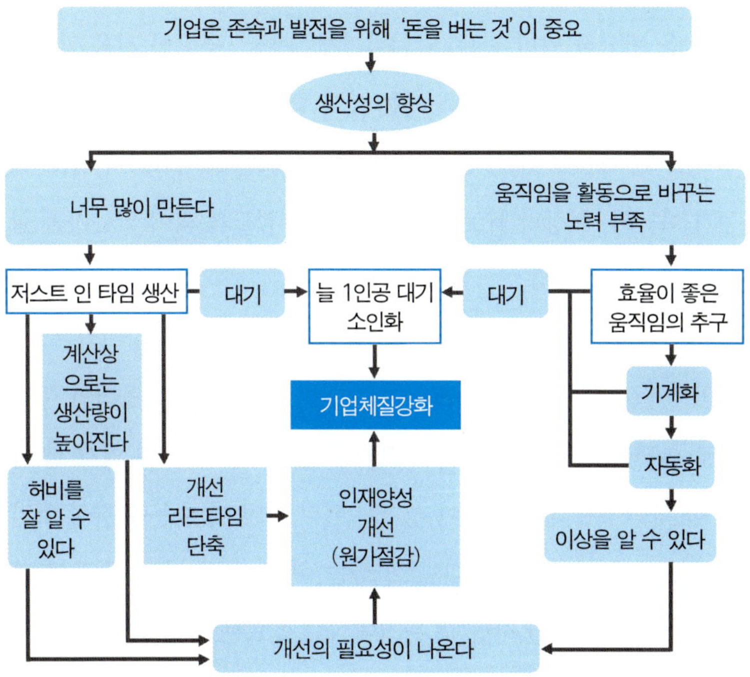

그림 2-17 경영에 기여하는 현장개선의 사고방식과 실천(정리)

은 WF, MTM, PAC 등 지금까지 여러 가지가 개발되어 왔다. 그러나 필요한 수만 만드는 것을 잊은 채 이 방법만 행하면 너무 많이 만들어 회사에 해만 끼치는 결과를 낳는다. 다시 한 번 말하지만 어디까지나 팔리는 수만큼만 만드는 저스트 인 타임 방식의 생산을 전제로 하지 않으면 안 된다. 단지 생산성을 올리기만 해서는 한 사람 한 사람에게 대기 시간이 생긴다. 이렇게 하면 생산성이 떨어지기 때문에 항상 한 사람의 일을 줄일 수 있는 소인화 라인을 만들어야 한다.

그런데 단순히 만들 수 있을 때 만들 수 있는 것을 만들 수 있는 양만 만드는 식이라면 이익을 기대할 수 없다. 필요한 시기에 필요한 것을 필요한 양만 만든다. 나아가서 '지금' 필요한 것을 필요한 양만 만들 수 있도록 발전해 가는 것이 중요하다. 간판이 없는 것을 만들고 있지는 않은가, 필요한 양만을 필요한 스피드로 만들고 있는가 아닌가, 현장의 빠르고 늦음을 알 수 있도록 되어 있는가를 살피는 것이 중요하다.

한편, 동작도 단순한 움직임으로부터 부가가치를 향상시키는, 즉 낭비가 없는 활동으로 바꾸어 가는 것이 필요하다. 효율적인 동작으로 바뀌어 가면 작업 시간도 그만큼 단축된다. 그러나 역시 한 사람 한 사람에게 대기 시간이 생기게 된다. 그렇기 때문에 항상 소인화의 구조가 필요한 것이다. 소인화는 '저스트 인 타임 생산'의 관점에서도 '효율적인 작업'의 관점에서도 필요한 방법이다.

노동생산성의 목표 결정 방법

저스트 인 타임을 전제조건으로 하여, 그러면 '얼마나 개선할 수 있는가?' 하는 목표를 정하는 방법에 대해 알아보자. 작업자 그룹에 속해 있는 한 사람 한 사람의 동작을 어느 순간에 포착하여, '일을 하고 있는 사람'과 '일을 하고 있지 않은 사람'을 분별한다. 이것을

30초 정도의 간격을 두고 3회 행하여, 일을 하고 있지 않은 사람의 비율로 사람의 많고 적음을 대략 예상한다. 그 다음에 대기 시간이 적은 사람을 뽑아서 그 사람의 동작을 보고 낭비의 비율이 어느 정도인지 측정한다. 그리고 이 양쪽의 낭비의 합을 노동생산성 향상의 목표로 삼는 것이다.

예를 들면 일을 하지 않는 사람의 비율이 1할, 동작의 허비가 2할이라면 합계 3할이 노동생산성의 목표가 된다. 이렇게 하면 일반적으로는 높은 목표 값이 되지만 개선 결과는 대체로 맞을 것이고 이 높은 목표도 팀원의 노력이 뒷받침 된다면 달성하기 어렵지 않다.

▌저스트 인 타임 생산에서 본 정리

저스트 인 타임 생산을 하게 되면 도구 변경 횟수가 늘어나므로, 아무 것도 개선하지 않는다면 도구 변경 시간이 늘어나고, 또 생산하지 않는 시간도 늘어나 원가는 높아진다. 그래서 원가를 올리지 않고 저스트 인 타임 생산을 목표로 하기 위해서는, 도구 변경 횟수가 늘어난 만큼 1회마다의 시간을 짧게 한다. 그러면 총 도구 변경 시간은 늘어나지 않는다는 것을 알 수 있다. 도구 변경작업을 꼼꼼히 관찰하면 공구를 찾거나 주형(鑄型)의 위치 맞춤에 시간을 들이고 있거나 한다. 그러면 "공구는 미리 정해진 위치에 두자", "주형은 미리 장착한 스톱퍼에 맞추어 두면 되지 않는가"라는 개선안이 나온다. 그리고 이 개선을 거듭함으로써 소(小) 로트 생산을 할 수 있음과 동시에 생산성도 올라가고, 사람도 개선하는 힘이 익혀지게 된다. 또, 현장과 사물을 보면서 더 좋은 방법이 없을까 하고 생각하게 되어 현장으로 나가는 것이 즐거워진다.

게다가 저스트 인 타임 생산을 하여 재고를 절감하면 허비를 잘 알 수 있게 된다. 앞에서 서술한 수면(水面)의 이야기에서 알 수 있듯이 허비를 알면 개선의 필요성이 발견되고, 마찬가지로 개선을 거듭하게 되면 생산성이 올라감과 동시에 사람도 성장하게 된다.

그러면, 저스트 인 타임 생산을 하면 개선의 리드타임도 짧아진다는 것을 설명하겠다.

재고를 절감하여 생산의 리드타임을 짧게 하면 실시한 개선 결과를 바로 확인할 수 있다. 성공해도 실패해도 그 결과를 빨리 알 수 있다. 이것은 하는 사람에게는 매우 재미있는 일이다. 결과를 알면 바로 그 다음 개선을 하고 싶어진다. 즉, 단기간에 진보하는 기회가 많아진다. 개선의 리드타임을 단축하면 개선을 단기간에 더 많이 진척시킬 수 있고 작업자도 즐거운 마음으로 자신을 성장시킬 수 있다.

다시 말하여 저스트 인 타임 생산을 하면 두 가지 효과가 있다. 그것은 '재고가 줄어든다'는 계산할 수 있는 효과와 '사람이 성장한다'는 계산할 수 없는 효과이다. 둘 다 기업에는 중요한 효과인데, "기업은 곧 사람이다"라는 관점에서 본다면, 기업에서 인재 육성을 실시하는 것은 대단히 중요하다. 사람을 기르기 위해서도 저스트 인 타임을 계속하지 않으면 안 된다.

도요타 자동차에 재직할 때, 외국인에게서 "도요타는 1개월의 재고의 시대부터, 지금은 이미 몇 시간분밖에 재고를 가지고 있지 않지만 아직도 저스트 인 타임을 하는 것입니까?"라는 질문을 자주 받고 다음과 같이 대답하곤 했다. "재고가 줄어드는 것에 대해 '계산할 수 있는 효과'는 이미 그렇게 크지 않습니다. 그러나 사람을 기른다고 하는 '계산할 수 없는 효과'를 위해 저스트 인 타임을 계속하는 것입니다"라고.

앞으로 해외에서의 생산이 늘어난다고 생각하지만, 이 사고방식은 중요하다. 노무 비용이 싸다고 하여 필요 이상의 인원을 라인에 배치하거나, 재고를 많이 가지고 생산한다는 것은 현재 계산상으로야 쌀지도 모르지만 계산할 수 없는 인재 육성의 가치는 얻을 수 없다.

현장의 견해에 대하여

마지막으로 (제조)현장을 볼 때의 요점에 대하여 정리해 보고자 한다.

앞에서도 언급하였지만 상품(재고)과 노동생산성의 두 가지 측면에서 보는 것이 좋다.

상품은 저스트 인 타임으로 생산하고 있는가, 즉 재고를 가지지 않고 리드타임을 짧게 생산하고 있는가 아닌가를 포착해야 한다. 때문에 우선, 납품 직전의 납품 재고와 출시 직후의 완성품 재고를 본다. 그 수가 매우 적고 후속 공정에서 품절되지 않았다면, 재고 삭감을 위한 좋은 매니지먼트가 행해지고 있으며, 동시에 운반과 생산도 소 로트가 되어 있다고 판단할 수 있다.

반대로 많은 재고를 가지고 있으면서 후속 공정에서 품절을 일으키고 있다면 대 로트 운반, 대 로트 생산이 행해지고 있어서 리드타임이 긴 매니지먼트라고 할 수 있다.

노동생산성은, ① 소인화 라인의 구조가 갖추어져 있는가, ② 효율이 좋은 작업동작으로 일을 하고 있는가의 두 가지로 나누어 생각한다.

① 소인화 라인이 되어 있는가에 대해서는, 대기하는 사람이 없는가 있는가를 체크한다. 앞에서 서술한 노동생산성의 목표를 정하는 방법에서 제시한 바와 같이 우선 대기의 비율을 본다. 그리고 대기가 있다고 판단되면 그 대기 시간을 없애기 위해 생산량에 따라 1인공의 일을 주고 생산을 할 수 있도록 일정 인원 수 이상을 그루핑(Grouping)을 한 라인 구성과 레이아웃을 정해야 한다.

그리고 월 초는 잔업으로 시작하지만, 그 달 중에 개선을 하여 잔업을 절감해 가면 1인공의 생산성을 향상시킬 수 있다. 이것을 위해서도 잔업이 허용 한도 내에서 결정되도록 요원을 적게 투입하고 라인으로서는 어느 일정 수 이상으로 정리하여 배치해 두지 않으면 안 된다. 그리고 요원 사이에 작업 교체를 할 수 있는 레이아웃이 되어 있는지 파악한다.

나아가 대기 시간을 없애기 위해 요원 사이의 작업을 교체시킬 필요가 있다. 그 때 어느 작업도 품질을 확보하면서 일정한 스피드로 진행되게끔 평소부터 계획적으로 다능공화를 진척시켜 둘 필요가 있다.

② 효율이 좋은 작업 동작에 대해서는 그림 2—12에서 보인 예를 참고로 하여 동작의 낭비 비율에서부터 현장 수준을 파악할 수 있다.

동작의 허비에 대한 견해를 조금 서술해 보고자 한다. 동작의 낭비를 찾는 방법은 여러 가지 기법이 개발되어 소개되고 있는데 모두 내용이 여러 갈래로 갈라져 복잡하므로 여간해서는 전부 기억할 수 없다. 예를 들면, 길브레스의 서블릭법은 지나치게 섬세하고 치밀해서 현장에서 사용하기 위해서는 시간이 너무 많이 소요된다. 그래서 지금까지의 경험으로부터 이하의 세 가지만 주목해 보면 대부분의 동작의 낭비를 찾을 수 있다.

(ⅰ) 대기 시간은 없는가?

(ⅱ) 손의 동작은 너무 크지 않은가, 너무 작지 않은가?

(ⅲ) 손의 동작이 끝나기 직전의 타이밍은 좋은가?

(i)은, 대기 시간의 상태, 이동 중에 손이 비는 상태, 물건을 들고는 있지만 가지고 있을 뿐이어서 아무런 부가가치도 낳지 않은 상태이다.

(ii)는, 손의 움직임이 너무 크지 않은가, 또는 반대로 너무 작지 않은가를 보는 견해다. 전자는 끝까지 팔꿈치를 편 동작을 하고 있지 않은가에 의해 발견할 수 있고, 후자는 갑갑한 동작을 하고 있지 않은가에 의해 찾을 수 있다.

(iii)은, 동작이 끝났음에도 불구하고 다음 동작으로 옮겨가지 않고 앞의 상태를 유지하는 모습이다. 그리고 이것들을 오른손, 왼손 따로따로 관찰함으로써 동작의 허비를 발견하는 일이 더욱 쉬워진다.

이상으로 상품과 노동생산성의 시점에서 현장의 여러 문제를 찾도록 한다.

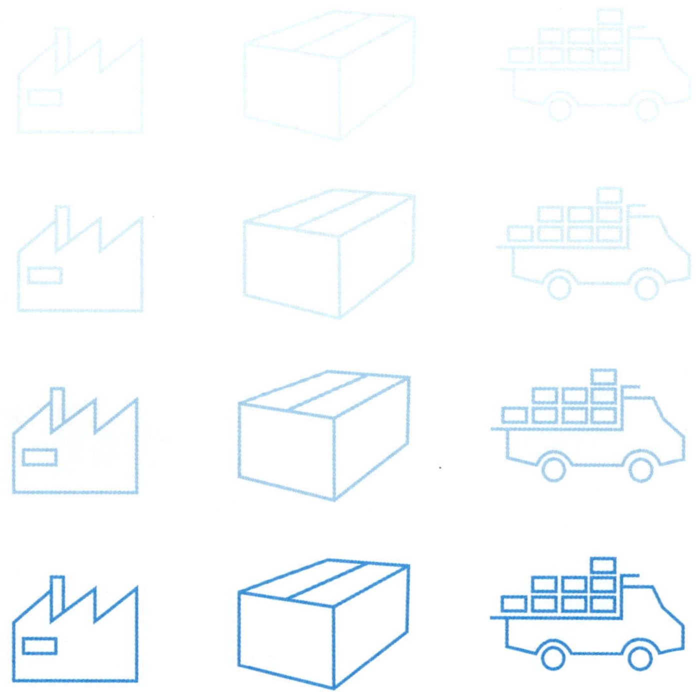

제3장
딜리버리 설계에 대하여

시작하는 말

최종 소비자의 만족도를 의식한
저스트 인 타임 생산의 필요성

도요타 키이치로 씨는 일본이 풍요로워지려면 공업 입국이 되어야 한다고 판단했다. 이제부터는 자동차 시대가 올 것이라는 점을 예견하고 자동차를 일본인의 손으로 만들고자 노력했다. 공업 입국으로 가는 수단은 여러 가지가 있겠지만 자동차 생산은 공업 입국을 위한 큰 수단으로서 손색이 없는 것이었다.

그리고 공장을 건설하는 과정에서 "구입할 부품을 저스트 인 타임으로 납입한다면 공장에 창고는 필요 없다"고 하였다. 이것이 저스트 인 타임의 시작이다.

그러면, 오노 타이이치 씨는 무엇을 구하였던 것일까? 아마도 도요타 키이치로 씨와 같이 일본의 공업 입국에 공헌하기 위해, 세계에 뒤지지 않는 품질과 높은 생산성의 자동차 만들기를 목표로 하였으리라고 생각한다. 결코 처음부터 도요타 생산 방식을 추구한 것이 아니라는 것은 명확하다.

2차 대전이 끝난 지 얼마 안 되었을 때는 도요타 자동차도 자금이 적어 재료도 충분히 살 수 없었다. 실린더 블록이 있다 해도 실린더 헤드가 없으면 엔진은 만들 수 없었고 결국 자동차는 만들지 못하는 처지가 되었다. 그래서 "블록과 헤드를 세트로 만들기 시작한 것이 저스트 인 타임 생산의 시작이다"라는 말을 오노 씨한테서 전해들은 일이 있다. 이 사고방식을 도요타 자동차 내에서만 실현하지 않고 나아가 거래처 기업에까지 확대하여 실현할 수 있었다.

이와 같이 오노 씨가 추구한 것은 자동차 제조 과정에서 허비를 줄이고, 세계에서 패배하지 않는 노동생산성 높은 물건 만들기였다고 할 수 있다. 특히 자동차가 팔리지 않고 노동쟁의에까지 발전한 것을 진정으로 후회하면서 두 번 다시 이러한 사태가 생기지 않도록 하기 위하여 사람을 늘리지 않고 오직 판매되는 것만을 만드는 개혁에 착수하였다.

그러나 미국과 같이 규모는 크지 않았다. 미국식의 대량 생산과 같은 방식으로 일을 해서는 필경 미국에 이길 수 없다. 미국과는 다른, 다품종 소량 생산이라도 생산성에서 뒤지지 않는 물건 만들기를 추구하여 시행착오를 되풀이하는 가운데 이전까지와는 전혀 다른 방법의 도요타 방식이 탄생하였다.

이 프로세스에서 도구 변경 시간을 짧게 해서 소 로트화하고, 필요한 것만을 만드는 저스트 인 타임 생산을 가능하게 하거나, 택트 타임(Tact time) ― 제조에서 생산 공정의 균등한 타이밍을 꾀하기 위한 공정 작업 시간을 말함. 라인 택트(Line tact)라고도 함 ― 으로 상품을 만들면 된다는 점에 착안하여 원맨·원머신(One man, One machine)을 원맨·다공정을 가진 상태로 만들어 비약적으로 노동생산성을 올려 왔다. 그러나 목적은 어디까지나 공업 입국을 추구하여 계속 진보하는 것(최상의 상태를 향한 도전)을 지향하는 것이며, 그것을 위한 한 가지 수단이 현재의 도요타 방식이다. 말할 필요도 없이 도요타 방식도 계속 진보하고 있으며, 이 의미에서 정형화된 방식, 즉 '더 도요타 메소드(The Toyota Method)' 는 없다.

이 과정에서 공판 분리(工販分離)(1951년)가 있었고, 도요타 자동차만의 도요타 방식으로서 진보해 왔다. 우리의 여러 선배들은 최종 소비자를 의식한 저스트 인 타임 생산을 생각하고 있었겠지만, 표면적으로 확실하게 나오지 않았다고 간주된다.

필자도 이 과정에서 도요타 방식을 회사 내외로 추진 및 전개하는 생산조사부장으로서 일을 해 왔지만 최종 소비자의 만족도를 올리기보다도 제조 현장에서의 저스트 인 타임 생산의 수준 향상과 노동생산성의 향상에 의한 원가 절감 활동을 중점으로 열심히 해왔다.

그런데 독립하고 나서 컨설턴트의 일을 하게 되었고, 도요타 자동차와 관련 부품 메이커를 대상으로 만드는 방법 등을 지도하는 것만으로는 고객을 충분히 만족시킬 수 없다는 것을 깨닫게 되었다. 특히 앞으로는 납기 면을 보다 중시하여 고객을 만족시키는 일이 필요하다는 점을 알게 되었다.

필자가 독립한 지 7년, 시행착오의 연속이었지만 도요타 자동차 재직 중에는 알아차리지 못했던 것을 이하 '딜리버리 설계'라는 이름으로 제안하고자 한다.

재고를 가져도
고객의 요구 납기는 만족할 수 없다

불확실한 수요 예측이나 미납의 우려 때문에
보유한 재고가 장기화한다

필자가 독자적인 브랜드 상품으로 최종 소비자를 고객으로 삼는 기업에서 컨설턴트 일을 한 적이 있다. 그때 생산 계획의 목적이 무엇이고 다시 그것은 무엇을 근거로 정하였는지 물어보았다. 그러면 많은 경우 명확한 대답이 돌아오지 않았다. 그래서 실태를 조사해 보았더니 재고는 많았고 그것이 장기화되었으며 또 고객에게 미납이나 품절을 일으키고 있는 등 문제가 의외로 많았다.

이러한 기업의 대부분은 계획 생산이었고, 게다가 큰 로트에서 한꺼번에 생산하고 있기 때문에(예를 들면, 어떤 부품을 만드는 빈도가 한 달에 1회 정도), 생산하는 기회는 좀처럼 돌아오지 않는다. 따라서 영업 부서에서 한 번 미납이 발생하면 단시간에는 만회되지 않기 때문에 조금이라도 더 많이 재고를 가지려는 상황이었다.

또 영업 부서는 수요 예측을 하고 있지만 이것도 정확히 맞는 것이 아니었다. 아무리 확실한 예측이라고 생각해도 사실 그것은 신만 알 뿐이다. 맞는다고 할 수 없는 수요 예측이나 미납이 걱정이어서 재고가 장기적으로 남게 되는 것이다.

완성품으로 재고를 가지면 비용이 많이 든다

게다가 완성품으로 재고를 가지면 비용도 많이 든다. 완성품에 가까워지면 가까워질수록 종류가 많아지는 것이 일반적이다. 다시 말하여 특정 고객을 위한 전용품이라고 해도 마찬가지이다. 완성품에 가까워지면 가까워질수록 단가는 올라간다.

이러한 많은 종류의 비싼 완성품을 재고로 가지고 있으면서도 팔지 못하면 손해라는 것을 머리로는 누구나 다 안다. 하지만 실제로 영업 부서뿐만 아니라 회사 전체에서 재고를 가지는 것에 대해 매상 증가에 공헌한다고 생각할 뿐 경영에 나쁜 영향을 끼친다고는 생각하지 못한다. 따라서 재고는 늘어나기 쉽고, 일부는 장기 재고로 남아 최후에는 폐기 처분되고 만다.

국내외를 통틀어 '제조 방법이 업계 최고' 인가 하는 점이 본질적인 문제다

최근 국내에서 판매하는 제품을 해외에서 생산하는 쪽이 싸다(노무 비용이 몇 분의 1에서부터 몇 십 분의 1)고 하여 해외 진출을 하고 있다. 이것은 국내와 해외 어느 쪽에서 생산하는 것이 저렴한지를 판단하는 것이므로 경쟁사와의 비교가 아니다. 이른바 사내 경쟁인 것이다.

그러나 경쟁사에 이기려고 한다면 일본의 공장은 물론 해외 공장과의 경쟁에서 이기지 않으면 안 된다. 국내에서 혹은 해외에서 경쟁사가 더 싸게 만들고 있는가 아닌가는 정말로 업계 경쟁이라고 말할 수 있다. 자사의 국내 생산과 해외 생산의 어느 쪽이 저렴한가 하는 것이 아니라 국내에서나 해외에서 모두 경쟁사보다 싸게 만들고 있는가 아닌가 하는 것이 중요하다. 자사의 국내 생산보다 싸다고 해서 해외로 나가려고만 해서는 필경 업계 경쟁에서 패배하고 만다. 이것을 이해하고 해외로 진출하고 있다면 좋은데 모든 기업은 그렇지 않다. 국내에서도 해외에서도 어떤 제조 방식을 택하고 있느냐가 본질적인 문제이며 해외로 나갈 것인가 아닌가는 대응의 문제다.

노무 비용은 경제 발전에 의해 올라가는 것이며, 또 환율에 의해 변동한다. 해외의 임금이 싸기 때문에 인력이 2배 들더라도 전체로 볼 때 지금은 쌀지 모르지만 언젠가는 노무 비용이 높아진다.

해외 진출을 했지만 그 후 퇴진한 예를 대만에서도 한국에서도 볼 수 있다.

그렇다면 노무 비용이 아니라 만드는 방법에 의해 작업한 공정의 수로 볼 필요가 있다. 진정한 실력은 노무 비용으로 보는 것이 아니라 '작업한 공정수'로 보아야 한다.

국내에서나 해외에서도 '만드는 방법이 업계 최고'인가 하는 것이 기업의 본질적인 문제라고 말할 수 있을 것이다.

해외 생산은 리드타임이 긴 것이 약점

해외에서 생산해 국내로 수입할 때의 약점은 발주로부터 납품까지의 리드타임이 길다는 점이다. 해외 공장과 경쟁한다면 원가뿐만 아니라 리드타임을 중시해야 하지 않을까? 따라서 국내의 리드타임을 초단기로 개편한다면 리드타임이 긴 해외에서 생산을 하는 이점이 작아진다. 실제로 해외에서 국내로 다시 돌아온 기업 중에는 리드타임이 길다는 것이 문제가 된 적이 있었다. 예를 들면, 기계 부품 주물 공정을 해외에 이전했지만 납품처에 납기 기한에 맞춰 도착하지 않아서 결국 주물 공정을 일본으로 되돌린 기업이 있다.

앞으로 점점 고객(개인, 기업)은 기업(물품 메이커, 구입처)에 납품 리드타임을 짧게 하라고 요구하게 될 것이다. 고객이 자신의 다양한 기호를 맞추고 싶어하는 경향은 한층 현저해지리라 생각된다. 그렇다면 거기에 맞춘 비즈니스 모델을 만들 필요가 있다.

이상에서부터 정보 · 생산 · 물류의 리드타임을 초단축화함으로써 보다 앞 단계의 공정에서부터 저스트 인 타임 생산('주문 생산')을 하고, 재고(완성품, 제작 중인 물건, 재료)를 될 수 있는 대로 가지지 않으며, 경쟁사보다 압도적으로 짧은 납기로 고객의 만족을 확보하게 되므로 기업에게는 큰 무기가 된다.

이 사고방식을 체계화한 것이 딜리버리 설계이다. 딜리버리 설계를 행하면 확실히 매매 방법이 바뀌고 또 새로운 비즈니스 모델을 구축하는 것으로 이어진다고 확신하고 있다.

딜리버리 설계
_ 재고를 가능한 한 갖지 않는 주문 생산

우선 고객의 요구 납기를 알 것

딜리버리 설계란, 고객은 어느 만큼의 리드타임으로 납품되기를 기대하고 있는가, 경쟁사의 납기 리드타임은 어느 정도의 기간인가를 고려하여, 며칠 몇 시간의 단납기로 납품하면 만족해 주시는지 정하여 그것을 기준으로 기업 활동을 성립시키는 일이다.

게다가 완성품 재고를 가지지 않고 대응하는 데에 큰 특징이 있다. 지금까지는 기업에 따라서는 단납기에 대응하기 위해 고객과 가까운 곳에 창고를 가지고 납품하는 방법을 취하는 등 재고를 가지고 대응하는 일이 많지 않았을까? 그런데 제품 종류가 증가하고 제품의 수명이 단축화하고 있기 때문에 이와 같은 재고에 의한 대응은 한계를 보이고 있다. 완전하지 않은 수요 예측에 의해 팔다 남은 물건이 발생하게 되고, 자사 브랜드를 스스로 하락시키는 염가 매출을 행하거나, 또 폐기라고 하는 최악의 사태에 빠질지도 모른다.

기업에 있어서 형편이 좋은 공정에서 주문 생산을 성립시키는 활동이 딜리버리 설계

앞으로는 '경쟁업체보다도 단납기를 엄수하면서, 재고(완성품, 제작 중인 물건, 재료)를 될 수 있는 대로 가지지 않도록 하는 방법'을 추구하는 것이 필요하다. 다시 말하여 '생산 공정의 어디에서 주문 생산을 할 것인가' 하는 문제를 결정해야 할 것이다.

그렇다면 어느 공정으로부터 주문 생산을 하면 기업에 있어 보다 형편이 좋은지 생각하지 않으면 안 된다. 제조 공정에 따라서는 특정 공정 이전(상류)에서는 주문 생산을 할 수 없는 경우가 있다.

예를 들면, 자동차 제조일 경우 로트 생산인 프레스 공정부터는 기술적으로 할 수 없다. 프레스 제품은 여전히 재고가 생겨서는 안 된다. 그래서 그 다음 차체 공정에서부터 주문 생산을 하면, 중간 재고의 관점에서도(자동차와 같이 큰 차체를 종류대로 갖추어 둘 수 있는 공간은 없다) 형편이 가장 좋아진다. 이와 같이 업종, 기업에 따라서 주문 생산을 하는데도 기술적인 면이나 비용적인 면에서 가장 형편이 좋은 공정이 반드시 있을 것이다.

그리고 그 공정에서부터 주문 생산할 수 있도록 '공정을 짜는 방법', '내외제(內外製)의 결정', '물류 방식', '국내 생산인가 해외 생산인가'도 포함하여 전체의 리드타임을 개선하고, 고객이 요구한 리드타임 이하로 초단축화하는 것이 딜리버리 설계이다.

다시 말하여 딜리버리 설계는, 한정된 리소스(Resource, 자원)로 최대의 효과를 낸다는 의미에서 기업 경영 바로 그 자체, 즉 경영철학임과 동시에 경영전략이라고 말할 수 있다.

결코 "비용면에서 저렴하기 때문에 해외에서 생산하자", "도금 공정은 환경면에서 염려되기 때문에 외주로 하자"는 방법 등이 딜리버리 설계의 본질은 아니다. 만들 때의 형편으로 공정을 설계하거나, 며칠간 소요되는 생산 리드타임은 어쩔 수 없으니 그 동안은 고객이 기다려야 한다고 하는 것이 딜리버리 설계는 아니다. '결혼식 날까지 도착하지 않는 웨딩드레스'는 아무런 가치도 없다. 아무리 품질이 좋고 저렴하더라도 그것은 마찬가지이다. 중요한 것은 고객이 요구하는 납기 기한 내에서 품질이 좋으면서도 저렴한 생산을 하는 것이다.

주문 생산하는 공정을 지금보다 조금이라도 이전 단계의 공정으로 거슬러 올라가도록 하는 것도 의미가 있지만, 딜리버리 설계는 단지 리드타임을 짧게 하기만 하는 활동은 아니다. 업계 경쟁에 이기기 위해 고객이 요구하는 리드타임 내에서 어느 공정으로부터 주문 생산을 하는 것이 자사에 있어 가장 좋을지 추구하는 전략이다.

딜리버리 설계의 근본은
고객이 요구하는 납기기한을 만족시키는 일

딜리버리 설계의 근본은 고객이 만족하는 납기 기한 내에 납품하기 위해 무엇을 해야 하는지 정하여 실현하는 일이다. 지금까지는 성능이나 가격을 중심으로 생각하는 경향이 있었다. 하지만 이제는 고객이 만족하는 납기 기한을 지키자는 것이다.

기업이 신제품을 판매할 경우, 반드시 어떤 성능이나 기능을 가진 상품으로 할지 우선 생각해야 한다. 어떤 성능·품질 수준의 상품을 발매하면 시장에서 이길 수 있는지 끝까지 확인하여 제품 설계를 하는 것이다. 예를 들면, 자동차라면 연비(연료 소비율), 가속성, 정숙성(조용함) 등의 목표를 정하여 그것을 실현하도록 개발하는데 설계 부서가 그 제품의 도면을 그리고 제조 부서에서 제품을 만들게 된다. 이 제품 설계와 같은 사고방식을 딜리버리에 관해서 실시하는 것이 딜리버리 설계라고 할 수도 있다.

다시 말하여 고객이 요구하는 리드타임 내에서 보다 이전 단계의 형편이 가장 좋은 공정으로부터 재고(완성품, 제작 중인 물건, 재료)를 될 수 있는 한 생기지 않게 주문 생산을 할 수 있도록 공정 설계, 설비 설계를 하는 것이 딜리버리 설계이다.

이와 같은 시점은 도요타 자동차에 재직했을 당시에는 미처 생각하지 못한 것이었다. 독자적인 브랜드 상품을 가진 기업에서 컨설

턴트로 있는 동안 그 성과를 보면서 새삼 그 중요성을 알게 된 것이
다. 지금까지의 경험을 바탕으로 판단해 보건대 기업이 살아남을
수도 있고, 국익에도 공헌할 수 있는 경영 전략 중의 하나로서도 딜
리버리 설계는 매우 효과적이다.

고객의 납기에 대한 사고방식

이제부터 납기에 대해서 생각하고자 한다. 고객의 요구 납기 기한에는 여러 가지가 있다.

기술적으로 정해지는 납기

미리 정해진 계획대로 결정되는 납기이다. 예를 들면, 신축 빌딩용의 기기나 기재, 호텔의 침대 등의 비품이 그렇다. 비교적 긴 납기로서, 1개월부터 몇 개월이 소요되기도 한다. 공법 등의 진화에 의해 단축되어 가고는 있지만 그래도 월 단위의 납기가 보통이다.

업계에서 통용되는 납기

고객은 바로 원하지만, 어느 기업도 그 납기를 채울 수 없기 때문에 고객이 기다려야 하는 납기이다. 예를 들면, 자동차는 차고 증명 등의 수속이 필요하다. 그래서 오늘 주문하여 내일 바로 납품할 수 있는 것이 아니다. 고객은 빨라도 1주일이나 10일, 잘 팔리는 자동차라면 1개월 이상은 걸릴 것이라고 생각하고 있다. 안경도 사실은 바로 사용하고 싶지만 가공하는 기간을 이해하고 기다려 준다. 이는 소위 그 업계에서 통용이 되는 납기이다.

바로 갖고 싶은, 기다리지 않는 납기

지금 바로 원하지만 만약에 원하는 제품이 없으면 대체품을 구입하겠다고 하는, 기다림이 없는 납기이다. 예를 들면, 생선과 같은 식료품이나 고장 수리용의 교환 부품 등이 이에 해당한다.

고객이 요구하는 납기는 이처럼 다양하다. 하지만 앞서 서술한 것처럼 납기는 짧아지는 추세이다. 이제는 과거의 업계에서 통용되던 리드타임으로 고객을 결코 만족시킬 수 없다. 그러므로 리드타임을 더 단축하기 위해 노력과 도전을 하지 않으면 안 될 것이다.

이상적인 리드타임을 추구한다 _ LL비(比)

수주로부터 제조 · 납품까지의 리드타임을 초단축한다

그 다음으로 수주로부터 제조, 납품까지의 리드타임(L/T)을 단축하기 위해 LL비라는 개념을 제안한다. 수주로부터 납품까지의 리드타임은 '정보와 제조와 물류의 세 가지 리드타임의 합'으로 결정된다.

$$\text{수주로부터 납품까지의} L/T = \text{정보} L/T + \text{제조} L/T + \text{물류} L/T$$

그리고 각각의 리드타임 내용을 보면 부가가치를 낳는 시간과 허비하는 체류 시간이 있다.

$$정보L/T = (제품 1개)정보 처리 시간 + (정보 처리 대기 등)체류 시간$$
$$제조L/T = (제품 1개)제조 가공 시간 + (제조 가공 대기 등)체류 시간$$
$$물류L/T = (제품 1개)납품 물류 시간 + (납품 물류 대기 등)체류 시간$$

따라서 수주로부터 납품까지의 L/T는 다음과 같이 정리할 수 있다.

$$수주로부터 납품까지의 L/T =$$
$$(제품 1개의 정보 처리 + 제조 가공 + 납품 물류)시간 + 체류 시간$$

리드타임의 단축은 가공 시간을 짧게 하는 것과 체류 시간을 없애는 것으로 가능하지만, 그 중에서도 체류 시간은 가공 시간과 비교하여 상당히 긴 것이 보통이다. 따라서 리드타임을 단축하는 데에는 새로운 설비나 장치를 도입하여 가공 시간을 짧게 하기보다는, 체류 시간을 개선함으로써 단축하는 쪽이 훨씬 효과적이다.

다시 말하여 체류 시간을 삭감해서 수주로부터 납품까지의 리드타임을, '제품 한 개를 주문받고 납품하기만 하는 데에 걸리는 시간'으로 어디까지 다가가게 할 수 있는가를 추구하는 것이 목적이라고 말할 수 있다.

그래서 그것을 추구하는 정도를 평가하는 지표로서 'LL비'라는 것이 있는데, 이는 수주로부터 납품까지의 리드타임의 실적 시간과

제품 한 개를 주문받고 납품하는 공정만의 실제 누적 시간을 비교
한 것이다.

수주로부터 납품까지의 LL비 =

$$\text{수주로부터 납품까지의 L/T의 실적 시간} \over \text{제품 1개의 수주로부터 납품까지의 체류 시간을 제외한 누적 시간}$$

▌LL비를 1로 하는 것이 개선의 최종 목표이다

많은 기업에서 흔히 보는 일인데, 정보 하나를 들어 보더라도 처
리는 그저 몇 초만에 끝날 수 있는 것임에도 불구하고 한꺼번에 일
괄 처리하거나 상사의 이해를 얻기 위해서 기다리거나 하여 실제
처리 시간의 몇백 배, 몇천 배나 되는 시간이 걸리고 만다. 다시 말
하여 이 경우, 정보처리의 LL비는 몇백 배, 몇천 배가 된다.

제조도 로트 가공의 프레스 공정에서는 몇백 배에서부터 몇천 배,
조립 공정에서 겨우 몇 배 정도, 그 밖의 공정에서는 몇십 배에서부
터 몇백 배가 일반적일 것이다. 또 제조 공정에서는 공정 사이에서
운반할 때의 체류 시간도 빠뜨릴 수 없다. 공정 사이의 운반에 있어
서도 비교적 근거리인데도 불구하고 횟수는 적고 큰 로트에서 실시
하고 있는 것이 보통이 아닐까? 이 공정 간 운반에서의 체류 시간

도 제조 LL비를 크게 하는 요인이다. 가공은 로트에서 실시했다고 해도 한 개 혹은 몇 개씩 운반하는 것은 제조 LL비 개선에 크게 기여한다는 점을 유의해야 할 것이다.

납품 물류도 주행하는 시간만 생각하기 쉬운데, 물류 중계지(中繼地)에서의 옮겨 쌓는 시간, 납품 시각까지의 조정 시간, 운전사의 휴식 시간 등을 감안하면 실제로는 아마 몇 배(=LL비)는 걸려서야 이동이 완료된다.

이렇게 수주로부터 제조, 납품까지의 리드타임을 초단축하기 위해서는, 우선 압도적으로 긴 체류 시간을 없애는 데에 힘을 쏟고 'LL비 = 1'을 목표로 하는 것이 바람직하다. 이 활동은 새로운 투자를 필요로 하지 않는다는 점에서도 으뜸으로 대응해야 할 것이다. 그러한 조치 후에도 딜리버리 설계를 성립시키기 위한 리드타임의 절대치가 여전히 길다면, 공정 설계, 설비 개발 등에 새로운 설비의 도입 등을 행하고 가공 시간을 단축해 나가야 한다.

'고객의 납기에 늦는' 경우에도 두 종류의 원인이 있다

"고객의 납기에 맞게 도착하지 않아서 폐를 끼치고 있다"는 이야기를 들을 적이 있는데, 현상은 전적으로 똑같아도 그 원인에는 두 종류가 있으므로 당연히 대응도 두 가지가 있다.

첫 번째는, 현장은 생산 여력이 있음에도 불구하고, 수주에서부터 납품까지의 리드타임이 길기 때문에 고객의 요구에 늦는 경우이다. 이 때는 앞의 항에서 서술한 바와 같이, 상품의 흐름 전체에 주목하여 리드타임 단축을 단행하지 않으면 안 된다. 그렇게 하지 않으면 주문이 들어오지 않게 되어 틀림없이 기업은 망하게 된다.

두 번째는, 생산 능력 이상으로 주문이 들어가서 생산이 늦는 경우다. 이 때는 설비에 주목하여 생산 능력을 올리는 것이 필요하다. 고객에 폐를 끼치지 않도록 최대한의 노력은 하지만, 그래도 납기에 늦을 정도로 주문이 있는 날은 기업에 있어 가장 좋은 때다.

똑같이 '고객의 납기에 늦는' 경우에도 원인은 두 가지가 있으므로, 대응을 잘못하면 그 결과는 하늘과 땅 정도의 차이가 나게 된다.

딜리버리 설계의 전제조건

고객이 요구하는 리드타임의 2분의 1에서부터 3분의 1의 짧은 시간 안에 만들자

딜리버리 설계를 행하기 위한 제조의 조건에 대해서 생각해 보자.
고객이 요구하는 리드타임에서, 딜리버리 설계에 의해 제조에 허용되는 리드타임과 주문 생산을 하는 공정에서부터의 리드타임이 같다면, 수주 후 바로 생산을 시작하지 않으면 안 되고, 매일의 생산부하(生産負荷)의 변동 영향을 전적으로 받게 된다. 여기에는 변동 영향의 피크에 맞춘 요원과 설비를 갖추든가 재고를 가지고 대응하지 않으면 안 된다. 현장은, 총량이 나날이 크게 변화되면 효율은 확실히 떨어지고 만다. 그래서 생산의 리드타임을 제조에 허용되는 리드타임보다 짧게 해 두면 생산 부하를 균등하게 할 수 있고 효율성을 확보하면서 염가로 생산할 수 있다.

제조 리드타임의 길이는 경험상 제조에 허용되는 리드타임의 2분의 1에서부터 3분의 1로 해야 하며, 생산의 리드타임을 이 수준 이하로 만들 수 있다면 대단히 효율이 좋은 생산 활동을 할 수 있을 것이다.

그것을 위해서는 다음과 같은 진행 방식이 효율적이며 효과적이다.

① 리드타임을 단축하기 위한 개선과 관련하여, 제2장에서 서술한 착안점을 구사하여 정보, 제조, 물류의 모든 면에서 있는 대로 안을 낸다.
② 요구하는 길이의 리드타임이 될 때까지, 투자 효율이 좋은 안부터 순서대로 실시한다.

②는 어느 기업이라도 실행하고 있다고 생각되지만, ①은 의외로 간과하고 있는 것이 아닐까? 그 의미에서 특히 ①을 중요하게 인지하도록 하자.

주문량만 생산하자

그 다음으로, 주문량 이외의 물건을 만들지 않아도 되게끔, 한 개 혹은 1상자씩 만드는 것이 가능해야 한다.

- 도구 변경 시간을 될 수 있는 대로 짧게 해서, 극소 로트 생산을 할 수 있도록 개선한다.
- 좋은 상품만을 확실하게 만들 수 있는 공정 능력으로 개선·유지한다.

따라서 어느 정도의 로트에서 생산하지 않으면 안 되는 상황이라든지, 중간 공정에서 불량이 나오는 수준에서는 주문 생산은 매우 하기가 어렵다.

즉, '제조에 허용되는 리드타임의 2분의 1에서부터 3분의 1이하로 만들 수 있다'는 것과, '주문량만 생산할 수 있을 것', 이 두 가지 조건이 일치하지 않는다면 주문 생산은 완전하게 할 수 없다.

딜리버리 설계의 장점

딜리버리 설계에 의한 주문 생산의 효과에 대하여 서술해 보고자
한다.

딜리버리 설계는 모든 제조업에 적용할 수 있는 방법이다. 자사
브랜드를 가진 기업은 물론이고 자사 브랜드를 갖지 않는 기업, 즉
최종 제품의 일부로서 조립되는 부품을 제조하는 기업 모두에 적용
할 수 있다는 점을 특히 강조하고 싶다. 이 사례에 대해서는 제4장
의 D사, G사를 참조해 주기 바란다.

고객에게 큰 이점을 제시해 주며 나아가
모든 산업에서 활용할 수 있는 방법이다

예를 들면, 현재 선박의 발주로부터 조선, 인도까지의 기간은 상

당히 긴 것 같다. 발주자에게는 선박의 2, 3년 후의 수요 예측을 하기가 어렵다. 특히 국제선의 대형 선박은 세계의 경기 흐름에 따라 수급이 크게 바뀌는 것은 알려진 대로이다. 머지 않은 장래에 호경기가 예상되어 배를 빨리 원하는 상황에서는 수요가 높은 것으로 기대되는 반면, 수요가 저조하여 선박이 남아돌고 물류 가격이 하락할 때는 수요가 낮을 것으로 기대된다. 그러나 어느 쪽이든 간에 선박이 완성되는 2년 뒤의 수요를 확실하게 예측할 수 없는 것이 아닐까? 따라서 발주로부터 인도까지의 기간이 짧다는 것은 발주자에 있어 바람직하며 큰 매력이다.

호경기일 때 선박이 빨리 완성된다면 발주자에게는 바로 이익으로 이어지고 경영에 도움이 된다. 또 수주로부터 인도까지의 리드타임이 짧음으로써 더 많은 주문을 받게 되므로 조선 회사에도 반드시 이익이 따른다.

이렇게 고객이 희망하는 타이밍에 납품하고 고객이 기뻐하는 것이 딜리버리 설계의 큰 매력이다.

생산 효율을 높일 수 있다

게다가 생산의 리드타임이 제조에 허용되는 리드타임보다 짧다면, 양자의 리드타임의 차이를 사용하여 생산 부하를 균등하게 할 수 있어 생산 효율을 높일 수 있다.

앞 항에서 서술한 바와 같이 제조에 허용되는 리드타임의 2분의 1에서부터 3분의 1 이하의 짧은 시간에 만들 수 있으므로 주문을 받아도 바로 생산을 시작할 필요가 없고 수주량이 많으면 나중에 생산해도 늦지 않는다. 이렇게 하여 생산 부하를 균등하게 할 수 있어 인력이나 설비의 생산 효율을 높일 수 있다.

▎갑작스럽고 대폭적인 증산에도 대응하기 쉬워진다

이 사항은 한 기업의 예를 들어서 설명하고자 한다.

제조에 허용되는 리드타임이 20일인데 생산 리드타임을 단축해서 10일에 할 수 있었다. 따라서 여유 기간 10일을 감안하여 완성품 재고로 5일분을 보유하고, 주문 정보를 5일분 모아서 양적으로 균형을 맞추도록 하였다.

이 기업은 5일분을 미리 생산하고 있는 것과 같다고 생각해도 좋다. 이 5일분은 고객으로부터의 수주분이므로 틀림없이 팔리는 것이며 5일이 경과하면 확실히 제로가 된다. 일반적인 재고는 틀림없이 팔린다고는 말할 수 없고 팔리지 않으면 남게 된다. 이 점에서 기본적으로 다르다는 것을 명심해야 한다.

이 기업에서는 주문이 2할 늘어났을 때 아무런 대응을 하지 않았다고 해도, 1개월에 4일분(20일의 2할)이 늦어질 뿐이다. 주문이 5할 늘어나면 10일 만큼 크게 늦어지지만, 5할이나 단번에 늘어나는 일은 우선 없다고 해도 좋다. 그러나 만일 5할이 늘어났다고 하면, 곧바로 잔업과 휴일 출근과 그 달 후반에 증원을 하여 거의 3할은 대응할 수 있다. 나머지 2할이라면 앞에서 서술한 바와 같이 아무것도 대응하지 않았을 때와 같으므로 1개월에 4일 만큼 늦어질 뿐이다. 그리고 5일분의 선행 생산이 있기 때문에 고객에게 납품 때문에 폐를 끼치는 일은 우선 없다고 해도 좋다.

이와 같이 생산의 리드타임을 단축해 두면 갑작스러운 대폭적 증산에도 대응할 수 있는 시간적 여유가 있으므로 일하기 쉬워진다는 이점이 있다.

돌발적인 문제(품질, 설비 등)가 발생해도 미납이라는 치명적인 사태를 피할 수 있다

제조에 허용되는 리드타임의 2분의 1에서부터 3분의 1 이하의 짧은 시간에 만들 수 있기 때문에 돌발적인 문제(품질, 설비 등)가 발생하더라도 고객이 요망하는 납기에 맞추기 위한 제조 시간의 여력이 충분히 있다. 따라서 문제를 빨리 해소하여 그 후 바로 만들어서 납품하면 미납이나 치명적인 품절이라는 사태를 피할 수 있게 된다.

이상이 딜리버리 설계에 의한 주된 효과인데 이러한 딜리버리 설계를 행함으로써 리드타임을 짧게 만들 수 있도록 현장을 변화시킨다면 영업 부문에도 변화가 나타난다.

단납기로 예정대로 제품이 만들어지므로 만약 영업 부문이 재고를 가지고 있다면 그 재고를 조금 절감하고자 하는 움직임이 일어날 것이고 또 단납기를 세일즈 포인트로 삼아서 매상 증가로 이어갈 수 있다.

이 점에서도 딜리버리 설계는 기업 경영에 크게 공헌하게 된다.

기술 진보의 속도가 비약적으로 높아진다

딜리버리 설계로 주문 생산을 행하면, 이미 서술한 바와 같이 완성품이나 제작 중인 물건의 재고를 없애거나 혹은 될 수 있는 대로 적게 할 수 있다. 따라서 신제품이나 설계 변경 등의 전환 시점에, 잉여 재고(완성품이나 제작 중인 물건)를 고려할 필요는 없고, 필요한 타이밍에서 전환이 가능하게 된다. 또 잉여 재고 처리에 관한 비용 부담을 줄일 수 있다.

이와 같이 딜리버리 설계를 행하면 신제품을 생산하거나 설계 변경 등의 전환에 의해 새로운 기술을 도입할 경우에도 리드타임을 짧게 또한 여러 번 되풀이 실시할 수 있게 되고 기술 진보의 속도를 비약적으로 높일 수 있다.

딜리버리 설계는 무언(無言)의 영업활동이다

여기서, 영업과 제조에 관련된 이들이 생각하고 있어야 할 점에 대해 서술해 보고자 한다.

우선 영업 부문의 담당자들이 주문을 받을 수 있었던 것은 당연히 영업 담당자 스스로 노력한 결과임에 틀림없지만, 그것과 더불어 "좋은 제품과 단납기를 고객이 인정해 주었기 때문"이라는 점을 말하고 싶다.

그래서 영업 부문의 요원들은 '자사의 제품을 사 주는 고객은 전 세계에 많이 있을 것이며 아직 영업 대상으로 삼지 않은 고객도 많이 있을 것이다. 또 판매 방법을 바꾸면 구매할 고객은 아직 있지 않을까? 고객에게 제품의 좋은 점이나 확실하게 단기로 납품할 수 있다는 점을 충분히 설명하지 않았던 것이 아닐까? 아직 영업 부문에서 해야 할 일은 많이 있을 것이다' 라고 생각해 주었으면 한다.

현장의 개선은 골이 없는 마라톤이다. 현장은 '이미 허비가 없다고 여겨지더라도, 아직도 허비는 있다' 고 생각할 일이다. 영업 자체도 어렵지만 영업에서 일을 하나 수주한다는 것은 현장에서 허비를 하나 없애는 것과 똑같다고 간주된다. 영업 부문의 담당자들은 이 점을 잘 이해하고, 영업 활동도 골이 없는 마라톤이라고 생각하여 일을 확보하는 데에 노력해 주었으면 한다.

또, 제조 부문의 담당자들은 한층 더 제조 수준을 올리고, 초단축한 리드타임으로 주문 생산을 함으로써 '제조 능력으로 고객한테서 일을 획득하는 것이다' 라는 기개를 가지고 개선에 애써 주었으면 한다.

영업과 생산이 원활하게 연계를 취하고, 딜리버리 설계를 모든 회사 활동으로서 수행해 나가는 한편, '딜리버리 설계는 무언(無言)의 영업 활동' 이라는 의식을 가져 주었으면 한다.

이상을 정리한다면, 딜리버리 설계로써 고객과의 사이에서는 초단기 납품, 생산은 주문량만을 생산하는 체제로 정비해 두면 굳이 해외에 이전하지 않아도 된다. 이러한 시점에서 생각한다면 국내 공장은 해외 공장과 충분히 경쟁할 수 있다.

원가만으로 경쟁하여 국내 공장을 마구 폐쇄하여 해외에 이전한다면, 기업은 해외에서 살아남겠지만 국내 산업은 쇠퇴하여 구매력이 줄어들고 공업 입국이 아니면 성립되지 않는 일본은 멸망해 버리는 일이 일어날지 모른다.

국내에서 생산하는 데에 가치가 있듯이, 제조 현장의 수준을 올리는 것이 중요하다. 딜리버리 설계는 그것을 달성할 수 있는 한 가지 철학이며 무기가 된다고 생각하고 있다.

딜리버리 설계의 심화

앞의 '딜리버리 설계, 재고를 가능 한 한 갖지 않는 주문생산' 부분에서 기술했던 바와 같이, 딜리버리 설계란 '고객이 어느 만큼의 리드타임으로 납품되기를 기대하고 있는가, 경쟁사의 납기 리드타임은 어느 정도의 기간인가를 고려하여 며칠, 몇 시간의 단납기로 납품하면 만족해 주는지 판단하여 그에 맞추어 기업 활동을 성립시키는' 일이다. 게다가 완성품 재고를 보유하지 않고 대응하는 데에 큰 특징이 있다. 다시 말하여 딜리버리 설계의 근본은 '고객이 요구하는 납기를 만족하는 것'이 대전제임을 서술하였다. 그래서 여기서는 고객에 대하여 깊게 생각해 보고자 한다.

기업(제조)에는 고객도 여러 가지가 있다. 실제로 수주를 하는(발주를 하는) 상대는 최종 소비자, 판매점(소매점), 특약점, 자사 판매 부문 창고 등 부르는 방법은 다르지만 여러 가지이다(그림3-1).

이 가운데에서, 직접적인 수요자인 최종 소비자로부터의 수주로 생산하여 납품하는 것이 물론 바람직하지만, 지금까지 컨설팅을 해 왔던 경험으로 보아, 기업에 있어 최종 소비자만이 고객이 아닌 경우가 더 많다. 브랜드 상품을 가지고 있는 기업이라도 여기까지는 하지 못하고 있는 경우가 많다. 영업 부문과 제조 부문이 여기까지 상의해서 연계하는 기업은 적고 중간 상사와도 연계를 취하기도 상당히 어려운 것 같다. 다만 판매점에서의 주문이더라도 판매점의 재고 보충이 아니라 최종 소비자로부터의 주문이라면, 그것은 최종 소비자의 주문이라고 말할 수 있다.

기업은 각각의 단계에서 완성품 재고를 가지고 있으며 그 재고를 보다 아래 단계의 고객에게 납품하고 있다. 중간 창고에 대한 재고 보충으로서 생산하는 이유는 여러 가지가 있겠지만, '고객의 납기에 대한 사고방식'에서도 서술한 바와 같이 최종 소비자의 납기를 만족하기 위해서는 현재의 납품 리드타임을 전제로 한다면, 재고를 가지고 대응하지 않을 수 없기 때문일 것이다.

항상, '발주자는 어디인가'를 염두에 두고 할 수 있는 한 최종 소비자에게서 주문을 받을 수 없는지 추구해야 한다.

기업은 '최종 소비자로부터의 주문'을 '정보·생산·물류의 리드타임을 초단축화함으로써, 보다 형편이 좋은 전 단계의 공정에서부터 주문 생산을 하고, 재고(완성품, 제작 중인 물건, 재료)를 될 수 있는 대로 보유하지 않고, 경쟁사보다 압도적으로 짧은 단납기로 납품하여 최종 소비자의 만족을 쟁취하는 것'을 목표로 하였으면 한다.

그림 3-1 딜리버리 설계의 심화

딜리버리 설계

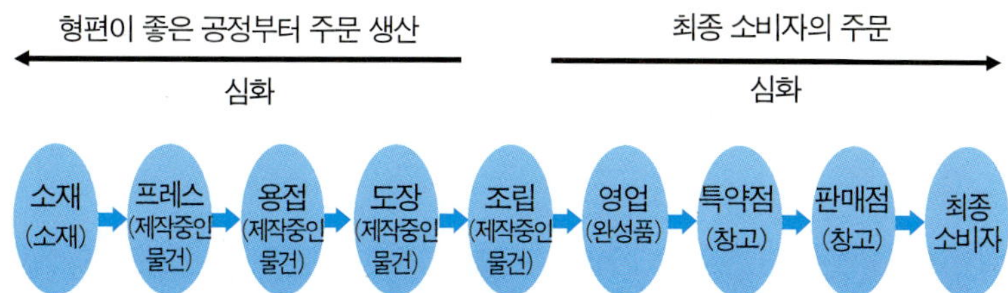

기업은 '최종 소비자로부터의 주문'을 정보·생산·물류의 리드타임을 초단축화함으로서, 보다 형편이 좋은 전 단계의 공정에서부터 주문 생산을 하고, 재고(완성품, 제작 중인 물건, 재료)를 될 수 있는 대로 보유하지 않고, 경쟁사보다 압도적으로 짧은 단납기로 납품하여 최종 소비자의 만족을 쟁취하는 것'을 목표로 하였으면 한다.

이와 같이, 최종 소비자와 가까운 곳에서 주문을 받음으로써 보다 전 단계의 형편이 좋은 제조 공정에서부터 생산하는 것을 목표로 할 것을 강조하기 위해 그림 3-1을 구태여 '딜리버리 설계의 심화'라고 부른다.

한편, 이 그림 3-1은 다음 제4장의 사례를 생각할 때에 반드시 기억해 둘 필요가 있다.

제 4 장

딜리버리 설계의 사례

A사, 안경 렌즈 가공업
B사, 비민간 정밀 기기 제조업
C사, 대형 면진(免震) 고무 제품 제조업
D사, 자동차용 부품 제조업
E사, 공압(空壓) 기기 제조업
F사, 자동차 용품 제조업(시제품 제작)
G사, 전선 제조업
H사, 정밀 기계 부품 제조업
딜리버리 설계의 조건을 만족할 수 없는 경우의 대응책

A사, 안경 렌즈 가공업

지금까지 해왔던 컨설턴트 활동 중에서 '딜리버리 설계의 8사례'와 '딜리버리 설계 조건을 만족할 수 없을 경우의 대응책'에 대하여 소개하겠다.

어느 경우나 각 회사가 진지하게 대처했기 때문에 커다란 성과로 이어졌던 것이며, 필자도 함께 활동하는 가운데에 배운 바가 대단히 많았다는 사실을 덧붙여 두고자 한다.

단, 어느 사례도 딜리버리 설계를 만족하고 있지만 요구 리드타임의 단축 면에서는 아직도 개선 도중이며, 딜리버리 설계의 심화라는 점에서는 더욱 개선을 진척시켜 가기를 바라고 있다.

_ 개요

안경 렌즈 가공업은 수주량의 진폭이 크고 게다가 방대한 종류의 렌즈를 소량 가공하는 것이 업계의 형편이다. 따라서 판매점에서는 그 많은 재고를 보유할 수가 없다. 표준품만은 즉시 납품할 수 있도록 모든 종류의 재고를 갖추고 있지만 특별 주문품은 주문을 받은 날부터 3일째 저녁까지 출시하는 단납기가 일반적이다.

A사에서는 표준품의 재고는 대단히 많지만 품절도 많았고 특별 주문품은 리드타임이 길어서 납기가 늦는 일이 많은 상황이었다. 그래서 표준품은 판매된 것을 만드는 '후 보충생산'으로 구조를 변경하고, 특별 주문품은 반제품(Semi-finish)으로 '주문생산'을 한다는 방침으로, 표준품은 재고 반감, 특별 주문품은 리드타임의 단축(48시간 이내)으로 납기의 지연을 제로로 만든다는 목표로 활동을 시작하였다.

구체적으로는 렌즈가 정체하는 시간을 줄이기 위한 대책으로 각 제조 공정의 총량을 규제하고, 공정 사이는 후속공정다회인수(後續工程多回引受) 방식을 지향했으며, 공정가공능력을 높이기 위하여 애로사항이 많은 공정의 가동률을 향상시키고 다능공화(多能工化) 방식을 추진하였다.

그 결과, 표준품의 재고는 약 6할, 재고 회전율은 약 3.1배까지 향상하여(그림4—1), 특별 주문품의 제조 리드타임은 대폭 단축할 수 있었고(58%), 납기 준수율은 2일째 97.3%, 3일째 99.8% 등으로 거의 100%가 되었으며 업계의 으뜸 그룹에 들어가는 수준이 되었다(그림 4-2). 또 판매점이 A사의 렌즈를 고객에게 권장하게 되어, 점유율은 1% 상승하였고 매상고는 약 4할 증가하였다.

게다가 후술하는 새로운 비즈니스 모델에 대한 대처를 할 수 있게 되었다.

_ 업종의 특징

1. 다품종 소량생산으로서 방대한 종류가 있다.

- 표준품 : 약 20품종 × 600도수(회수)

- 특별 주문품 : 고객의 처방전을 받은 후에 주문생산

2. 수주량의 진폭이 크다.

- 계절 : 계절성이 강하다.

- 주간 : 토 · 일요일이 많다.

- 시간 : 오후가 많다.

3. 판매점에서는 재고를 보유하지 않는 추세이다.

위탁판매제도(소매점 재고를 메이커가 부담)가 있지만, 다품종화가 진행되고 있기 때문에 판매점은 재고를 가지지 않게 되어가고 있다.

4. 거래처는 개인 사업자가 많다.

- 양판점(십 수 회사)

- 소규모 판매점(수 천 점포)

_수주로부터 납품까지의 흐름과 특징

1. 수주는, 7할이 판매점과 직결된 정보 시스템으로 시시각각 수주가 되고, 3할은 영업소를 경유하여 낮에만 들어온다. 특별 주문품은 주문을 받은 날부터 3일째 저녁까지 출시, 표준품은 수주일에 즉시 납품하는 것이 일반적이다.

2. 납기는 각 회사와의 경쟁이 격렬하여 짧아지고 있다.

- 표준품 : 수주 당일 출시(즉시 납품을 위한 모든 종류의 재고 보유)

- 특별 주문품 : 주문을 받은 날부터 48~72시간 이내에 출시한다. 렌즈는 판매점에 약속한 납기일보다 빨리 납품하는 것이 오히려 환영받는 업계다. 왜냐하면 특히 소규모 판매점 주인은 점포의 운영이나 조합의 회합 등 공공의 업무로부터 지역적인 교제나 개인적인 용무까지 무엇이든 모두 스스로 하지 않으면 안 되기 때문이다. 렌즈가 일찍 도착한다면 일을 준비하는 데에 융통성이 있고 점포 주인으로서는 대단히 유리하기 때문이다.

3. 생산(특별 주문품의 경우)

- 반제품(세미 피니시)을 갖추고 주문 생산함
- 제조 공정 : 반제품 재고(해외생산) → 연삭 · 연마 → 염색 · 증착(蒸着)(뭉치형 가공) → 검사 → 출시

_ 현상과 목표

1. 현상의 과제

- 표준품은 재고가 대단히 많은데, 그럼에도 불구하고 품절도 많다(납기 지연 2~3%).
- 특별 주문품은 리드타임이 길고 납기의 지연이 많다(납기 지연 5%). 하드 코팅은 패치 처리되는 등, 제품의 종류에 따라서는 제조 공정이 다르기 때문에 장치의 순서가 바뀌어 생산 리드타임이 자꾸 바뀌게 된다. 더욱이 다시 고쳐 만드는 비율도 몇 %나 있어, 3일째의 출시율은 95%로 5%가 늦어지고 있었다. 업계 워스트(Worst)의 부류에 들어가 있었고 적자였다.
- 수주량의 진폭이 크고, 양이 가장 많은 경우에 맞춘 요원을 고용하기 때문에 노동생산성이 낮다.
- 업계에서의 점유율은 수 %로 낮은 편이다.

2. 목표

- 표준품 : 재고 반감
- 특별 주문품 : 리드타임의 단축(48시간 이내)에 의한 납기 지연 제로
- 노동생산성 : 2배 이상의 향상

_ 개선의 경위

표준품은 계획 생산에 의하여 팔린 분량만큼 만드는 '후 보충 생산'으로 구조를 변경하고, 특별 주문품은 종래대로 반제품을 갖추 주문 생산을 하도록 하며 수주량의 진폭은 표준품을 조절하여 대응한다. 그와 동시에 '렌즈의 정체 시간 절감'과 '가공 능력의 향상'을 착안점으로 활동한다.

1. 렌즈가 정체하고 있는 시간을 줄이는 활동
- 각 제조 공정의 총량 규제 태블릿(tablet)의 활용

  각 제조 공정에 태블릿을 도입하여 태블릿이 있는 몫만 공정에 투입하도록 하고 동시에 투입 간격을 서서히 단축해서 (30분→10분 사이클) 가공을 기다리는 시간을 절감했다.
- 후속 공정에 따른 공정 사이의 다회인수(多回引受)

  A사는, 기존의 수작업으로 렌즈를 가공하는 공정을 도입했기

때문에 공정이 몇 개의 작업으로 분산되어 공정 사이의 운반이 많았다. 그래서 우선 공정 사이의 운반을 단시간(15분) 사이클로 개선하고 운반 대기의 체류 시간과 체류 중의 생산 순서의 변환을 최소화하였다.

- 공정 내의 운반은 단시간 사이클(최종적으로는 3분)로 해서 인수 후 바로 가공하도록 하였다. 표준품은 소 로트화(5세트, 극소량품은 1세트)로 착수하여 생산의 흐름을 원활하게 하였다. 또 패치 처리하는 공정(염색, 증착)에서는 처리기(處理機)가 만량(滿量)이 되지 않아도 정시부정량(定時不定量)으로 가공하도록 하여 패치 처리 대기 시간의 상한을 정하였다.

2. 공정가공 능력의 향상활동

- 설비 면에서 가동률의 향상과 머신 사이클(Machine cycle) 향상(특히 애로사항이 많은 공정의 연마를 중심으로)
- 요원은 계속적인 표준 작업의 개선과 철저한 다능공화의 추진 (예를 들면 연마와 염색 등 전혀 다른 업무를 모두 소화하도록 함)

_ 성과

1. 표준품의 재고는 약 6할 감소하였고, 재고 회전율은 약 3.1배까지 올랐다(그림 4−1).

2. 특별 주문품의 제조 리드타임이 대폭 단축되었고(△58%), 개선 후 2일째에는 97.3%, 3일째에는 99.8%로 점차 거의 100% 출시할 수 있게 되었고, 업계의 으뜸 그룹에 들어가기에 이르렀다. 다시 고쳐 만드는 비율을 더욱 내렸더니 거의 100%까지 납품률을 올릴 수 있었으므로, '재고를 보유하지 않고 납기 2일을 선전 문구로 내세워, 영업을 할 수 있는 영역'에까지 이르렀다(그림 4-2).

납기가 짧아지면 상점 주인에게는 형편이 좋아지므로, A사의 렌즈를 고객에게 권장, 즉 A사의 영업을 해주기 시작하여 점유율은 1% 상승하였고 매상고는 약 4할 증가하였다.

3. 노동생산성은 2.2배로 향상하였다(그림 4−3).

그림 4-1 표준품 재고

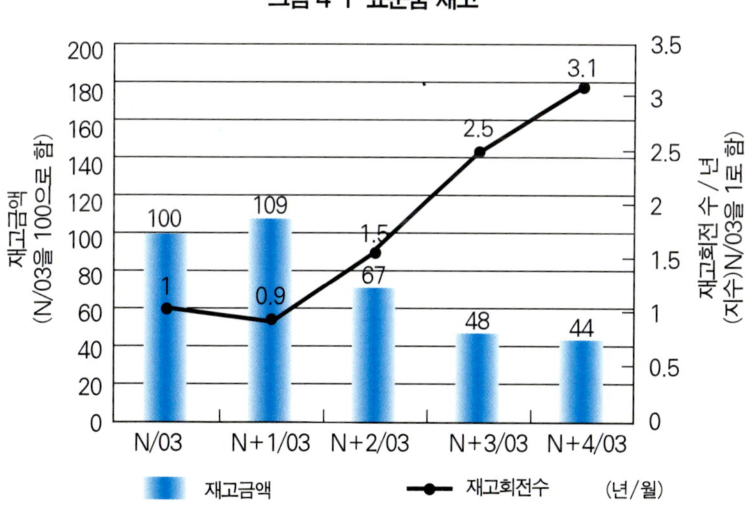

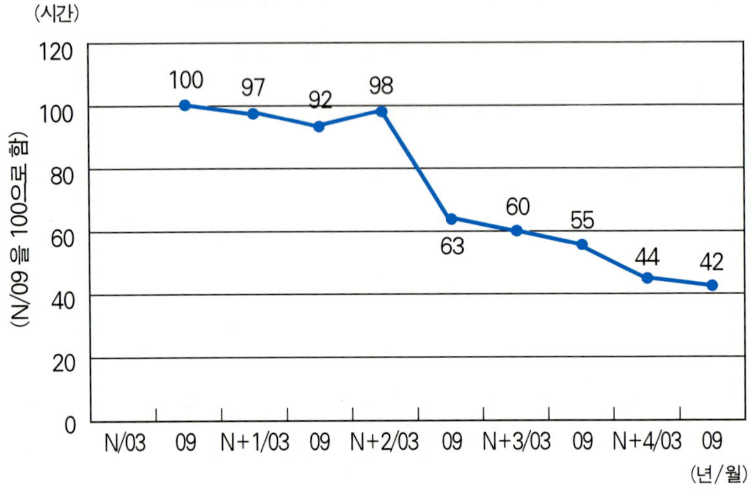

그림 4-2 특별 주문품 제조 리드타임

그림 4-3 노동생산성

안경 노동생산성 추이(한 사람당의 판매수 추이 N/03을 100으로 함)

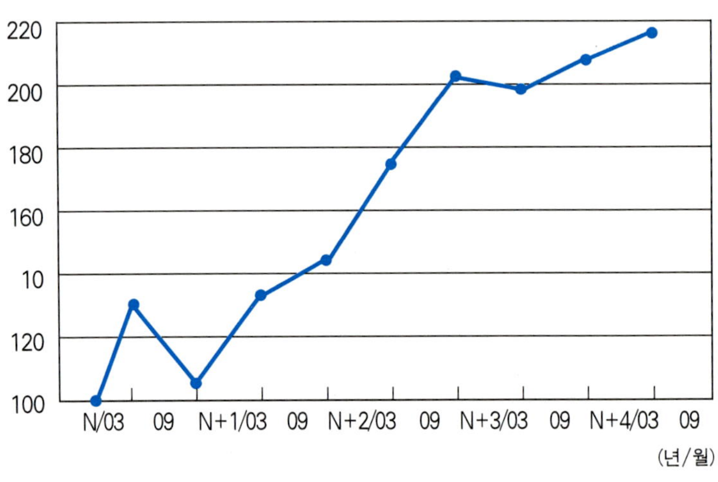

_ 새로운 비즈니스 모델 착수

국내 공장에서는 리드타임이 단축되고 생산 여력이 생겼기 때문에 국내에서는 주문이 들어오지 않는 야간에, 낮 시간인 해외 지역에서 주문을 받기로 하였다. 해외 공장에서는 생산 리드타임이 1주일 정도 걸리고 있어, 일본에서 주문을 받고 생산하여 공수하는 것이 더 빨랐다. 국내에서는 사람이나 설비에 여력이 있어 하루에 100세트 정도의 해외 주문을 생산하도록 하였다. 고정비용에 해당하는 부분은 무료로 생산할 수 있기 때문에, 양은 많지 않지만 이익률이 높아 기업 수익에 공헌할 수 있었다.

A사의 활동은 새로운 비즈니스 모델이라고 말할 수 있다. 일본의 주문은 낮 시간밖에 들어오지 않는다. 그러나 설비는 여력이 있어 야간에도 사용하기 원한다. 야간에 가공하는 주문은 낮에 주문을 받아도 밤까지 보유하게 된다. 그렇다면 저녁때 받은 주문은 야근한 이후, 해가 뜰 무렵에 생산하기 시작하는데 만약 처음부터 다시 가공하게 된다면 출시에 늦을 우려가 생긴다. 따라서 정보를 보류하는 일 없이 가공을 시작하고자 한다. 그렇게 하면 야근 일이 없어진다. 그래서 A사와 같이 전 세계의 주문을 낮이 되는 순서(세계 중의 어딘가는 낮 시간이다)로 받아서 생산하여 공수한다는 새로운 비즈니스 모델에까지 승화할 수 있었다.

생산 리드타임이 짧으며 제품이 작고 고가인 제품, 렌즈 가공처럼 고액의 설비투자를 필요로 하는 업계는 소비자의 부근에서 만드는 것보다도 세계의 어느 한 지역에서 집중적으로 만들어 공수하는 쪽이 훨씬 낫다고 할 수 있다. 이렇게 생산 리드타임을 초단축화하면 새로운 비즈니스 모델을 생각해 낼 수 있다.

_ 개선 담당자의 소감

1. 오랜 세월 회사 전체 차원에서 납기 준수율 100%와 재고 삭감을 목표로 착수해 왔지만, 생각대로 성과를 올릴 수 없었다. 제조의 형편을 우선한 대 로트 계획 생산, 임박한 납기에 급급한 처리 대응, 재고 삭감이라고 하면서도 품절을 두려워하여 공정에서 강제 생산하는 일 등을 되풀이하고 있었다.

2. 이번의 대처로, '후 보충 생산과 총량 규제(태블릿의 활용)의 구조', '소 로트 후속 공정 인수', '소 로트 생산'의 세 가지 방식에 의한 리드타임 단축이라는 귀중한 체험을 할 수 있었다. 장치 순서를 지키는 선납고(先納庫), 선출고(先出庫)의 중요성도 새삼 인식할 수 있었고, 정보나 상품이 정체하는 것을 보면 이상하다고 느끼는 감각이 몸에 익었다. 게다가 다능공화를 진행함으로써 관리자와 작업자에게도 자신감이 많이 생겼다.

B사, 비민간 정밀 기기 제조업

_ 개요

고객이 특정한 분야에 한정되어 있는 비민간 정밀 기기(고액)이며, 개별 수주에 의한 다기종 소량 생산 업체이다. 납기는 개별 사양 제품은 3개월, 표준적인 제품은 3주일이 업계의 통례이다.

B사에서는 판매 부문이 매장 재고(표준적 기종)와 수주 물량인데, 수주 물량은 고객 개별 사양 제품을 3개월 전에 수주하여 예측량을 발주하고, 생산 부문은 대 로트의 계획생산을 하고 있었기 때문에 생산 리드타임이 3개월이 걸렸고, 많은 재고를 보유하면서 품절도 발생하고 있었다. 한편, B사는 특히 미국, 유럽에서의 수주 비율이 극단적으로 높았지만 해외 판매 현지 법인에서도 완성품을 다수 재고로 가지고 있었다.

딜리버리 설계를 한 결과, 조립 공정에서부터 종류가 늘어나고 그 이전은 공통화된 부품 공정이기 때문에, 조립 공정에서부터 주문 생산을 하고 부품은 후 보충 생산을 하는 구조로 개편 하기로하였다. 수주로부터 납품까지의 리드타임을 1주일(고객이 요구하는 납기의 3분의 1), 완성품 재고를 8할 삭감할 것을 목표로 활동을 시작했다.

구체적으로는, 조립 공정의 리드타임 단축 활동(총량 규제, 하나씩 처리하는 방안, 다능공화)이 중심이지만, 미국 판매 현지 법인도 일체 재고를 가지지 않아도 되게끔 주문을 받은 다음 날에는 조립이 완성될 수 있도록 착수하였다.

그 결과, 리드타임을 거의 1일로 할 수 있었고, 미국에 재고를 일체 보유하지 않아도 좋은 수준이 되었지만, 미국에서는 수입 후 고객의 요망에 맞춘 제품 조합 출시 케이스가 있어 재고를 어느 정도는 가질 수밖에 없었다.

그래서 하루 만에 출시하는 중요성이 희박해졌으므로 다시 딜리버리 설계를 행하여 1주일을 넘기지 않는 한 앞 단계의 부품 조립 공정에서부터 주문 생산할 수 있는 대응으로 방침을 변경하였다. 주된 내용은 도구변경 시간의 단축에 의한 소 로트 가공과 소 로트 운반의 실시이다.

이상의 결과, 조립 공정의 제조 리드타임을 대폭적으로 단축(10일→1일)하고, 고객이 요망하는 납기의 3분의 1인 1주일의 시간을 활용하여 부품 조립 공정에서부터 주문 생산을 할 수 있었다.

해외를 포함한 제품 총 재고는 격감(88%)하고, 재고 회전수는 2.5 배로 상승했다(그림 4-4).

_ 업종의 특징

그림 4-4 조립 리드타임, 제품 재고, 재고 회전수

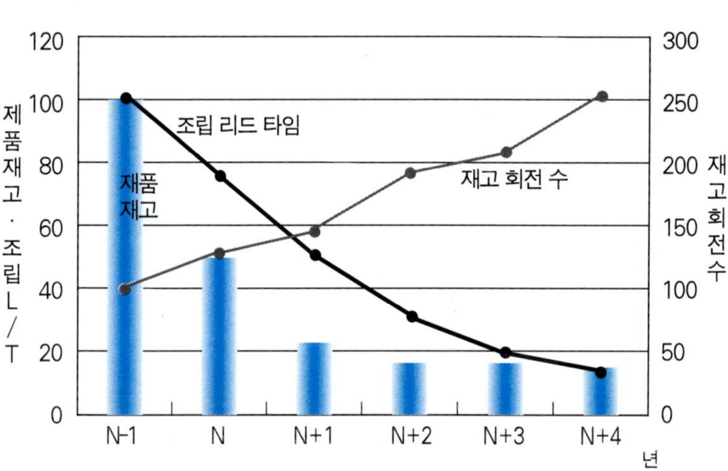

1. 다기종 소량 생산

• 고객이 특정한 분야에 한정된 비민간 정밀 기기다.

• 개별 영업에 의한 수주 때문에 마케팅이나 과거의 데이터에 의 한 생산계획은 어렵다.

2. 수출 비율이 극단적으로 높다.

• 미국, 유럽에서의 수주 비율이 높다.

_ 수주로부터 납품까지의 흐름과 특징

1. 고객이 요구하는 납기

   본 기기는 고액이어서, 발주하는 업계 관계자도 오늘 주문하여
   내일 받기를 희망하는 일은 없다.

   납기 리드타임은 개별 사양 제품은 3개월, 표준 제품은 3주일
   이 업계의 통례이다.

2. 생산의 특징

   - 판매 부문으로부터의 예측 발주를 바탕으로 한 계획생산
     (MRP) 방식을 취하고 있다.

   - 숙련을 요하는, 손으로 조립하는 공정이 있다. 접착·건조 공
     정을 복합적으로 사용하고 있다.

   - 완성품 출시는 물류 작업의 효율이 우선
     조립으로부터 포장 부서로 하루 1회 운반하며 판매 부문에는
     주 1회 출시한다.

_ 현상과 목표

1. 현상의 과제

   - 판매 부문이 3개월 전의 수주 등을 토대로 한 예측이므로 다소

많은 발주(판매 기회 손실의 예방책). 판매 부문은 매장 재고(표준적 기종)와 고객 개별 사양 제품 주문에 의한 예측으로 발주. 수주로부터 납품까지의 실적 리드타임(약 3개월)을 전제로 한 납기 설정.

- 당시는 예측으로, 게다가 대 로트에서 계획 생산을 하고 있었기 때문에 생산 리드타임이 3개월 걸렸고, 재고(완성품, 제작 중인 물건을 몇 개월씩 보유)를 가지면서도 고객의 요청보다도 도착이 늦는 일이 있었고 품절도 발생하고 있었다. 조립 공정(부품 사전 조립으로 제품 완성)만도 리드타임 80시간(10일)이 걸리고 있었다.

- 판매하여 남은 물품이 정기적으로 발생(생산, 판매 부문과 더불어)하고 있었고 품절도 발생하고 있었다. 해외 판매 현지 법인에도 완성품 재고가 다수 있었다.

2. 목표

- 수주로부터 납품까지의 목표 리드타임 : 1주일(고객이 요구하는 납기의 3분의 1)

  이 업계의 후발 참여 업체로서 특히 납기의 차별화를 중점에 두었다.

- 완성품 재고의 삭감(재고 회전율의 향상) : △8할

_개선의 경위

　고객이 요구하는 납기의 3분의 1인 1주일 만에 납품할 것을 우선하여 착수하였다.

　본 기기의 경우, 조립 공정에서부터 종류가 늘어나고 그 이전은 공통화된 부품(사전 조립 제품)이기 때문에 조립 공정에서부터 주문(순서) 생산하는 방식으로 해서 부품은 후 보충 생산하는 구조를 취하였다.

1. 조립 공정의 리드타임 단축 활동
 • 총량 규제(태블릿의 도입)와 표준 보유량만 유지하는 데에 철저
 • 접착 공정 하나씩 처리하는 방안 연구(공용 장치·치구의 개발 등)
 • 전후 공정의 다능공화를 추진(배턴 터치)하여 근무량의 차이에 의하여 작업균형이 무너지는 것을 막기 위해 공정 사이의 재고를 삭감
2. 해외 판매 현지 법인과의 연계 개선
　일본의 고객에 대한 대응은 물론 미국의 고객에게도 해외 센터에 일체 재고(몇 개월 분 있었음)를 가지지 않고 주문 생산하는 데에 착수하였다. 모두 일본에서 생산하여 공수한다고 해도 수주에서부터 납품까지의 리드타임은 일본처럼 1주일로 설정하였다. 공수하는 시간 등을 고려하면 주문을 받은 다음 날에는 완성되기를 원했다. 해외 판매 법인과는 후 보충 방식으로 시

작하고, 또한 주문을 받은 다음 날에는 출시할 수 있도록 조립 공정의 리드타임 단축에 착수하였다.

그 결과 리드타임을 거의 1일로 단축할 수 있었고 해외에 재고를 일체 보유하지 않아도 되는 수준이 되었다. 그러나 미국에서는, 수입 후 고객의 요청에 맞추어 제품을 조합, 출시하는 경우가 있어 재고를 어느 정도는 가지지 않을 수 없었다. 이러한 사정때문에 1일로 조립하여 완성시키는 중요성이 희박해졌다. 그래서, 다시 딜리버리 설계를 행하여 1주일 만에 될 수 있는 대로 앞의 공정에서부터 주문 생산할 수 있는 대체안으로 방침을 변경하였다.

3. 부품 중간 조립 공정을 대상으로 주문 생산에 착수

조립 공정 전의 중간 조립 부품은 후 보충 방식으로 이루어지고 있었지만 이 부품은 제품의 종류와 거의 같을 만큼 전용화되고 있었고, 동시에 고액이므로 부품 중간 조립 공정으로부터 1주일 만에 주문 생산하는 데에 착수하기로 하였다. 중간 조립 부품 11공정 중 9공정을 대상으로 주문 생산에 대응하였다(도구 변경 시간의 단축에 의한 소 로트 가공과 소 로트 운반의 실시).

나머지 2공정(별도 공장)은 공장 간 운반이 있기 때문에 주문 생산이 어려웠지만, 적어도 순서를 바꾸어 조립 공정에는 부품 재고를 가지지 않도록 하였다.

그 결과, 리드타임 1주일 만에 부품 중간 조립 공정에서부터

주문 생산할 수 있게 되었고 재고(재료, 제작 중인 물건)가 대폭 감소, 원가절감에 보다 더 공헌할 수 있었다.

4. 기타 부문에서의 대응

- 조달 부문

  협력 구입처 기업과 공동으로 소 로트 여러 번의 납품 실현

- 제품 물류 부문

  조립과 포장의 연결에 의해 리드타임의 단축과 중간 재고의 삭감, 매일의 납품 출시

_ 성과

이상과 같은 대응으로, 조립 공정의 제조 리드타임을 대폭 단축할 수 있어(10일→1일), 고객이 요구하는 납기의 3분의 1인 1주일의 시간을 활용하여 부품 중간 조립 공정에서부터 주문 생산을 할 수 있었다. 그 결과 연결 전체 제품 재고는 격감(△88%)하였고, 재고 회전수는 2.5배로 늘어났다(그림 4-4). 한편, 조립 공정 내 재고(△80%), 부품 중간 조립 공정 재고(△86%)는 다 삭감할 수 있었다. 또 노동생산성은 도구 변경 공정수가 대폭적으로 증가했음에도 불구하고 10% 향상되고, 매상고는 25%가 증가했다.

_ 개선 담당자의 소감

1. 초기부터 일관되게 사내에 결여되어 있던 회사 전체(해외 부문을 포함하여)차원의 개혁에 대해 착수하는 자세·의식을 배웠다. 또 질은 좋지만 완성이 늦는 것보다도 서두르면서 빨리 해치우는 면을 고귀하게 여기는 개선 스피드를 중시한 진행 방식, 다기종 소량 생산에서 하나씩 처리하는 생산, 납기 관리, 평준화 생산의 구체적인 운용 방법을 끈기 있게 배웠다.

2. 이번의 활동에서는, 수주에서부터 조립·완성·출시까지의 리드타임을 압도적으로 단축하고, 우선 고객(해외판매 부문을 포함)에 대한 납기를 완전히 준수하고, 그 다음으로 생산과 고객이 요구하는 리드타임의 차이를 사용하여 자사에 가장 형편이 좋은 공정에서부터 주문 생산할 수 있도록 개선하는 진행 방식을 확실히 인식할 수 있었다. 이렇게 하면 새로운 고객을 확보할 수 있게 된다는 것을 잘 알았고, 딜리버리 설계의 중요성과 유효성을 이해할 수 있었다.

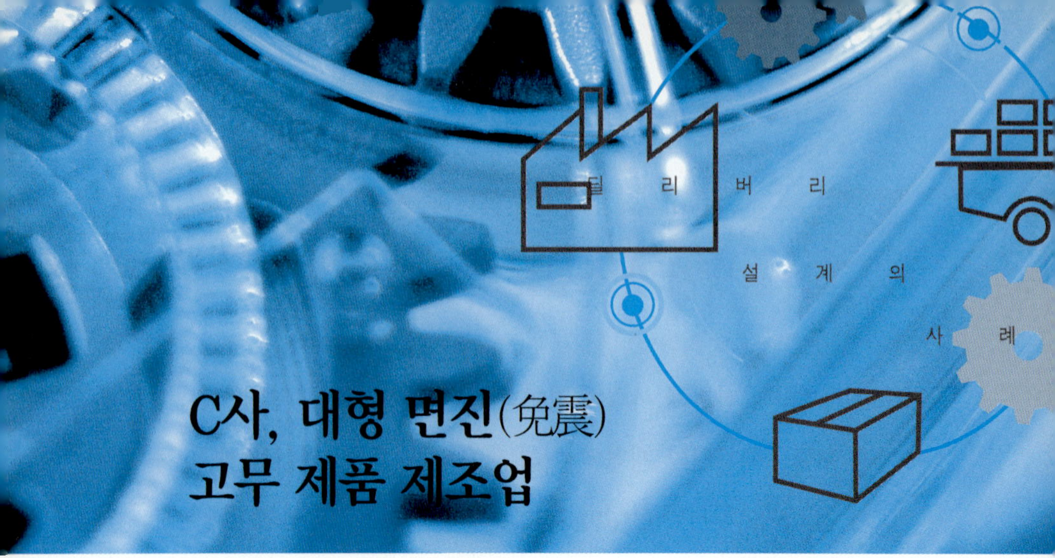

C사, 대형 면진(免震)
고무 제품 제조업

_ 개요

면진 고무 제품 제조업은 한신 아와지 대지진(阪神淡路大地震, 1995년 1월 17일 새벽에 일본 한신 지역에서 일어난 대지진) 재해 이후에 수요가 급속히 증가하였고, 생산 규모의 확장과 단납기 공급을 요청받게 되었다. 개별 사양의 제품이어서 수주 시기의 집중(12월~2월)과 발주량의 변화가 큰 업계이다.

C사는 수주로부터 납품까지의 리드타임이 평균 35일 걸렸고, 예를 들면 3월 말에 납품하기 위해서는 적어도 1월 중에는 생산을 시작하지 않으면 안 되었다. 고객이 요구하는 납기는 보통 1개월이며 3월말 납품할 제품은 2월에 주문 받는 일이 많아 이 때문에 주문에 응할 수 없는 경우도 있었다. 만일 생산의 리드타임을 20일로 단축할 수 있다

면, 1월 말까지밖에 수주할 수 없었던 주문을 2월 말까지 받을 수 있게 되고, 1개월분 증산한 것과 같은 효과를 얻게 된다. 게다가, 만일 납기가 긴 수주라면 수주 후 바로 생산을 시작하지 않아도 되므로 균등하게 생산할 수 있게 되고 생산 효율이 높아진다. 이상의 두 가지 이유로 생산의 리드타임을 단축하도록 개선에 착수하였다.

수주로부터 납품까지의 리드타임을 10일(고객이 요구하는 2분의 1)로 하여 수주로부터 납품까지의 모든 공정 사이의 시간을 줄이는 것을 목표로 활동하였다.

주된 개선점은 현장에 대해 도면을 제출하는 리드타임의 단축, 부품 조달 일수의 단축, 가공 공정의 머신 타임이나 냉각 · 건조 시간의 단축 활동 등이었다.

그 결과 수주로부터 납품까지의 리드타임은 10.5일(△70%)이 되었고 거의 목표를 달성했다. 그리고 C사에 부탁하면 빨리 납품된다는 평판이 나서 신규 고객을 획득하는 성과로 이어졌다(교량용의 경우 고객이 1사에서 4사로 증가).

_ 업종의 특징

1. 개별사양 · 대형 · 중량제품
- 빌딩이나 교량 단위의 설계 후에 개별 사양을 수주하기 때문에

재고 생산은 할 수 없다.

- 특히 교량용은 표준화되어 있지 않고 1건마다 금형, 금구와 고무 재료의 설계가 필요하다.

- 제품 중량 50~2,500kg, 최대 면적 2m로 3톤을 족히 넘는 대형·중량물 제품

2. 수주 시기의 집중과 발주량의 진폭이 큰 공공 사업, 주택 착공 등 수주의 진폭이 있으며 연말에 집중하는 경향이 있다.

- 하반기(12월~2월)에 수주가 집중

- 주문량은 시기별로 진폭이 대단히 크다. 한번에 150개 있는 시기도 있거니와, 없을 때는 1개월 동안 전혀 없다. 수주가 가장 많은 시기에 비해 반으로 줄어들 때가 몇 개월이나 계속된다.

_ 수주로부터 납품까지 흐름과 특징

1. 고객이 요구하는 납기는 20일~6개월이지만 보통은 1개월이다.

2. 생산의 특징은 안정된 면진 성능을 보증하기 위해 특수 배합 고무 믹서 혼합, 외주를 통한 금구(金具) 가공·납품, 금구에 대한 접착 처리, 대형가황(大型加硫) 프레스의 장시간 가황(加硫, 4~26시간), 초대형 시험기에 의한 전수 성능시험이 필요하다.

_ 현상과 목표

1. 현상의 과제
   - 수주로부터 납품까지의 리드타임 : 평균 35일 (1.75개월)
2. 목표
   - 수주로부터 납품까지의 리드타임 : 10일(고객이 요구하는 2분의 1)

_ 개선의 경위

수주로부터 납품까지의 모든 공정 사이에서 체류하는 시간의 삭감에 착수하였다.

1. 수주로부터 현장에 도면을 제출하는 리드타임 단축(14일을 4일로 단축)
   - 우송을 FAX로 변경하여 설계 조사를 병행하여 실시
   - 1건분(평균 4도번(圖番))의 도면 1장이 완성되면 1장씩 제출 등
2. 부품조달 일수의 단축(금형 · 금구 14일을 5일로 단축, 고무는 7일 ~14일을 0일로)
   - 금형 · 금구는 강재(鋼材)를 후 보충화, 설계 재검토로 가공 방법의 효율화

- 고무는 제품 번호 별로 재고를 가지고 후 보충화

3. 초대형 성능시험기는 가동률이 낮고(37%), 잔업, 휴무, 출근의 근무 형태가 만성화됨

- 제품 설치 작업의 별도 라인 작업(Off the line setups)으로 가동률을 75%로 올리고, 택트타임에서의 시험이 가능해졌다.
- 공정 내의 총량 관리 때문에 성능 시험 종료에서 제외된 태블릿으로 선두 공정의 장치를 시작

4. 가황공정(성능을 좌우하는 중요 공정)의 머신 타임 단축화

5. 마무리 치수 측정은 가황 후의 제품 온도가 120도 이상이 되기 때문에 냉각 시간(3일)이 필요.

- 풍량과 각도를 연구한 공냉 장치로 36시간 후(반감)에 제조 순으로 치수 측정

6. 금형의 구조 개선과 조립하는 방법의 별도 라인 작업으로 도구 변경 시간을 대폭 단축, 또한 작업 부하도 경감하고 환경도 크게 개선하여 이 공정에서의 노동생산성도 1.5배로 향상

7. 금구에 접착제를 도포한 후의 건조 시간 단축화

- 금구를 도포하기 전의 가열과 접착제의 도포를 균일화하는 간이 자동 라인을 도입
- 대형 사이즈의 물건은 폐열(廢熱)을 이용한 개별 건조 테이블을 고안

_ 성과

1. 수주로부터 납품까지의 리드타임은 10.5일(△70%)이 되어 거의 목표 달성(그림 4-5)

   긴급할 경우는, 소형 제품의 경우 3일 만에 출시할 수 있게 되었다. 불가능하다고 생각되던 교량용과 건축용을 동일 공정에서 평준화 생산할 수 있게 되었고, 체류품(滯留品)은 완전히 없어졌다.
2. 금구 표면 처리 작업의 개선과 표준화로써 노동생산성은 2.2배로 향상(그림 4-6)
3. 리드타임이 짧아진 결과, 고객들 사이에 C사에 부탁하면 빨리 납품된다고 평판이 나서 신규 고객도 확보할 수 있게 되었고 이는 근무량의 증가로 이어졌다. 업계로서는 최근 몇 년의 불경기와 도로 건설 계획의 재검토에서 공사 건수가 감소하는 가운데에서도 수주 수량을 유지할 수 있었고 점유율은 확실히 오르고 있다(교량용 고객이 1사에서 4사로 증가).

_ 개선 담당자의 소감

1. 주문량은 시기마다 진폭이 대단히 커서(1개~158개), 한 번에 150개가 주문될 경우도 있고, 없을 때는 1개월 동안 전혀 없는

경우도 있으며 수주량이 가장 많을 때의 절반일 때가 몇 달이나 계속되었다. 또, 수주 시기가 집중하면 24시간 동안 주말에도 임시 출근하여 연속 조업을 해도 모자라 고부하가 된다.

이러한 가운데에서도 담당 관리자는 공정 능력의 향상이나 외주 공정의 획득, 타 부문에서의 지원 인력 요청 등으로 과거 최고 시기의 생산 수를 달성하거나 능률 향상을 위해 열심히 노력해 왔다. 이러한 상황의 한 가운데에서 컨설턴트에 의한 개선에 착수할 때 상품을 처리하는 방법에 대한 근본적인 문제가 연속적으로 지적되자 담당 관리자는 엉겁결에 반론하였다.

"자동차 부품은 재고 생산이 가능하지만 이 고무 제품은 모두가 개별 사양의 수주품이며, 하나씩 처리하면 생산성이 더욱 줄어들게 됩니다. 자동차 부품과는 다릅니다!"라고 항변했던 것이다.

이에 대하여 "TPS(도요타 생산방식)가 목표로 하는 바는 하나씩 처리하는 일이다. 이 부분이야말로 궁극적으로 하나씩 처리해야 할 일이므로 도전하려고 하는 것이 아닌가"라고 컨설턴트는 친절하고 부드러운 말을 전했다. 그 말을 듣고 관리자는 여태까지의 상식이 무너지는 것을 느꼈다. 이후, 직원 전원이 현상을 어떻게든 타파하려고 본 활동에 진지하게 착수해 왔다.

2. 그 결과 리드타임이 고객이 요구하는 납기의 거의 절반이 되었고 새로운 고객도 확보할 수 있게 되어 '리드타임에서는 경쟁사에 이긴다'는 것이 빈말이 아니었음을 확신할 수 있었다. 현재,

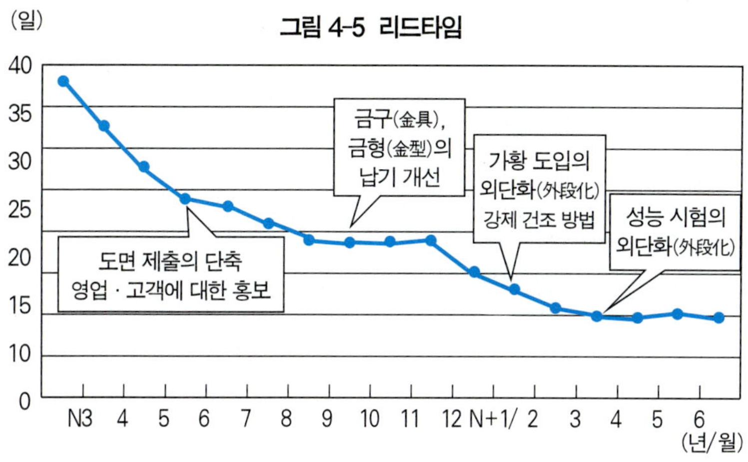

그림 4-5 리드타임

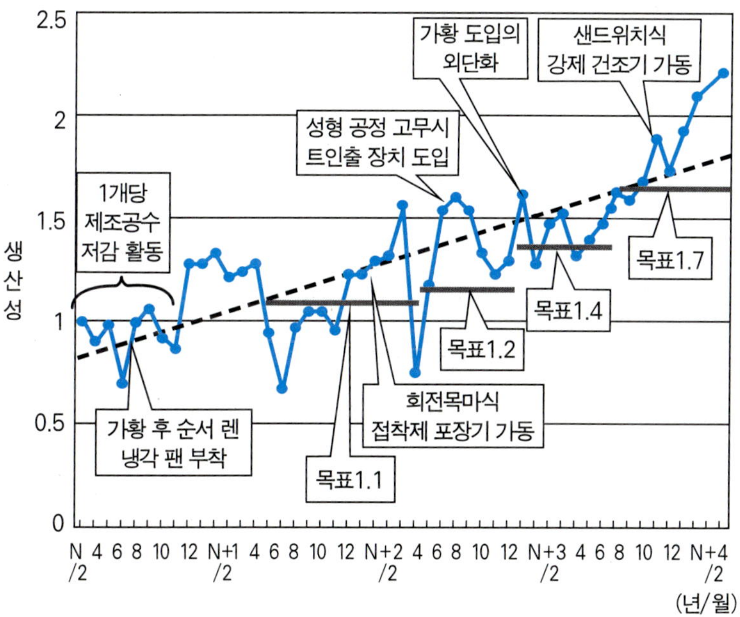

그림 4-6 노동생산성

그의 관리자는 개선 팀을 인솔하여 영업 부문을 끌어들이면서 모든 품종의 리드타임을 단축하는 일에 착수하고 있다.

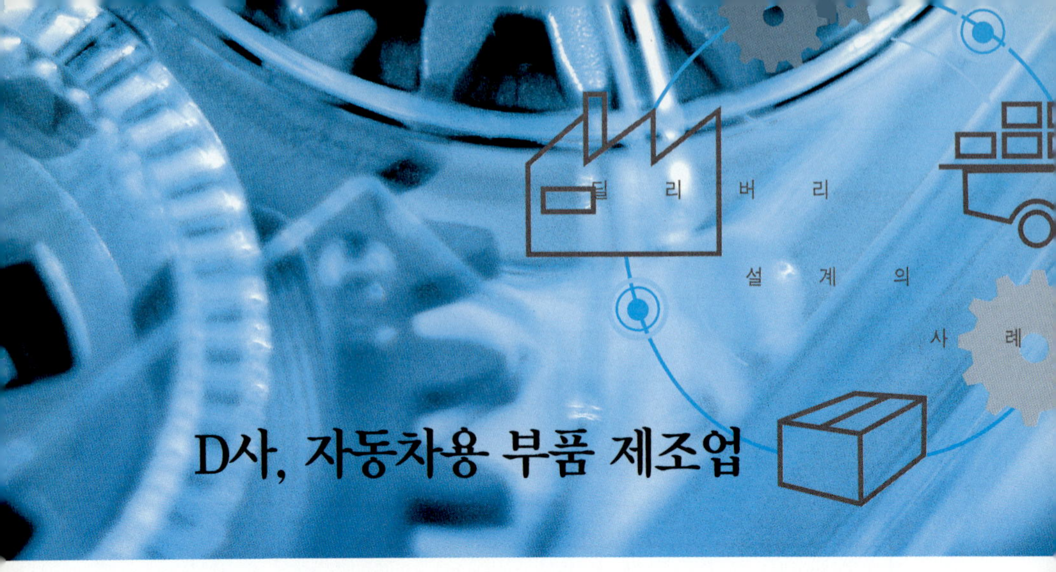

D사, 자동차용 부품 제조업

_ 개요

D사는 다품종 소량의 자동차 부품을 생산하고 있어, 자동차 메이커로부터 다회 단납기 납품을 요구받고 있다. 국내 대상은 당월 처리, 납품 사이클은 X사 1-4-6~1-8-12, 타사 1-1-2~1-1-3, 해외 대상은 전 달의 제3주에 이번 달 수주량을 확정한다(납품 사이클 1-4-6이란 1일, 4회 납품으로 수주 후 6편 늦게 납품하는 것을 의미한다).

D사는 일본의 동북지방에 있어 특히 지연계수(遲延係數)가 짧은 X사에 대해서는 1.5일 중에서 수송에 1일을 차지한다. 일본의 중국지방에 있는 한 회사는 리드타임이 부족하여 부품 창고에 대한 후보충을 행하고 있다.

D사는 대 로트 계획 생산으로 생산 리드타임이 5일이나 될 정도로 길며 완성품 재고가 많았다.

그래서 수주로부터 생산 지시까지의 리드타임의 단축과 대 로트 생산의 소 로트화를 착안점으로 하여 재고 반감을 목표로 활동에 착수하였다.

딜리버리 설계를 한 결과 X사의 경우는 단납기이지만 종류가 늘어나는 도장 공정부터의 주문 생산, X사 이외는 용접 공정에서부터의 주문 생산에 착수하였다. 주된 개선점은 수주 정보 처리 시간의 단축, 도장 공정의 소 로트화(4회/일), X사에 대한 납품 물류 개선이었다.

이상의 대응을 한 결과 제조 리드타임이 대폭 단축되어(5일→1.75일, △65%), 재고는 X사 1.1일(△72·5%), 타사 1.2일(△80·0%)로 삭감할 수 있었고, X사분은 도장 공정부터, X사 이외의 분량은 용접 공정에서부터 주문 생산을 실현할 수 있게 되었다.

_ 업종의 특징

자동차 업계의 해외 생산화의 흐름 속에서도 특히 국내의 점유율을 늘리기 위해 모듈화를 추진.

1. 다품종 소량 생산으로서 방대한 종류가 있다.

2. 거래처 : 국내 자동차 메이커의 모든 회사

3. 납기 : 국내 자동차 메이커에서 다회, 단납기 납품이 요구되고 있다.

_ 수주로부터 납품까지의 흐름과 특징

1. 수주

- 국내 대상은 당월 처리. 납품 사이클은, X사 1-4-6~1-8-12,
  타사 1-1-2~1-1-3
- 해외 대상은 전 달의 제3주에 이번 달 수주량 확정

2. 생산

원료→용접→도장→조립→포장→출시

3. 물류

고객은 북쪽으로 동북지방인 이와테에서 남쪽으로 남부지방인
규슈까지 광범위하다.

_ 현상과 목표

1. 현상의 과제

- 생산 거점이 동북지방에 있어, 지연 계수가 짧은 X사는 1.5일

중 수송에 1일을 차지한다. 일본 중국지방에 있는 한 회사는
리드타임이 모자라 창고에 후 보충을 행하고 있다.

- 생산 리드타임이 길다 : 5일
- 대 로트 계획 생산

도장은 종일 동일 제품을 장치하는 대 로트 도장(1,000개 단위),
색바꿈은 2회/일

기계 가공에서 통이나 관을 가로 자르는 작업은 2회/일 지시
(주야 근무)

- 완성품, 재고가 많다.

재고 : X사 4일 – 완성품(3일), 도장(0.5일), 용접 (0.5일~1일),
타사 18일

회전율 X사 : 60회/년, 타사 : 30회/년

2. 목표

- 재고 : 반감
- 노동생산성 : 20% 향상/년

_ 개선의 경위

납품처가 원거리이므로 완성품을 가질 것을 고려했지만 건물 내
에 공간이 없고 옥외에 두면 비나 눈이 내릴 때마다 커버를 씌우거

나 건물 내로 이동하는 데에 손이 많이 간다. 그래서 단납기이지만, 종류가 늘어나는 도장 공정에서부터의 주문 생산에 착수하였다(X사의 경우). 수주로부터 생산 지시까지의 리드타임 단축과 대 로트 생산의 소 로트화를 착안점으로 삼았다.

1. 확정 수주 정보를 수신한 후부터 고객장표 발행, 확정 수주 간판을 출발하는 리드타임의 단축 활동과 순서의 표준화
2. X사의 단납기를 고려하여 용접 후에 스토어(소형 창고)를 가지고, 도장 공정부터의 주문 생산에 착수
 • X사의 4회 인수에 맞추어 4회/일 장치로 하여 소 로트화
 • 도장 컨베이어를 4분할하고, 또한 4분할마다(4분의 1 사이클 약

그림 4-7 도장 공정의 패턴 생산(개념도)

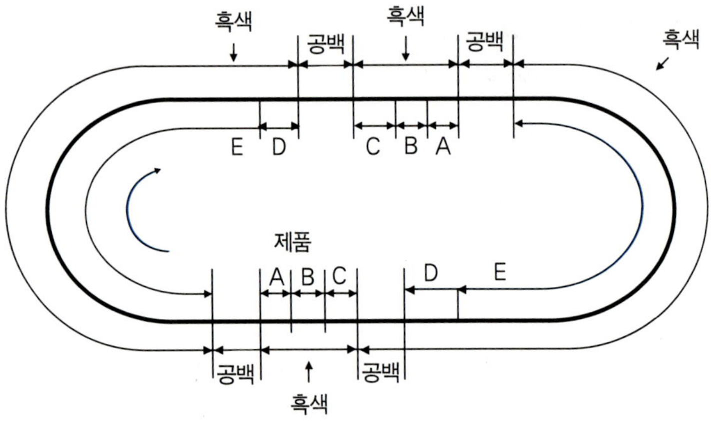

23분) 모든 품종을 장치하는 패턴으로 생산하였다. 도장 색을 바꿀 때도 매4분할마다를 기준으로 하여 소 로트 생산으로 전환 했다(그림 4-7).

주문이 없을 때는 부품을 장치하지 않고 빈 채로 보내기로 했기 때문에 도장 능력을 올리는 개선도 이룩하였고 그 결과 도장 공정의 노동생산성을 약 2배로 향상할 수 있었다(작업자 12명 → 7명, 한 사람 · 시간 당 생산고 70개→146개).

3. 용접 공정은 직접 생산으로, X사에 대해서는 모든 제품 번호의 후 보충 생산, X사 이외에 대해서는 지연 계수의 시간 차이를 활용하여 용접 공정에서부터의 주문 생산에 착수하였다.

- 용접 공정도 도장 공정과 같은 4회/일 장치로 하여 1회마다의 장치에서 모든 품번을 생산

- 머신 사이클 타임의 단축(9.5초 → 7초)과 도구 변경 시간의 단축(꽂는 막대의 공용화 등으로 8.5초 → 7초)하였고 그 결과 생산고 향상(630개/시간 → 790개/시간)

4. 단납기의 X사에 대한 납품은 몇 개의 공장을 순회하기 때문에, 후반에 순회하는 공장에 대한 납품은 마감일이 임박해서야 이루어지는 상태가 된다. 그래서 상품이 체류하지 않도록 물류 회사에 운전사의 교대 등을 의뢰했다. 그 결과 4시간 단축할 수 있어 고객이 요구하는 납기를 만족할 수 있었다.

_ 성과

X사에 대해서는 도장 공정에서부터 주문 생산, X사 이외에 대해서는 용접 공정에서부터의 주문 생산을 실현하였다.

1. 제조 리드타임이 대폭 단축되어(5일 → 1.75일, △65%), 재고는 X사 1.1일(△72·5%), 타사 1.2일(△80·0%) 정도 삭감할 수 있었다. 재고 회전율: X사 218회/년(3.6배), 타사 200회/년(6.7배)이 되었다.
2. 노동생산성은 1.66배(11%/년)로 향상하였다. 트럭에 짐을 실을 때도 원활해지는 등, 간접 부문도 감원(출시 △17%, 생산 관리 △15%)되었다.
3. 재고를 가지지 않기 때문에 현장에 긴장감이 생겨나, 설비의 정기 점검(주 1회)과 설비 고장에 대한 대응과 재발 방지에 대한 대처가 향상되었다(설비 고장 10분의 1).

_ 개선 담당자의 소감

1. 납기가 짧다는 점에서 완성품을 가지고 계획전망생산을 하고 있었던 우리는 이 활동이 시작된 시점에서는 정말로 할 수 있

을까 하고 솔직히 의심과 두려움을 품은 상태였다.

딜리버리 설계에 의한 확정 수주 생산(주문 생산)에 착수하고 나서 개선의 필요를 명확히 인식하여 개선 사이클을 돌릴 수 있게 되었다. 예를 들면, 설비 고장이 발생했을 경우, 지금까지는 재고를 확인하고 언제까지 고치면 된다는 식으로 만사를 태평하게 여기고 있었지만 개선 후에는 현장에 긴장감이 생겨났다.

2. 또 인재육성(감독자, 작업자의 계층별)에 대한 대응도 계획적으로 진행되었고, 동시에 소그룹에 의한 자주적인 개선 활동도 시작되었다.

E사, 공압(空壓) 기기 제조업

_ 개요

E사는 Y사의 OEM제품을 생산하고 있어, 상품의 흐름은 E사(제조)→물류 센터(Y사, 재고 비용은 E사 부담)→특약점(120사)→판매점→고객이다.

E사는 물류 센터에서 수주받은 제품을 재고로 납품(소·중·대형의 기본 8형식, 전부 500종류)한다.

생산계획은 한 달에 2패턴의 대 로트 전망 생산이었기 때문에 제조의 리드타임은 최단 15일, 최장 30일 정도로 길며, 재고가 많은 물품이 있으면서도 품절되고 있었다. 특약점에 대한 납기 준수율은 50% 이하로 납기를 지킬 수 없는 상태였다.

당시 공압제품 시장은 규모가 다소 축소된 상황이며 시장 동향으로 봐서 재고는 가질 수 없었다. 따라서 생산의 리드타임을 단축(목표 1일)하여 재고를 삭감하고 재고 회전율(목표 50회전 이상)을 올리기 위해 제조, 운반, 부품 조달의 소 로트화를 철저히 진척시켰다.

그 결과, 수주로부터 납품까지의 리드타임은 1.5일로 단축할 수 있었고, 재고(E사와 물류 센터)는 △83%, 재고 회전율은 50.4회전, 특약점의 재고를 포함하여 17.7회전(업계에서는 압도적으로 으뜸)으로 개선할 수 있어서 특약점에 대한 납품률이 거의 100%에 육박하였다.

특히 부품 조달도 차근히 상담을 해 갔더니 극소 로트가 가능하여, E사의 극소량 구매는 부품 조달의 벤치마크로 인정받고 있다.

_ 수주로부터 납품까지의 흐름과 특징

1. 물류 센터에서 받은 주문을 제품 재고로 납품, 소형(2), 중형(3), 대형(3)의 기본 8형식, 전부 500종류
2. 생산 계획은 전월 중순에 확정(전망 생산)
3. 월 2패턴의 대 로트 전망 생산

   1달에 2패턴(소형-중형-대형-중형-소형), (대형은 월 1회의 생산)

   생산 계획으로부터 제조까지의 리드타임은 최단 15일, 최장 30일

_ 현상과 목표

1. 현상의 과제

- 재고가 많은 물품이 있으면서도 품절되고 있다.

  특약점에 대한 납기 준수율은 50% 이하로 납기를 지키지 못한다. 포장한 것을 풀어서 품종을 변경하는 일도 많다. 제품은 타사 창고를 빌려쓰고 있었다. 재고 정리 회전율은 당초 9회전.

- 기계 가공은 조립을 멈추지 않도록 하기 위해 휴일 출근을 해서라도 재고를 유지하는 것이 당연하다고 생각하고 있었다.

- 노동생산성도 나쁘다.

  형식에 따라 사이클 타임은 2.5분부터 15분 정도로 불균일하여 형식을 바꿀 때마다 로스가 발생. 대형(大型)이 이어지는 며칠 동안은 무거운 부품이 뒤따르기 때문에 신체 부담이 크다.

2. 목표

재고 회전율(E사와 물류 센터) 50회전 이상(특약점의 재고 포함 : 20회전 이상)

수주로부터 납품까지의 리드타임 : 1일

_ 개선의 경위

공압 기기의 시장 동향으로 봐서 재고는 가질 수 없다. 따라서 생산의 리드타임을 단축하여 재고를 삭감하고, 재고 회전율을 올린다. 이를 위해 제조, 운반, 부품 조달의 소 로트화를 진척시킨다.

1. 조립의 평준화 생산과 주문량만 만드는 시스템 착수
- 조립은, 1달에 2회의 대 로트 생산에서부터, 우선 매일 주문 받은 몫만을 조립한다는 방식으로 변경하였다. 다만 하루 중에서는 형식 단위의 로트 생산이었다.

  1일 : 소형 — 중형 — 대형

  2일 : 소형 — 중형 — 대형

  30일 : 소형 — 중형 — 대형

- 다음으로 매일 주문받은 몫만을 1대씩의 평준화 생산으로 하였다. 기본 8형식을 조립공수에서 3그룹으로 나누고 5대를 가지고 공수가 평균이 되도록 평준화 계획을 세웠다.

  1일 : 소 — 대 — 중 — 소 — 중 — 소 — 중 — 소 — 대 — 소 ………

  2일 : 소 — 대 — 중 — 소 — 중 — 소 — 중 — 소 — 대 — 소 ………

- 조립은 소 로트에서 만들 수 있게 되었으므로, 납품 전날 오후에 들어가는 주문을 야근부터 조립의 앞 공정에서 생산하기 시작하고, 조립 공정은 다음날 아침부터 생산하도록 하였다.

2. 부품의 소 로트화 (1상자 수용 수량의 삭감)

내제 부품도 외주 부품도 1상자분의 용량이 커서, 모든 품번을 조립 라인 측에 전부 둘 수가 없었다. 그래서 용량의 삭감을 진척시켰다.

- 앞 공정의 기계 가공은 당연히 소 로트 생산이 된다. 예를 들면, 정밀도를 확보하기 어려운 크랭크샤프트(Crankshaft)의 로트도 도구 변경의 연구를 통하여 5개씩 만들도록 하였다. 실린더도 1파렛트 120개, 4파렛트 480개였던 것을 24개 정도로 적게 하였다.

- 재료도 구입처에서 소량으로 들여옴(우선 들여오는 양만을 줄이도록 하였다). 부품의 공용화 등 종류의 감소(볼트, 와셔, 명판 등)와 1개 단위 구입을 모든 부품에서 검토

구입처에 대한 간판 도입을 끈기 있게 진척시킨 결과 간판 실시율은 96%가 되었다.

부품 구입처도 부품이 안정적으로 거래되기 때문에 기뻐하였다.

이상과 같은 대응으로, 주요 6부품의 재고 금액은 3년 만에 약 △60%가 되었다.

3. 조립의 앞 공정(기계 가공)은 소형 창고를 가지고 후 보충 소 로트 생산.

- 하나씩 처리하기 위한 설비 개선(도구 변경 시간의 단축).

크랭크 축 센터링 기계 : 볼트 수의 감소와 지름의 동일화.

파이프를 구부리는 기계 : 4단식 곡형, V형 지퍼 채용에 의해 도구 바꿈을 없앰, 조립 순서에 따라 하나씩 구부리는 설비의 개발

• 장시간 돌발 고장 시에는 우선 범용품(汎用品)으로 잠정 응급 대응을 하고 후에 정규품(正規品)을 납품

_ 성과

• 재고 회전율(그림 4-8)

E사와 물류 센터 50.4회전(판매량은 당초 6할의 감산 속에서). 특약점의 재고 포함 27.7회전(목표는 미달성이었지만, 업계에서는 압도적으로 으뜸). 재고(E사와 물류 센터) : △83%.

• 수주로부터 납품까지의 리드타임 : 1.5일

• 특약점에 대한 납품률은 Y사 그룹에서 단연 1등으로 좋아져, 99% 이상이 되어 거의 100%육박. 물류 센터에서는 재고 기준을 판매량의 몇 개월분이라고 정하고 있어 E사의 충족률은 50~60% 정도로 매우 낮다. 그러나 특약점은 직접 E사에 발주하면 다음 날에는 납품된다는 인식이 확산되어 가고 있다. 특약점에는 아직 0.7개월의 재고가 있지만, 개중에는 재고를 제로로 만든 대기업도 나타나고 있다.

특약점, 판매점의 재고까지 생각한다면 개선할 여지는 아직도 있다. 통합하여 만들고 있었던 현장이 다품종 소량 생산으로 한정되어도 그 효과를 물류 센터, 특약점, 판매점에서 알게 되기 까지는 회사가 다르기 때문에 시간이 많이 걸린다. 그러나 보다 최종 고객과 가까운 곳에서의 오더로 주문 생산할 수 있도록 계속해서 개선을 거듭하고 있다.

- 조달도 꾸준히 상담을 해 갔더니 극소 로트가 가능해졌다. 이 조달 활동의 결과가 재고 정리 회전율 50.4회에 나타나고 있어, E사의 극소량 구매는 부품 조달의 벤치마크로 인식되고 있다.
- 판매량이 계속 줄어들어, 줄어들 때마다 개선으로 이익을 창출하도록 해왔지만 판매량이 최근 다소 회복된 면도 있어 이익률이 향상하였다.

_ 개선 담당자의 소감

1. 공수(工數) 차이가 대단히 큰 제품을 매일 평준화하여 만들자는 말을 들었을 때는, 그와 같은 일은 불가능하다고 생각되어 솔직히 망설여졌다. 그러나 그 목표로 하는 바를 듣고 어쨌든 착수 하였다. 염려가 많았지만 현장은 의외로 순순히 따라와 주었다. 그 결과 상품이 줄어들었고 처리 등의 공수도 편해졌

그림 4-8 재고와 회전율

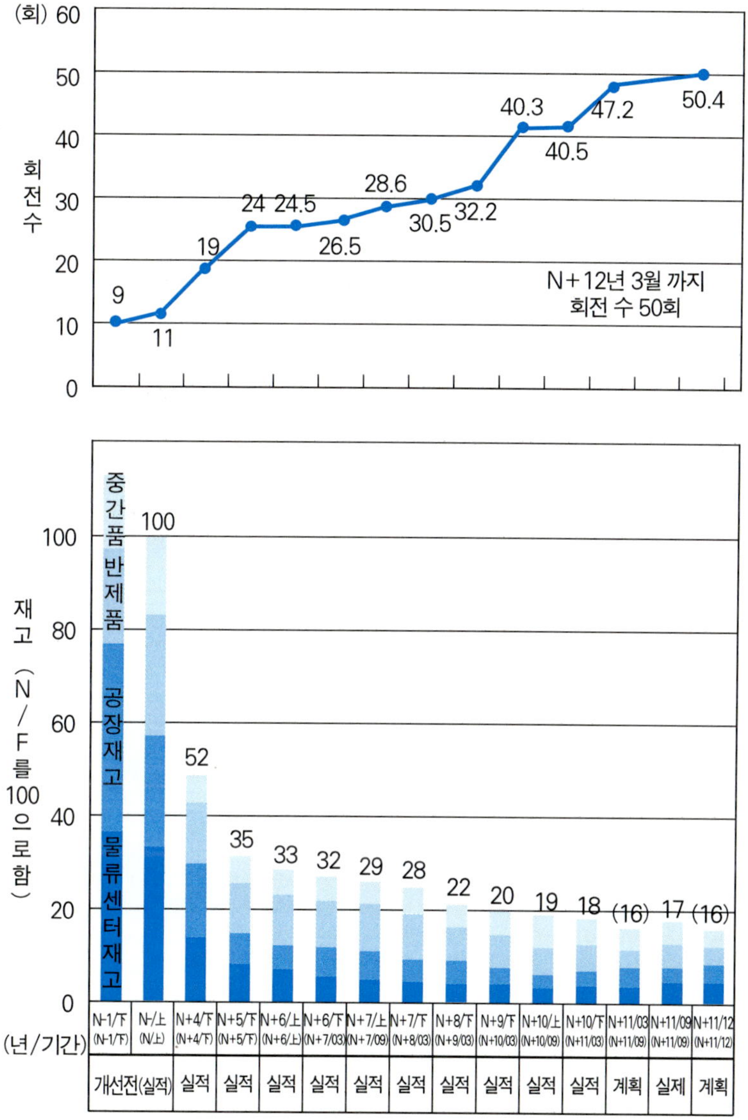

(회)
회전수
60
50
40
30
20
10
0
9
11
19
24
24.5
26.5
28.6
30.5
32.2
40.3
40.5
47.2
50.4
N+12년 3월 까지
회전 수 50회

재고 (N/F를 100으로함)
중간품
반제품
공장재고
물류센터재고
100
80
60
40
20
0
100
52
35
33
32
29
28
22
20
19
18
(16)
17
(16)

(년/기간)
N-1/F
(N-1/F)
N/上
(N/上)
N+4/下
(N+4/下)
N+5/下
(N+5/下)
N+6/上
(N+6/上)
N+6/下
(N+7/03)
N+7/上
(N+7/09)
N+7/下
(N+8/03)
N+8/下
(N+9/03)
N+9/下
(N+10/03)
N+10/上
(N+10/09)
N+10/下
(N+11/03)
N+11/03
(N+11/09)
N+11/09
(N+11/09)
N+11/12
(N+11/12)
개선전(실적)
실적
실적
실적
실적
실적
실적
실적
실적
실적
실적
계획
실제
계획

다. 게다가 현장 스스로가 개선안을 내 주게 되었다. 돌이켜 보면 그다지 고생스럽지는 않았다고 느껴진다.

2. 이번의 개선은 지금까지와 똑같은 현장만의 활동이 아니라 간접 부문까지 포함시킨 진행 방식이었다. 이것이 좋은 결과를 계속 보이고 있는 이유라고 생각된다.

3. 개선 활동의 매니지먼트도 견고해졌다. 올해의 목표 수준을 달성하기 위해 무엇을 개선하고 실시할 것인가 하는 연간 계획(항목과 예상 효과)이 명확해지고 있어 최고경영자에서부터 관리 · 감독자까지가 똑같은 눈높이에서 개선을 진척시키고 있다.

4. 이번의 컨설팅에서 "현장이 상품을 생산하는 덕택에 회사를 존속시킬 수 있다"는 말을 듣고 믿을 수 있는 사람을 처음으로 만났다고 느꼈다.

F사, 자동차 용품 제조업
(시제품 제작)

_ 개요

본 자동차 부품은, 자동차의 설계 상 변경 빈도가 많아서 가장 늦게 결정되는 부품이다. 따라서 설계자의 요청에 응하여 재빨리 시제품이 납품된다면 자동차 메이커의 설계자에게는 고마운 일이다. 시제품 납기가 짧다는 것을 알면 설계자는 그 메이커에 시제품을 발주하는 경향이 있으며 최종적으로 양산 수주로 이어질 수 있다. 시제품 리드타임이 짧다면 부품 메이커에게는 대단히 유리한 무기가 된다.

F사는 사용자가 제출한 도면에서부터 시제품 납품까지의 리드타임이 18일이나 되고, 제작은 1일분씩 생산하여 그 다음 공정에 보내는 대 로트 생산·운반을 하고 있었다. 그래서 발주자가 제출한 도면에서부터 시제품 납품까지의 리드타임 6일을 목표로 단축 활동

을 행하였다(설계 4일, 제조 1일, 수송 1일).

우선 제작에 대한 리드타임의 단축 활동, 명명하여 '1 DAY(원데이) 시제품 제작'에 착수하였다. 제조 측에서 시작 부품의 정보를 직접 입수할 수 있는 구조 만들기, 공정 사이에서 하나씩 처리, 여러 번 운반을 할 수 있는 공정 레이아웃으로 변경하는 등의 조치로 1.4일로 단축할 수 있었다.

그 다음으로 설계 부문의 리드타임 단축에 착수하여 해외 설계 부문의 활용, 설계 작업 내용의 재검토 등으로 설계 리드타임을 5일까지 단축(약 △3할)할 수 있었는데 추가적인 단축을 진행 중이다.

이상의 결과, 발주자가 제출한 도면에서부터 시제품 납품까지의 리드타임은 7.4일이 되었고, 납기 준수율은 100%, 품질도 대단히 양호하여 납품처에서도 좋은 평가를 받고 있다.

_ 수주로부터 납품까지의 흐름과 특징

1. 사용자가 제출한 도면에서부터 시제품 납품까지의 흐름(그림 4-9)

   설계(고객 도면의 변환~부품조달) → 제조(조립도 입수~제작) → 수송(포장 출시)

2. 제작 공정

   가공 · 부품 조달 → 조립 → 검사

_ 현상과 목표

1. 현상의 과제
  - 사용자가 제출한 도면에서부터 시제품 납품까지의 리드타임이 길다(18일).

    (설계 : 7일, 제조 : 7일, 수송 : 4일)
  - 1일분을 각 공정에서 생산하여 그 다음 공정으로 보내는 대 로트 생산 · 운반

2. 목표(그림 4-9)
  - 사용자가 제출한 도면에서부터 시제품 납품까지의 리드타임 : 6일(종래의 3분의 1)

    (설계 : 4일, 제조 : 1일, 수송 : 1일)

_ 개선의 경위

1. 우선, 제작의 리드타임 단축 활동에 착수하였다. 명명하여 '1 DAY(원데이) 시제품 제작'
  - 사내 설계 부서에서 제조 부서 쪽으로 오는 도면을, 제조 부서에서 보기를 희망 하는 순서(부품 조달 등 준비 시간이 많이 걸리는 것)로 제출하는 방향으로 접근 시도

그림 4-9 시작 리드타임의 개선 전과 목표

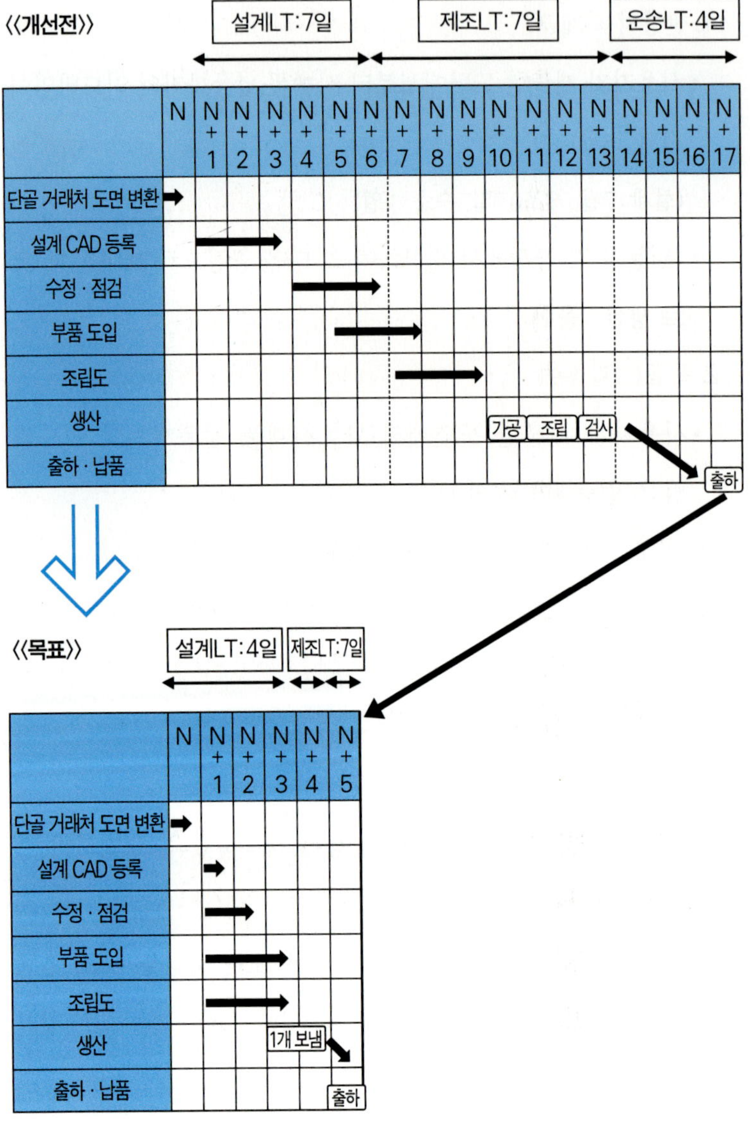

최종적으로는 제조 부서 측에서 데이터베이스에 부품 정보를 직접 입수할 수 있는 구조를 만듦으로써 준비 시간의 대폭적인 단축을 도모하였다.

- 하나씩 처리함으로써 공정 사이의 체류를 없앤다.

1일로 행하기 위해 결국 한 개씩 나르기로 하였다. 동시에 전용 부품 라인과 공통 부품 라인으로 병행하여 부품 가공까지 실시하였고, 가조립(假組立) 이후에는 전용 라인에서 생산하도록 하여 리드타임을 단축하였다. 부품 가공의 체류를 제로로 만들 수 있었다. 이것 때문에 종래 이상으로 부품을 가공하는 다능공화를 진전시켰다.

- 다회 운반을 할 수 있도록 공정 레이아웃의 변경 등을 실시한 다음에 공정 사이의 운반을 소 로트 다회로 실행하고 운반 수레를 연구하여 단시간에 할 수 있도록 진척시켰다. 이 짧은 사이클 운반이 라인의 페이스 메이커 역할도 담당했다.

이상의 결과, 제조 시간을 1.4일로 단축하여 거의 하루만에 마칠 수 있게 되었다(그림 4-10).

2. 다음으로 설계 부문의 리드타임 단축에 착수하였다.

- 해외 설계 부문의 활용 : 24시간 대응 사내 설계 변경, 정보의 현지화 등

- 설계 작업 내용의 재검토 : 지시 서류에 대해 손으로 써서 응답하고, 설계 데이터의 체크를 PC로 하는 등

이상의 결과, 설계 리드타임을 7일→5일까지 단축(약 △3할)할 수 있었지만 더욱 더 활동 중이다.

_ 성과

- 사용자가 제출한 도면에서부터 시제품 납품까지의 리드타임 : 7.4일 (내역 : 설계-5일, 제조-1.4일, 수송-1일)
- 납기 준수율은 100%, 품질도 대단히 양호하여 납품처에서도 좋은 평가
- 설계 변경, 양(量)의 변동에 강한 유연한 시제품 라인의 노하우를 양산 라인에 직접 전개할 수 있었다.

_ 개선 담당자의 소감

1. 열의가 있는 지도로 시제품 설계로부터 제조에 이르는 리드타임을 대폭 단축할 수 있었고, 신제품의 수주 획득이라는 성과를 얻을 수 있었다. 특히, 달성할 수 있을 것 같은 목표가 아니라 최상의 상태(제조는 1일)를 목표로 해야 한다는 지적이 이러한 큰 성과로 이어졌다고 할 수 있다.

그림 4-10 시제품 제조 리드타임의 전환과 주된 개선 항목

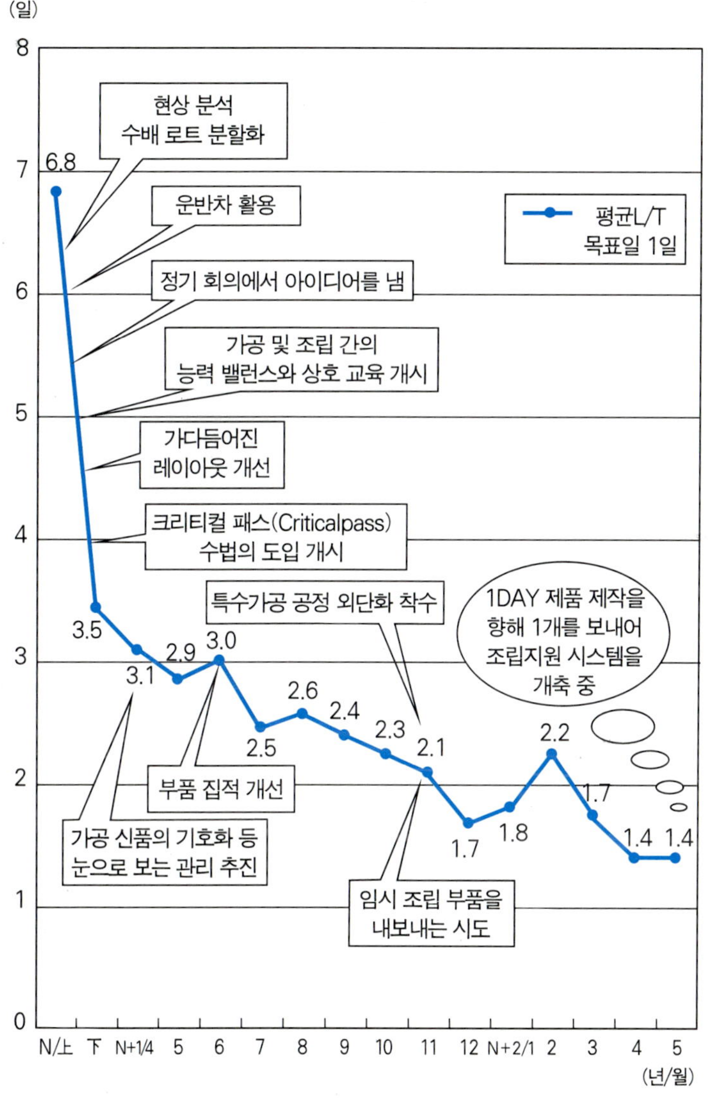

2. 나아가 제조 · 설계 · 조달, 기타 관련 부문이 서로 자극하여 거래처의 요구사항을 만족시키기 위해 기술 개발력(開發力), 제조 기술력의 향상과 계속적인 인재 육성을 추진하는 체질로 변모하고 있다는 면이 무엇보다도 큰 수확이었다.

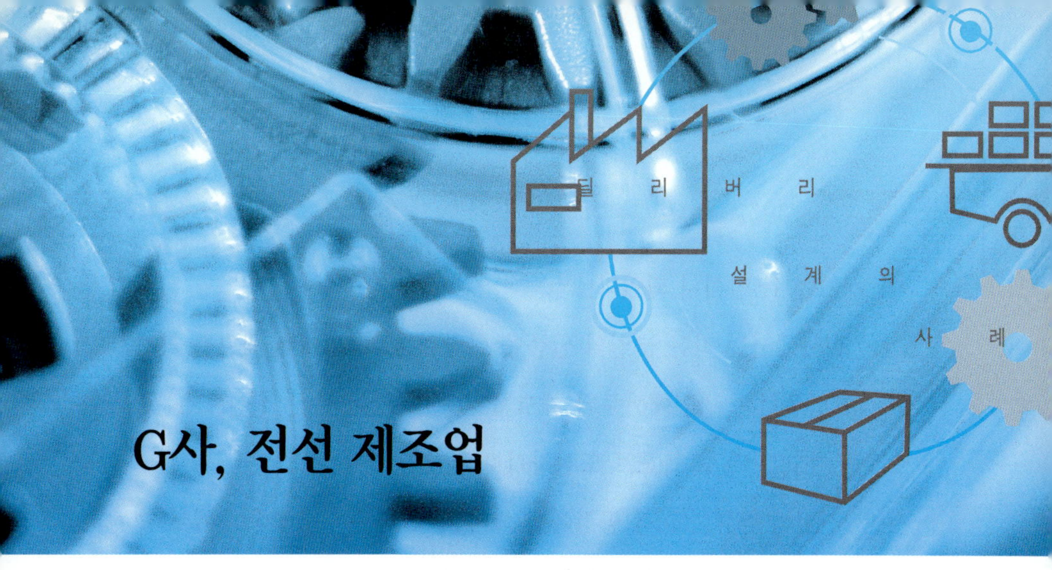

G사, 전선 제조업

_ 개요

G사의 고객은, 복수의 전선을 조합시켜서 사용하기 때문에 수주 종류는 하루당 몇 백 종류가 된다. G사는 종래, 생산량의 확보와 생산성을 위해 설비를 멈추지 않고 도구 변경 회수를 줄이며 대 로트에서 생산하는 방법을 추구해 왔다.

고객도 전선을 어느 정도의 로트에서 가공하고 있었기 때문에 전선의 재고가 많았다. 그래서 고객은 만드는 방법을 평준화하여 전선을 꾸준히 사용함과 동시에, G사도 큰 드럼에서 작은 코일의 납품으로 바꾸는 활동을 진척시켰다. 그 결과, 고객의 재고는 4~5일부터 1일 반 정도로 감소하였고, G사도 고객으로부터의 일정한 수주에 의해 생산 변동분의 제품 재고를 줄일 수 있었다. 그래도 제품 재고는 4.5일이나 되었다.

G사에서는 작은 코일의 납품을 상당히 해 왔으므로 재고를 가지고 납품하는 방법에서부터 재고를 가지지 않는 주문 생산으로, 제품 재고 0.3일을 목표로 도전하기로 하였다.

전선의 종류는 피복 공정에서 색의 차이 때문에 방대한 종류로 늘어난다. 그래서 피복 공정에서부터 주문 생산하는 개선에 착수하였다. 도구 변경의 개선을 철저히 행하고, 도구 변경 시간은 모든 10라인에서 3분의 1 이하로 감소하였고, 도구 변경 회수는 2배 이상으로 늘어났다(그림 4-11).

그 결과, 제품 재고는 0.8일(△82%)이 되었고, 특수한 전선을 제외하고 거의 주문 생산을 할 수 있게 되었다. 꼰 전선도 피복 공정이 평준화되어 사용하므로 이 재고도 줄일 수 있었다(그림 4-12).

_ 업종의 특징

1. 전도체(傳導體, 구리)의 가공과 동선에 절연체를 피복하는 장치에 의한 전선 제조업
2. 취급 전선 품종이 2000종류 이상으로 많다.

_ 수주로부터 납품까지의 흐름과 특징

1. 고객에 대한 납품 사이클은 종래 1-1-3
2. 다품종 소량 수주에 단납기로 대응하기 위해 전망 로트 생산을
   하여 재고로 납품하고 있다.

- 현상과 목표

1. 현상의 과제

   G사에서는 종래 생산량의 확보와 생산성을 위해 설비를 멈추지

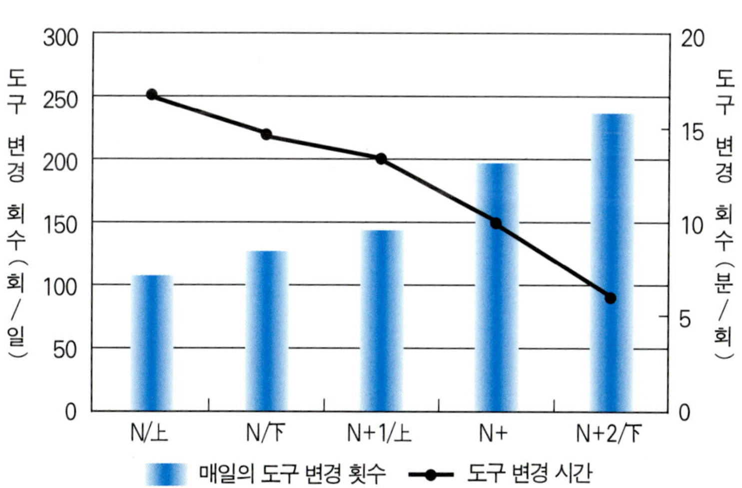

그림 4-11 최종공정에서의 도구 변경 회수와 준비 시간의 추이

않고 도구 변경 횟수를 줄여, 대 로트에서 생산하는 방법을 추구해 왔다. 이 때문에 재고와 그 관리, 운반 작업이 발생하여 효율이 나빴다. 개선 후 G사에서는 고객의 개선에 따른 일정량의 수주로 생산 변동분을 보유하지 않아도 되어 그만큼 제품 재고를 절감할 수 있었다(4.5일). 그러나 아직도 개선할 점이 남아 있다.

2. 목표
- 제품 재고 : 0.3일

_ 개선의 경위

전선의 종류는 꼰 전선이나 중심의 굵기 등이 있어 적다고는 말할 수 없지만 그래도 종류는 20가지 정도이다. 이후의 피복 공정에서 색의 차이 등에 의해 방대한 종류로 늘어난다. 그래서 G사에서는 대단히 형편이 좋은 피복 공정에서부터의 주문 생산에 착수하였다.

1. 당연히 도구 변경이 늘어나기 때문에 도구 변경의 개선을 철저히 행하였다.
   - 특히, 최종 공정에서 도구 변경 시간의 단축에 착수하였다. 철저한 장치 내 배치(On-machine setups)와 별도 라인 작업의 구

분, 치공구를 가까이 두고 원터치 조작 등 설비적인 도구 변경 시간을 단축하는 연구를 하였다. 현재 20~30분 걸리는 것을 3분을 목표로 단축할 수 있었다.

- 나아가 색바꿈의 로스를 절감하는 원가 절감에도 착수하였다.
- 같은 설비 라인이 10개 있어 가로 전개를 경쟁하도록 하여 진행시켰다.

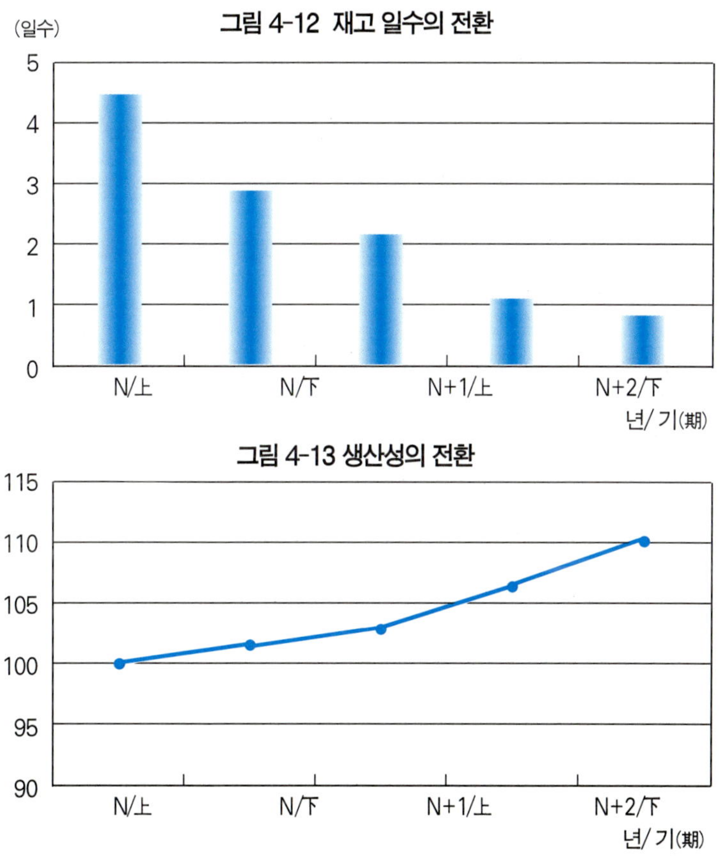

그림 4-12 재고 일수의 전환

그림 4-13 생산성의 전환

도구 변경 시간은 모든 라인에서 3분의 1 이하로 감소하였고, 도구 변경 횟수는 2배 이상으로 늘어났다(그림 4-11).

_ 성과

- 제품재고 : 0.8일(△82%) (그림 4-12)

  특수한 전선을 제외하고 거의 주문 생산을 할 수 있게 되었다. 납품처가 여러 군데인 전선은 납품처 단위로는 아직 만들 수 없기 때문에, 다소 재고가 있지만 4분의 1 정도로 줄어들었다. 꼰 전선도 피복 공정이 평준화하여 사용하므로 이 재고도 줄일 수 있었다.

- 노동생산성은 소 로트가 되었는데도 불구하고 약 10% 이상 향상하였다(그림4-13).

- 재고 스페이스는 삭감되었고, 그에 따른 운반·화물 취급 작업도 감소하였다.

_ 개선 담당자의 소감

1. 재고를 줄임으로써 현장에 긴장감이 생겨나, 설비 문제의 삭감, 안전·품질의 향상으로도 이어졌다. 신입 사원의 교육 내용도 충실해졌다.

2. 재고를 절감하는 것을 중심으로 착수해 왔는데 그 효과는 물론, 개선 활동을 통하여 공장의 체질 강화로 이어진 면이 가장 큰 수확이라고 확신하고 있다.

3. 아직도 재고 회전율이 목표치인 100회전에는 도달하지 못했고 더욱 더 개선 활동의 동기를 유지하면서 도전해야 한다. 이러한 대응 방식을 다른 제품에도 전개해 가고 싶다.

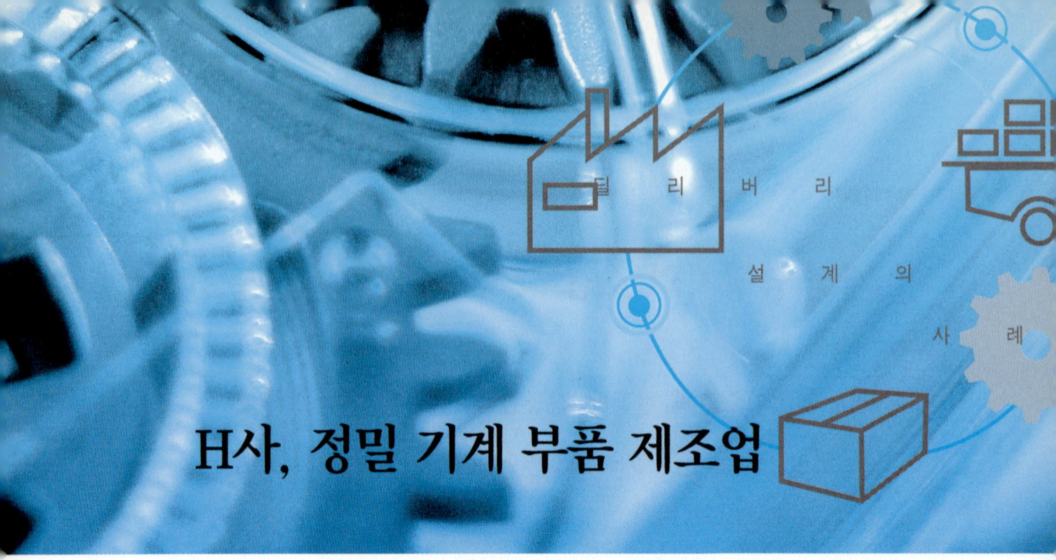

H사, 정밀 기계 부품 제조업

_ 개요

H사가 개발한 정밀 기계 부품은 고성능 등의 이유로 급속히 보급되었지만 후발 메이커의 추격에 직면해 있으며, 고객 또한 "바로 납품받을 수 있다면 구입하겠다"고 하여 초단납기가 필요한 상황이었다.

표준품(재고판매)과 고객 개별 사양품이 있어서 제품 종류는 방대했고 표준품에 대하여 고객이 요망하는 납기는 며칠의 단납기, 고객 개별 사양품은 며칠부터 몇 개월까지로 상황이 다르다.

영업 부문이 수주(와 예측)를 통합하여 제조 부문에 발주하고 제조 부문은 나날의 공정 여력과 요망 납기를 보고 라인에 투입하고 있었다. 공정은 기계 가공→열 처리→연마 가공→조립이며, 연마 가공 이외는 외주가 있다. 특히 조립의 외주 비율이 높다(50% 이상). 표준품은 대 로트 생산(100~300개), 고객 개별 사양품은 1~100개 수주량 생산이다.

제조는 대 로트 생산이기 때문에 소재로부터 조립에 이르는 제조 리드타임은 23일(평균)로 길어서 각 공정 사이에 상당량의 재고가 있었다(20일 이상). 그러나 납기의 지연도 발생하고 있었다.

그래서 딜리버리 설계로부터 두 가지 주요 부품 중, 부품 A를 주문 생산하고 부품 B는 재고를 갖는 후 보충 방식으로서, 제조 리드타임 3일, 시작 재고 △80%를 목표로 착수하였다.

방침과 개선 내용은, 리드타임 단축의 대응(공정 내 시작량의 총량 규제를 철저하게 하고, 공정 내·외 운반의 다회화)과 설비 능력의 향상(도구 변경 시간 단축에 의한 소 로트화, 사이클 타임의 향상)이었다.

이상의 대응 결과, 제조 리드타임은 거의 3일로 단축할 수 있었고, 시작 재고는 △87%를 목표로 대폭 삭감할 수 있었다.

_ 업종의 특징

1. 정밀 기계 부품

   산업용 설비 기계, 로봇 등의 중추 부위에 사용되는 정밀 기계 부품

2. 고객은 "바로 납품할 수 있다면 구입하겠다"하여 초단납기가 요구되고 있다.

IT 거품 경제의 붕괴로 월간 생산량이 5분의 1로 격감. "바로 납품할 수 있다면 구입하겠다"는 고객의 요청에 의해 초단납기가 요구됨(납기 3일 이내의 비율 14.9%→25.7%로 상승).

3. 후발 메이커의 공세

70년대에 H사가 개발한 본 제품을 사용한 기계 설비는 성능·기능의 업그레이드뿐만 아니라 에너지 절약, 자원 절약 효과도 있어 급속히 보급되었다. H사는 후발 메이커의 공세로 인하여 점유율을 빼앗기고 있었다.

4. 표준품과 고객 개별 사양품이 있어 제품 종류는 방대

종류는 기본 4시리즈로 사이즈가 각각 다르고 표준품과 고객 개별 사양품이 있어 방대한 종류이다. 주요 부품은 특수강제(特殊鋼製)로 2종류(부품 A, 부품 B)

_ 수주로부터 납품까지의 흐름과 특징

1. 고객은 하이테크 업계

표준품에 대해 고객이 요구하는 납기는 며칠의 단납기, 고객 개별 사양품은 며칠부터 몇 개월까지 상황에 따라 다름

2. 영업 부문이 통합하여 발주

표준품(카탈로그 품)은 영업 부문이 재고를 가지고 계획 발주.

고객 개별 사양품은 영업 부문에서 주문받은 것을 품목마다 공
장에 발주

3. 생산 계획

공장은, 표준품은 1달 일괄, 고객 개별 사양품은 매일 영업 부
서로부터 주문받고, 나날의 공정 능력의 여력과 요청 납기를
보면서 라인에 투입. 투입된 것은 공정 관리자가 진척을 관리

4. 생산 공정

기계 가공→열 처리→연마 가공→조립. 연마 가공 이외는
외주가 있어, 특히 조립의 외주 비율이 높다(50% 이상). 리드
타임은 당연히 길어진다. 표준품은 대 로트 생산(100~300), 고
객 개별 사양품은, 적은 것은 1~100

5. 물류

표준품은 영업 창고의 선반에 적재하고, 고객 개별 사양품은
고객별로 트럭 편으로 출시

_ 현상과 목표

1. 현상의 과제

• 대 로트 생산 때문에 각 공정 사이에 많은 재고가 있다 (20.6일).

• 소재에서 조립까지의 제조 리드타임은 23일(평균). 계산상의

리드타임은 약 12시간(가장 긴 공정은 열 처리로 10시간이다).

2. 목표

제조 리드타임 : 3일

시작 재고 : △80%

_ 개선의 경위

부품 A를 주문 생산하고, 부품 B는 재고를 가지고 후 보충하는 방식으로 추진하였다.

1. 리드타임 단축의 대응

• 공정 내 시작량의 총량 규제(태블릿의 활용)

공정 내에 주문이 너무 많이 들어오지 않도록, 완성된 몫에 대해서만 첫 공정에 주문을 투입한다. 주문을 넣지 않으면 완성되지 않지만 너무 많이 넣어서는 공정 내에 체류할 뿐이므로 리드타임이 길어질 뿐이다. 영업 부문에서 오는 주문을 마구 투입하고 있었으므로 공정 내의 시작량은 변동하였고 리드타임은 점점 길어지는 경향이 있었다. 게다가 어느 것에서부터 먼저 장치하면 좋은지 알 수 없었다. 납기가 다가오면 공정 진척자가 대응하고 있었다. 그래서 터블릿 이상의 여분인 주문은 넣지 않도록 하고 선두 공정의 재료로 보류해 두기로 하였다.

- 그리고 공정에 들어가면 단기로 완성되도록 공정 내의 체류를 없앴다.

  연마 가공 설비를 공정 순으로 다시 배열하였다. 조립 능력의 향상을 도모하여(조립 작업을 할 때의 동작 허비 개선 등) 리드타임이 짧은 사내 조립 비율을 끌어 올렸다.

- 운반도 하루에 1~2회이며 몇십 개에서 몇백 개를 통합하여 운반하고 있었다. 연마 공정에서는 설비의 1테이블분(5개)씩 나르기로 하였다.

- LL비의 개념을 도입하였다. 아직 LL비는 크고 조립에서 몇 배, 가공은 십 몇 배였다. 게다가 소 로트 생산이어서 조금씩 운반할 필요가 있다.

  어쨌든 일반적으로 운반 로트를 생산 로트와 동일하거나 그 이상으로 하기는 쉽지만, 운반 로트를 생산 로트보다 작게 하면, LL비를 개선하는 데 유효하다. 예를 들면, 생산 로트는 10이라고 해도 한 개씩 나르면, 리드타임은 생산 로트가 1의 경우와 같아져, 공정 사이의 재고를 줄일 수 있다.

2. 설비 능력의 향상

- 설비 능력에 여유를 갖게 할 정도까지 개선을 진척시켰다. 왜나하면 설비 능력에 여유가 있으면 필요한 타이밍으로 가공을 시작하면 되기 때문이다. 이렇게 하면 사람의 효율이 좋아져서

재고를 줄일 수 있다.

- 주문을 분할하는 사고방식으로 설비의 부하가 치우치는 것을 줄였다. 형식 등으로 전용 가공기가 몰려 있는 라인에서는, 영업 부서에서 큰 로트의 주문이 오면 기계들만 고부하가 걸리고 다른 기계들은 저부하가 되어 공회전하는 일이 일어난다. 그래서 영업 부서에서 온 로트가 예를 들어 20개라고 해도 공장은 1주문당 5개의 로트가 4주문 왔다고 간주하고 주문을 분산하여 기계들이 고부하나 저부하가 되지 않도록 하였다. 이렇게 하면 기계의 능력을 효율적으로 활용할 수 있다.

_ 성과

1. 제조 리드타임 : 2.9일(사내), 3.8일(사외) (그림 4-14)

2. 시작 재고 : △87% (그림 4-15)

3. 현장의 개혁은 양호하다고 간주되지만, 'Z형 프로세스 매니지먼트'(제1장)의 관점에서 보면, 현장 개선에서부터 현장 개혁으로 진행한 단계로서 나아가 관리 혁신에까지 도달할 필요성이 있다. 특히 영업 부서가 재고로 보유한 표준품을 주문 생산으로 하기 위해서는 리드타임을 한층 더 짧게 해야 한다. 현재는 리드타임을 짧게 하여 후 보충의 재고를 절감하고 있는 단계이다.

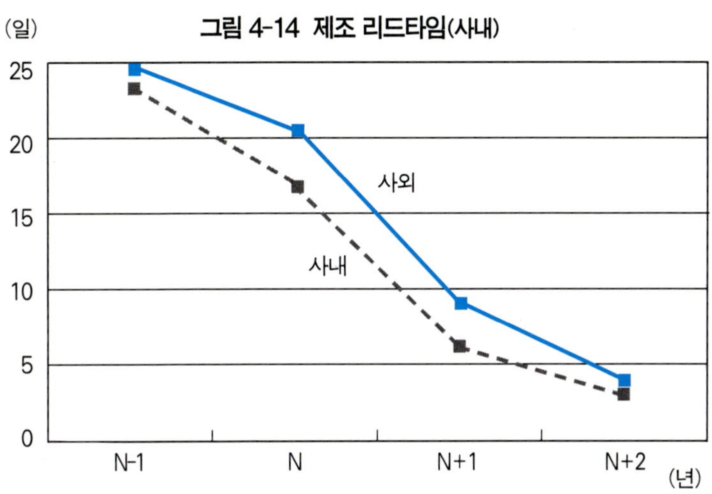

그림 4-14 제조 리드타임(사내)

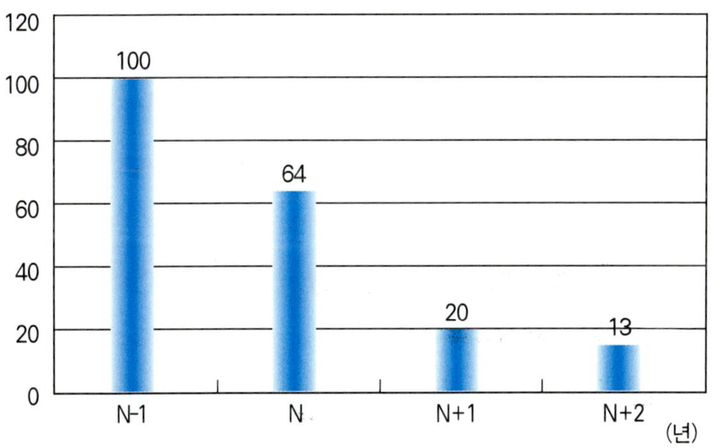

그림 4-15 시작 재고(N-1년을 100으로 함)

_ 개선 담당자의 소감

1. 지금까지의 관습에 익숙해 있었고 또한 당시는 고부하 상태라서 개선 조치에 별로 열중하지는 않았다. 그러나 IT 거품 경제의 붕괴로 수주량이 피크였을 때의 2할까지 격감한 점이 눈에 띄었다. "아무리 경제 환경이 바뀌더라도 살아 남고, 특히 리드타임의 개선을 진척시켜서 고객이 기뻐하는 회사가 되자"라는 말을 듣고, 새롭게 결심을 하였다.

2. 자사에서 개선을 진척시키면서, '니스크(NIESC, New Industrial Engineering Support Center)'가 주최하는 'IE실천연구회'에 참가하였다. 인재 육성과 더불어 타사 멤버와의 교류를 꾀할 수 있었고 엄격한 개선 훈련도 받을 수 있었다.

어떤 제품군의 경우, 그 절단에서부터 평면 연마까지의 개선 활동으로 리드타임은 △89%, 노동생산성은 140% 향상, 조립 공정에서는 40% 향상되어 목표 이상의 성과를 낼 수 있었다. 성과를 보고 정말로 놀랐다. 당사 멤버한테서는 "시작하기 전에는 불안함도 있었지만, 함께 과감하게 착수해서 좋았다. 이렇게 큰 효과가 나타나리라고는 솔직히 생각도 못했다"라는 말을 들었다. 보람과 개선을 하는 즐거움을 체득할 수 있었던 것이 큰 수확이었다.

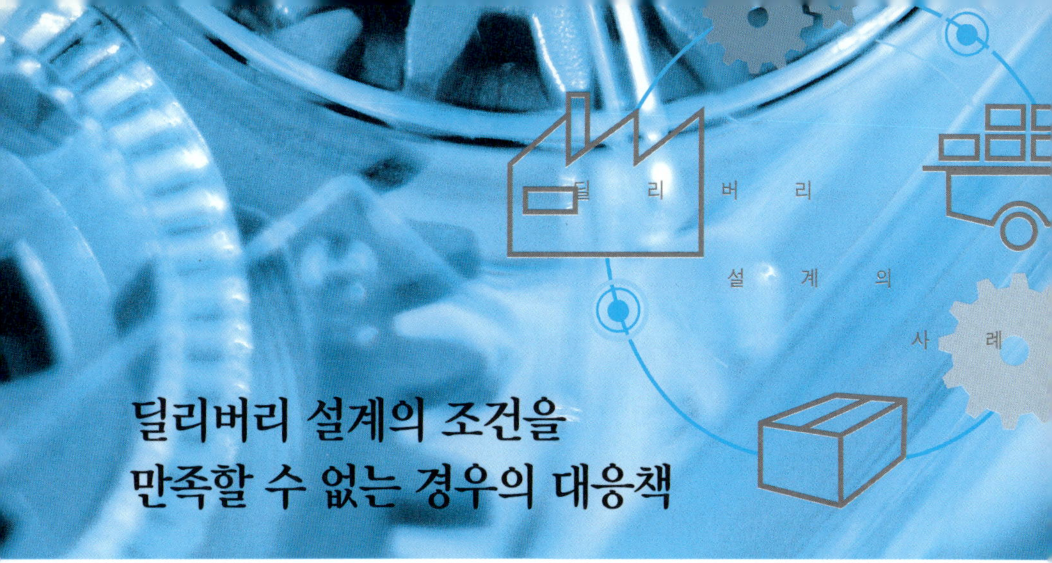

딜리버리 설계의 조건을
만족할 수 없는 경우의 대응책

딜리버리 설계를 하고 주문 생산을 해서 좋은 조건은, 제3장에서 서술한 것처럼 다음과 같이 정리해 볼 수 있다.

1. '고객이 요망하는 리드타임의 2분의 1에서부터 3분의 1 이하의 짧은 시간으로 제조할 수 있다는 것'. 현장은 생산 총량이 날마다 크게 변화되면 진폭의 피크에 맞춘 요원, 설비를 보유하거나 재고를 가지고 대응하지 않으면 안 되고, 생산성은 확실히 떨어진다. 그래서 생산의 리드타임을 고객이 요망하는 리드타임의 2분의 1에서부터 3분의 1 이하의 짧은 시간으로 제조할 수 있도록 해 두면, 생산 부하를 균등하게 하여 총량의 진폭을 작게 할 수 있으므로 생산성이 가장 좋아져서 원가가 싸진다.

2. 더구나 '주문량만 생산할 수 있는 제조 방법을 택할 수 있다는 것'. 주문량만 생산할 수 있도록 도구 변경 시간을 될 수 있는 대로

짧게 하여 극소 로트 생산(한 개, 1상자씩)을 이룩하는 방안과 100% 좋은 상품만을 만드는 방안의 두 가지가 있다. 그러나 이 두 가지를 함께 만족할 수 없을 때가 있다.

A. 앞의 2번에서 기술한 것처럼 주문량만을 만들 수는 있지만, 생산 리드타임과 고객이 요망하는 리드타임이 빠듯한 경우, 혹은 도중 공정부터라면 주문 생산을 할 수 있을 때, 다시 말하여 주문을 받았을 때부터 생산을 시작하지 않으면 안 되는 경우, 그리고 생산 총량이 날마다 크게 변화되기 때문에 생산성이 떨어지는 경우

이러한 경우는 고객의 납기에 늦지 않는 공정에서부터 '소량 수주품을 주문 생산'으로 전환한다. 그리고 생산 총량을 확보하기 위해 판매 후 남은 소량의 인기 상품을 버퍼(Buffer)로 쓰는 '후보충 생산'으로 전환한다. 수주량이 적을 때는 팔리는 상품을 수주량 이상으로 만들어서 버퍼로 삼고, 반대로 많을 때는 팔리는 상품의 버퍼로부터 출시하여 생산량을 균등하게 한다.

B. 앞의 1번에서 기술한 것처럼 고객이 요망하는 리드타임의 2분의 1에서부터 3분의 1 이하의 짧은 시간에 제조할 수 있지만, 극소 로트 생산(한 개, 1상자씩)은 할 수 없을 경우

이 경우는 극소 로트 생산(한 개, 1상자씩)을 할 수 없는 소량 수주품을 어떤 로트에서 통합하여 만들어서 재고로 삼는 '후 보충 생산'을 택한다. 그리고 팔리는 상품(판매 후 남은 양이 적다)은 주문량만 만드는 주문 생산으로 전환한다.

나날의 주문량에 진폭이 생기는 것은 고객이 있기 때문에 어쩔 수 없다. 이러한 때에도 현장의 효율을 확보하기 위해서, 1. '고객이 요망하는 리드타임의 2분의 1에서부터 3분의 1 이하의 짧은 시간에도 제조할 수 있는 현장'. 2. '누구나 주문량만 생산할 수 있는 제조 방식을 취할 수 있는 현장'을 추구하면서도, 그 실력까지 달하지 않을 때는 상기 A, B의 대응 방안을 선택할 필요가 있다.

이 두 가지를 비교하면, A의 '소량 수주품을 주문 생산, 양의 진폭에 대응하여 판매 후 남은 소량의 인기 상품을 버퍼로 삼아서 후 보충 생산으로 대응'하는 쪽이 보다 더 높은 수준의 방식이다. 될 수 있는 대로 A를 목표로 하는 것이 좋다.

제5장

개선을 진행하는 방법

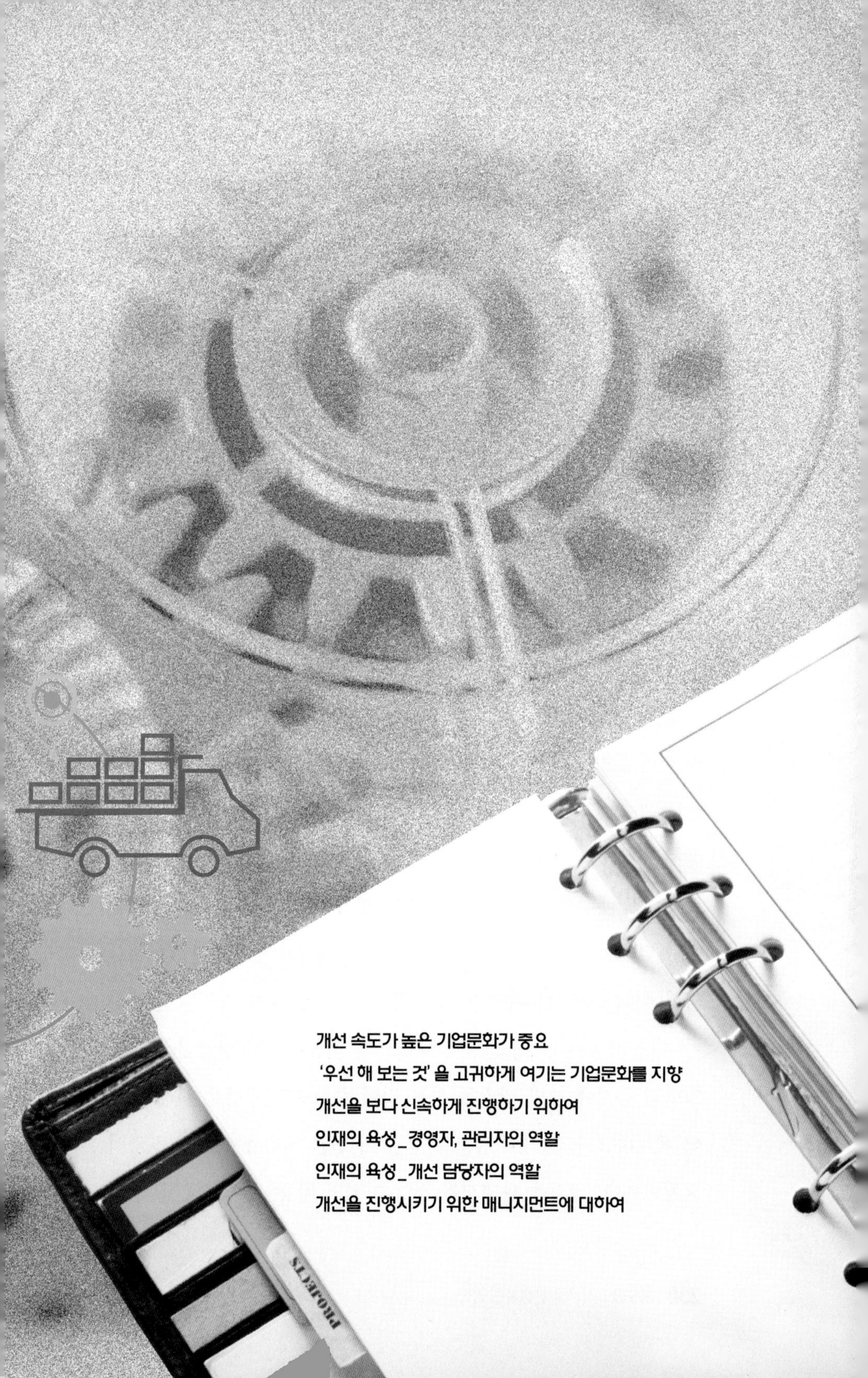

개선 속도가 높은 기업문화가 중요
'우선 해 보는 것' 을 고귀하게 여기는 기업문화를 지향
개선을 보다 신속하게 진행하기 위하여
인재의 육성_경영자, 관리자의 역할
인재의 육성_개선 담당자의 역할
개선을 진행시키기 위한 매니지먼트에 대하여

개선 속도가 높은 기업문화가 중요

제1장에서 제4장까지를 요약하면 다음과 같다.

제1장에서는, 오늘날의 험한 경쟁 환경을 이겨내기 위해서는 '대응을 바탕으로 한 매니지먼트'가 아니라 '본질을 추구하는 매니지먼트'가 한층 더 필요하다는 것, 경영 수치나 과거의 데이터에 근거한 목표가 아니라 현장이 두근거릴 만한 대담한 목표를 내걸고 Z형 프로세스 매니지먼트를 전개한다면, 현장 개선으로부터 경영 혁신에 이르기까지 커다란 효과를 가져올 수 있다고 강조했다. 물론 그 과정에서는 반드시 여러 가지 문제가 생긴다. 문제 해결을 실행하기 위해서는 현지·현물로 '5 WHY'를 되풀이하여 진정한 원인을 밝힘과 동시에 재발 방지를 하는 것이 중요하다는 것을 사례를 들어 제시하였다. 그리고 앞으로 점점 더 현금 흐름을 중시한 경영이 요청되는데, 그것을 위해서는 경영 자원의 활용, 특히 시간축의 경

쟁, 즉 '리드타임의 초단축'이 기업의 생명선임을 서술하였다.

제2장에서는, 경영에 기여하는 현장 개선의 사고방식과 실천이라는 제목을 붙여서, 허비를 철저히 배제함으로써 원가절감의 필요성과 '저스트 인 타임'과 '노동생산성'에 착안하여 허비를 제거하는 사고방식과 진행 방식을 밝혔다.

구체적으로는 '리드타임 단축에 의한 재고 삭감'과 '1인공 작업을 추구한 소인화(少人化)'와 '효율적인 동작'에 의한 노동생산성의 향상에 대하여 서술하였다. 특히 리드타임 단축은 다음 제3장의 딜리버리 설계가 실행될 때 기본이 되는 내용이다.

제3장에서는, 본서의 중심 테마인 '딜리버리 설계'란 무엇인가를 밝혔다.

딜리버리 설계는 업계의 시세(경쟁사)보다도 압도적인 단납기로 고객의 만족을 성취할 것을 목적으로 '고객이 요망하는 리드타임 내에서, 보다 이전 단계의 가장 형편이 좋은 공정에서부터 재고(완성품, 제작 중인 물건, 재료)를 될 수 있는 대로 보유하지 않고 주문 생산할 수 있도록, 정보·설계·생산·물류의 리드타임을 초단축화하는 활동'이며, 새로운 고객을 획득하거나 원가절감을 위한 기여 등 기업에 커다란 성과를 초래하는 것을 말한다.

제4장은, 제3장에서 밝힌 내용의 실천 사례이며 이 활동과 각 회사의 현장에서 함께 모색하는 과정에서 많은 것을 배울 수 있었다.

앞으로 이 제5장에서는, 이상적인 경영에 기여하는 현장 개선·

혁신을 실제로 진척시키기 위해서 기업에는 어떤 문화, 풍토가 필요한가에 대하여, 필자가 항상 생각하며 실천해 왔던 것을 될 수 있는 한 이해하기 쉽게 서술해 보고자 한다.

경영자, 관리자 여러분에게 조금이라도 더 현실적인 참고가 될 수 있기를 바란다.

개선 탄젠트가 높은 기업문화가 중요

현장 개선·혁신을 실제로 진척시키기 위해서는 기업의 문화, 풍토가 중요하다. 현재의 현장 수준은 과거의 활동에 대한 결과이다. 비록 이 수준이 낮은 단계에 머물러 있다 하더라도 현실로 받아들이지 않으면 안 될 것이다. 하지만 그것보다도 중요한 것은 앞으로 더 높은 수준으로 빨리 개선해 나가려는 경향이다.

다시 말하여 앞으로의 개선 탄젠트의 높이가 중요하다(그림 5-1).

현재는 높은 수준에 있다 하더라도 개선 탄젠트가 낮으면, 장래 개선 탄젠트가 높은 기업이 따라잡게 되고 결국 그 기업이 앞질러 버린다.

그러면 높은 수준으로 빠르게 개선해 가기 위해서는 어떤 기업 문화가 필요한지, 필자의 경험을 바탕으로 서술해 보고자 한다.

기업 문화에는 여러 가지가 있는데, 다음 1~5의 5단계로 나누어서 생각해 보기로 한다.

1. 내용의 좋고 나쁨을 불문하고 어떠한 개선안도 우선은 반대하
   는 문화

2. 우선 듣기는 하지만, 실시는 하지 않고 때가 지나기를 기다리
   는 문화

3. 최고경영자나 상사의 지시만을 실행하는 문화

4. 최고경영자나 상사의 의견이거나 부하의 제안에서도 좋은 개
   선안은 실시하는 문화

5. 사내(社內)만이 아니라 누가 말해도 좋은 개선안은 곧 실행하
   는 문화

그림 5-1 개선 탄젠트의 중요성

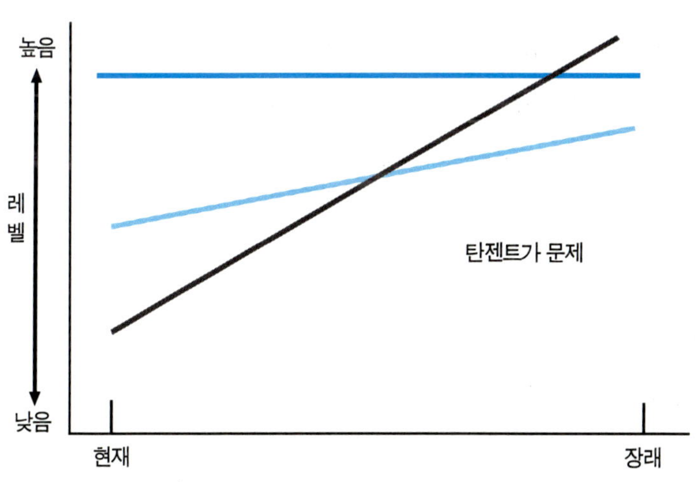

개선 내용의 좋고 나쁨을 불문하고
어떠한 개선이더라도 우선은 반대하는 문화

개선 내용의 좋고 나쁨을 따지는 것이 아니라 무엇을 할 때에도 우선은 반대부터 하는 경우이다. 예를 들면, 일찍이 행하여진 '준법 투쟁'이라고 하는 이름을 빌린 불합리한 합리화 반대 투쟁이 그 하나라고 말할 수 있을 것이다. 무엇을 할 때에도 반대, 반대를 위한 반대, 이러한 문화에서는 개선이 진행될 방법이 없다.

우선 듣기는 하지만, 실시는 하지 않고
때가 지나기를 기다리는 문화

개선 제안에 대해서는, 일단은 "예, 예", "검토하겠습니다"라고 듣기는 하지만 실제 행동에는 이르지 않고 때가 지나서 말한 상대가 잊어버리기를 기다리는 혹은 말한 상사가 이동하기를 기다리는 문화를 말한다.

이러한 문화를 가진 기업에서 만일 희망퇴직자를 모집한다면, 불행하게도 적극적이고 실력이 있는 사람부터 단념하고 그만두게 될 것이다.

상사의 지시만을 실행하는 문화

상사한테서 지시를 받은 것만을 정확히 행하는 문화를 가리킨다. 실력이 있고 감수성이 풍부하여 인간적으로도 훌륭한 상사라면 좋지만, 언제나 이러한 상사와 일을 할 수 있는 것은 아니다. 따라서 상사에 대한 의존도가 강하여, 개선이 진행될 것인지 아닌지는 불확실한 면이 많은 문화라고 말할 수 있다.

최고경영자나 상사의 의견 또는 부하의 제안 중에서도 좋은 의견은 실시하는 문화

하향식(Top down)에 상향식(Bottom up)이 더해진 문화를 가지고 있는 기업을 가리킨다. 부하도 적극적으로 의견이나 아이디어를 상세히 말하고, 좋은 의견이라면 상사도 적극적으로 채용하는 문화를 가진 기업이라고 바꿔 말해도 좋을 것이다.

이 수준이라면 상당히 좋은 문화를 가진 기업이라고 말할 수 있다. 이러한 기업은 상사와 부하 사이에서 '일체감'이나 '신뢰감'이 형성되어, 함께 문제를 해결하고 개선하고자 하는 활력으로 가득 찬 분위기가 느껴진다.

사내만이 아니라 누가 말해도 좋은 개선안은 곧 실행하는 문화

누가 말해도 좋은 개선안은 곧 실행하는 문화가 가장 좋다. '타산지석' 이라는 격언이 있는데, 좋은 것뿐만 아니라 실패한 사례에서도 꾸밈없이 배우는 자세가 있는 기업을 뜻한다. 이러한 문화를 가진 기업은 가령, 지금은 아직 낮은 수준이라도 앞으로 더 높은 개선탄젠트에서 급속히 성장할 가능성을 많이 갖추고 있다. 컨설턴트의 의견이든 사외자의 의견이든, 좋은 것은 바로 실행하는 기업은 끊임없이 발전해 나갈 것임에 틀림없다.

이와 같이, 1~5 단계로 기업 문화를 논해 보았는데 여러분의 기업문화는 어느 단계일까?

현장은 어느 쪽인가 하면 열이면 열, 대개 보수적인 풍토를 가지는 법이다. 특히 문제도 없이 진행되고 있다면 더욱 더 현재의 방식을 바꾸는 데 대하여 저항감을 내보인다. 이러한 때에는 '좋다고 생각한 것을 우선 해 본다. 효과가 나오면 그것으로 좋고 만약 생각한만큼 효과가 나오지 않는다면 원래 상태로 되돌리면 된다' 는 입장을 갖는 것이 필요하다. '바꾸는 것은 좋은 것' 이라고 생각하는 풍토로 해 나가는 일이 대단히 중요하기 때문이다.

"질은 좋지만 완성이 늦는 것보다도 서두르면서 빨리 해치우는 면을 고귀하게 여긴다"는 말이 있는데, 이것은 질은 좋지만 마무리가 늦는 것보다, 마무리는 다소 미숙하더라도 빨리 시도하는 편이 낫다는 것을 말한다. 이렇게 완전하지는 않지만 우선 해보는 것을 중시해 나가는 과정에서 해보면 해볼수록 더욱 더 새로운 허비를 발견할 수 있는 법이다. 그리고 그 허비를 개선해 가도록 개선의 사이클을 빨리 돌리면, 결과적으로 빨리 좋은 개선점에 도달하게 되는 것이다.

'조령모개'(朝令暮改)라는 말도 있다. 이것은 방침이나 지시가 끊임없이 바뀌어서 믿음직스럽지 못한 것을 뜻한다. 아침에 말한 것이 이상하다는 것을 알았다면 곧바로 변경하는 편이 낫다고 본다. 오히려 저녁까지 기다릴 것이 아니라 낮에 바꾸는 '조령주개'(朝令晝改) 정도의 스피드로 진행시키면 더 좋을 것이다.

기업문화는 사람의 행동으로 완성되어 가기 때문에 좋은 기업문화로 만들기 위해서는 좋은 생각을 가지고 행동하는 사람의 육성이 중요해진다. 따라서 개선 활동을 하는 것은 현장의 수준을 올리는 것은 물론이지만, 그 이상으로 인재 육성을 위한 교재(教材)라고 할 수 있다.

여러분의 기업이 좋은 것을 바로 실시하는 높은 개선 탄젠트를 가진 문화 쪽에 가까워지기를 희망한다.

다음으로 '바꾸는 것이 좋은 일로 인식되는 기업문화를 만든다'는 것과 관계된 이야기를 한 가지 들어 보겠다.

초대 해외 주재원의 일은 '누가 말해도 좋은 개선안은 척척 실행하는 기업 문화'를 만들어 내는 것이다

다음은 해외에서 공장을 건설하고 정상 궤도에 올리는 임무를 가졌던 해외 주재원에게 이야기했던 내용이다.

해외 주재원이 주재하는 목적은 새로운 공장을 훌륭하게 건설하고 귀국하는 일일 것이다. 그러나 또 하나 중요한 일이 있다. 그것은 누가 말해도 좋은 내용은 척척 실행하는 기업문화를 만들어 내고, 뿌리를 내리게 하는 일이다. 현지 직원은 처음부터 초대 주재원에게 채용되어 교육 훈련을 받아 왔기 때문에 초대 주재원이 하는 말을 잘 들어줄 것이다. 한편, 지금까지의 초대 주재원은 품질이 좋은 것을 만드는 것을 보다 중시하고 있고, 그 때문에 표준을 만들어서 "표준을 지키자, 지키자"라고 하며 원칙과 '수비의 기업 문화'를 철저히 해왔을 것이다. 그리고 그것을 현지인 직원도 잘 지키고 큰 성과를 올려 왔다.

그러나 2대 이후의 주재원은 현지인 직원의 입장에서는 자신을 채용해 준 사람도 아니거니와 또 현지인 직원도 일을 터득했을 때이므로, 2대 이후의 주재원이 현장을 바꾸겠다고 제안을 해도 쉽게 움직이지 않아 고생한다는 말을 듣는다. 그래서 해외 주재원에 대하여 "당신들은 건물을 만들고 기계 설비를 도입하여 궤도에 올리는 과정에서 '누가 말해도 좋은 개선을 척척 실행하는 기업 문화를 만든다'는 의식을 가지고 일을 해주었으면 한다. 이번에 현지에 가서 정상 궤도에 올리는 일이란, 바로 그것을 위한 훈련라고 생각해 주셨으면 한다"고 이야기를 하였다.

　필자는 초대 주재원에게는 '바꾸는 것이 좋은 일로 인식되는 기업 문화를 만든다'는 역할 의식이 특히 필요하다고 생각한다. 그리고 2대 이후의 주재원은, 현지인이 자발적으로 좋은 것은 척척 해내고자 노력하는 기업문화로 이끄는 것을 과제로 여겼으면 한다. 그러한 문화 속에서 세계 제일의 공장으로 만들기 위해 자기가 가장 자신 있는 분야에서 현장을 강하게 하는 기술 직원이 되어도 좋고, 필요하다면 국내에서 적절한 능력을 가진 기술 직원을 초청하는 매니지먼트를 발휘할 수 있으면 좋겠다고 생각한다.

'우선 해보는 것'을 고귀하게 여기는 기업문화를 지향

개선을 진척시키기 위해서는 '누가 말해도 좋은 개선은 척척 실행하는 것을 고귀하게 여기는 문화'를 가진 기업으로 만드는 일이 중요하다고 서술하였다.

그렇기 때문에 경영자, 관리자들은 새로운 변화를 가져올 수 있는 개선의 씨, 개선의 싹, 개선 혼(魂), 이 세 가지를 생각하고 있어야 한다.

개선의 씨

개선의 씨는 현장에 있으며 현장 이외에는 개선의 씨는 없다고 해도 좋다. 경영자, 관리자 쪽은 "현장을 보고 현장이 변한 것을 알아차려라"라고 부하를 지도함과 동시에 스스로도 솔선수범하여 현장에 나가 보아야 한다. 그리고 현장에서는 사람에게 묻는 것도 중요하지만 그 이상으로 '현물에게 묻는다' 는 자세를 철저히 취해야 한다.

사람의 이야기는 어떤 경우라도 주관이 들어가기 마련이며, 극단적으로 말하면 자신에게 형편이 나쁜 것을 피하는 경향이 있다. 그 의미에서 '사람이 말하는' 것을 듣는 것이 아니라 '물건(현물)이 말하는' 것을 듣는 것이 중요하다. 현물이야말로 현장의 실태를 드러내고 있으며 거기에 개선의 씨가 있기 때문이다.

제2장에서 '재고는 눈으로 보고 확인은 할 수 있어도 허비라고는 판단하기가 어렵고, 동작이나 가공에 관한 허비는 찾아내면 허비라고 판단할 수 있지만 보는 안목이 없으면 좀처럼 찾아낼 수 없다', '재고는 철저히 허비라고 생각하여 없앨 것과, 동작의 허비를 찾아내는 것을 중시할 필요가 있다' 는 점도 서술하였다. 자신의 눈으로 현물에게 어떻게 들을 것인가를 생각하고 실천하여 개선의 씨를 찾는 자신의 수준을 올려야 한다.

▌개선의 싹

'개선은 모든 사람이 할 수 있다' 고 생각하고, 개선의 싹을 길러야 한다. 현장의 개선의 씨는 모든 사람이 각각의 입장과 역할로서 알고 있다. 현장을 개선하는 제안을 적극적으로 채용하는 자세로 우선 임해야 한다.

　부하가 말하는 바를 '의견이라고 생각할 것인가, 불평이라고 생각할 것인가'의 차이는, 말하는 사람이 아니라 듣는 사람의 듣는 방법에 의해 결정된다. 상사는 부하가 말하는 것을 불평이 아니라 의견으로서 들어주어야 한다.

　부하는 어쩌면 애로사항을 말하는 것이 아니라 개선안을 말하는 것일지도 모른다. "이런 일로 어려움을 겪고 있습니다"라고는 말하기 어려워서(무엇인가 불평을 하고 있다고 스스로도 생각하는 모양이어서), "여기를 이렇게 고쳐 주었으면 한다"라는 대책을 말하는 경향이 있다. 이것 자체는 훌륭하다고 생각되지만 언제나 좋은 안건이라고는 할 수 없다. 이 때, "그런 안건을 가지고서는 안 된다. 효과도 적고 비용도 든다" 따위로 그의 안건의 좋고 나쁨을 평가하지 말아야 한다. 인정할 건 인정하고, '그가 어려움을 겪고 있는 일 그 자체를 말하게 하여 듣는 일'을 우선시해야 한다. 그리하여 "그렇다면 이렇게 고치는 쪽이 좋다"고 함께 개선안을 생각하여 조언해 주어야 한다. 목적은 하나일지라도 수단은 몇 개나 있다. 결코 개선의 싹을 자르지 않았으면 한다. 될 수 있는 한 개선의 싹을 많이 길러야 한다.

개선 혼

　현장은 대체로 보수적인 요소를 가지고 있다. 지금까지 해왔던 방식을 바꾸는 것이기 때문에 경영자, 관리자, 개선 담당 직원은, "누군가가 반대하기 때문에" 따위로 못한다는 변명만을 늘어놓으면 안 된다. 비록 어떤 반대가 있더라도 좋은 것은 빨리 해내는 자세, 집념, 기백이 필요하다.

　필자는 이러한 '좋은 것은 빨리 해내는 자세, 집념, 기백'을 한 마디로 '개선 혼'이라고 말하고 있다.

　요시다 쇼인(吉田松陰)의 "이렇게 하면 이렇게 되는 것을 알면서도, 그치려고 해도 그칠 수 없는 일본의 혼"이라는 말을 본떠서 "이렇게 하면 이렇게 되는 것을 알면서도, 그치려고 해도 그칠 수 없는 개선 혼"이라고 표현해 본다.

개선을 보다 신속하게 진행하기 위하여

그 다음으로, 개선을 보다 신속하게 진행시키기 위한 구체적인 조건에 대하여 필자의 경험을 바탕으로 해서 서술해 보고자 한다. 개선을 보다 신속하게 진행시키기 위해서는, 아래의 1~5의 5가지 조건이 필요하다고 생각한다.

1. 어떠한 현장으로 만들어 갈 것인가 하는 철학을 가지고 있다 (예를 들면, JIT생산 등의 이념).
2. 허비를 알 수 있게 해주는 교육 훈련 등의 구조가 있다.
3. 개선 아이디어를 구체적인 실시안에 넣을 수 있는 인재(직원, 관리·감독자, 기타)가 있다.
4. 개선안을 실시할 수 있는 조직(실행 부대)이 있다.
5. 개선을 받아들일 수 있는 책임자가 현장에 있다.

어떠한 현장으로 만들어 갈 것인가
하는 철학을 가지고 있다

이것은 현장이 나아가야 할 방향에 관한 기업이념을 분명히 가지고 있다는 것이 대전제라고 말할 수 있다.

예를 들면, 저스트 인 타임 생산을 반드시 실행 하겠다는 신념을 가지고 있는 경우이다. 진행해야 할 방향이 그 때마다 바뀌어 버린다면 개선에 착수하는 방법도 망설여질 것이다. 이래서는 개선에 속도를 낼 수 없다.

허비를 알아 차릴 수 있도록 하는
교육 훈련 등의 구조가 있다

현장에 관한 철학에서 벗어난 것은 모두 허비라고 생각하는 훈련이 필요하며, 평소부터 방침이나 정보를 공유하는 것이 중요하다.

이에 대해서는 제2장에서 자세하게 서술해 두었다. 그리고 허비를 알면 어떻게든 개선 방향이 보이는 법이다.

개선 아이디어를 구체적인 실시안에 넣을 수 있는 인재(직원, 관리 · 감독자, 기타)가 있다

개선 아이디어를 구체적인 실시안(그림)으로 나타낼 수 있고, 관계자에게 그 내용을 정확하게 보이고 납득시킨 다음 이해를 얻을 수 있는 인재가 있다.

개선의 힌트나 아이디어를 구체적인 실시안으로 집약할 수 있고, 그것을 누구라도 이해할 수 있는 그림으로 만드는 힘이 필요하다. 추상적인 안건인 상태로는, 그것을 들은 사람은 각각 다른 이미지를 떠올리게 되고, 결국 전원 일치의 개선안까지는 마련되지 못하고 만다. 그리고 이 실시안 만들기의 과정에서는 다음과 같은 일을 충분히 고려했으면 한다.

현상을 인정하기만 해서는 문제점은 보이지 않는다. 개선은 현상을 부정하는 데에서부터 시작된다. 그러나 문제점을 알고 개선안을 실행할 때에는 부작용은 없는가, 중요한 것을 간과하지 않고 있지는 않는가 등을 고려하여 실시안 만들기에는 보다 신중해져야 한다. 그 때문에 개선안에서 "무엇인가 염려되는 바는 없는가"라고 현장에서 묻는 것도 중요하다.

개선안을 실시할 수 있는 조직(실행 부대)이 있다

개선안을 곧바로 실행할 수 있는 기술, 기능과 철저히 해내는 의식을 가진 조직(실행 부대, 예를 들면 보전·개선 부서 등)이 필요하다. 가능하다면 전담 부서를 두는 것이 바람직하다. 그리고 정기적으로 라인 부서와의 사이에서 업무 회전을 하고 이 힘을 가진 인재를 많이 길러 가는 것이 필요하다.

개선을 받아들일 수 있는 책임자가 현장에 있다

개선을 받아들일 수 있는 책임자가 현장에 필요하다. 현장에서 지금까지의 방식을 바꾸면 일시적으로 생산성은 약간 저하되는 것이 보통이다. 이 때 지향하는 성과가 나올 때까지 참을 수 있는 현장 체질, 특히 관리자·감독자의 도량이 중요하다. 오히려 바꾸는 데에 적극적이어서 개선 직원에게 "우리도 협력할 테니 끝까지 열심히 해보자"라고 말할 수 있는 분위기가 현장에 살아있다면 그것이야 말로 최종적으로는 개선 스피드를 결정한다고 생각한다.

개선을 신속하게 진행시키기 위해서는 앞에서 기술한 1~5와 같은 5조건이 필요함과 동시에 한편으로는 인재의 육성에 대해서도 충분히 고려되어야 한다.

인재의 육성 _ 경영자, 관리자의 역할

인재의 육성에 대해서, 필자가 선배로부터 배웠던 것과 후배를 훈련해 왔던 경험을 상기하면서 생각나는 대로 서술해 보고자 한다.

▌사람은 소수일 때 더욱 정예로 자란다

소수정예란 "소수의 뛰어난 자에 의해 일이 추진되는 것"이라고 일컬어지지만, 필자는 이것을 '사람은 소수일 때 정예로 자란다' 라고 생각한다.

직장에서는 하고 싶은 분야의 일이 많이 있지만 사람이 많이 있으면, 사람에 따라서는 중요도(重要度)나 긴급도(緊急度)가 낮은 일이 분배되거나, 맡을 일도 많지 않은 경우가 있다. 이것 때문에 능력을 발휘하지 않아도 된다거나 또 천천히 일을 해도 기한에 늦지 않게 되므로 일을 효율적으로 하고자 연구하지 않아도 지낼 수 있게 된다.

그러나 소수밖에 없으면 중요도나 긴급도가 높은 것을 우선하지 않으면 안 된다. 개인의 능력에 맞춰서 테마를 선택해 주는 것이 이상적이지만 회사의 입장에서 우선도가 높은 것을 맡긴다면 각 사람은 저절로 성장하게 된다. 그 결과 직장은 보다 빨리 소수정예로 변화하게 된다.

최상의 상태를 기준으로 보아 어느 수준까지 개선되고 있는지 지도한다

필자는 각 회사의 개선 성과 발표회나 보고회에 입회하여 비평하는 기회가 많이 있다. 그 때에 유의하는 점은 각각의 실시 사항의 성과를 비평하는 것이 아니라, 최상의 상태에서 볼 때 어느 수준까지 도달하고 있는지를 중심으로 비평하도록 하는 것이다.

예를 들면, "지금까지의 개선 활동으로 재고를 반감(예를 들어, 3일분)할 수 있었습니다"라는 발표가 있었다고 하자. 이러한 때, 필자는 "확실히 반감한 것은 평가할 수 있지만 절대치에서 보면 아직 3일분의 재고를 가지고 있다. 원래 이 라인에서는 운반 빈도와 생산 로트를 이 수준까지 하지 않으면 안 된다. 그렇게 하면 재고는 2시간분이면 될 것이다. 이를 기준으로 본다면 12배(1일을 8시간으로 할 때)의 재고 수준이다" 등으로 비평하도록 유의하고 있다.

그것은 골프로 비유한다면 현재 상태에서부터 친 다음, 티 그라운드에서부터 얼마만큼 나아갔는가 보다도, 핀(pin, 최상의 상태)으로부터 볼 때 얼마만큼 남았는지를 아는 것이 중요하다는 것과 같다.

개선에 착수하는 사람들은 목표 값이 결정되면 그것을 핀(최상의 상태)이라고 무심결에 착각하고 활동해 버린다. 최상의 상태를 항상 의식하고 그 상태를 향해서 더욱 더 개선하지 않으면 안 된다는 것을 잊어서는 안 된다. 각각의 실시 사항을 현상 수준에서 본 성과로서 비평하는 것도 중요하지만, 그것만으로는 큰 진보를 바랄 수 없을 것이다.

▌ '개선 방식을 개선할 수 있다' 고 여기는 직원의 육성

최근 몇 년 동안에 우리는 이 업종의 직원을 구성하여 개선 활동을 실천하는 IE실천연구회를 계속 유지하고 있다.

이 모임의 목적은 현장을 개선하는 것은 물론이지만, 그것보다도 오히려 '현장 개선의 방식을 개선' 하는 것을 주로 하고 있다. 왜냐하면 담당자의 일은 현장을 개선하는 것 뿐만 아니라 '그것을 어떻게 효율적으로 행하였는가' 하는 문제가 중요한 것으로서 이것이 개선 담당자의 생산성이라고 말할 수 있기 때문이다.

등산으로 비유한다면 얼마만큼 높은 산에 오를 것인가라는 것(개선 수준의 높이)과, 얼마만큼 효율적으로(개선을 보다 신속하게) 오를 것인가라는 양면이 있다고 말할 수 있을 것이다. 직원의 교육에서는 이 점에 대해 중요하게 생각해야 한다.

그런데, 개선 발표회에서 이만큼 성과를 올렸다는 말은 자주 듣지만 그렇게 하기 위해서 얼마만큼 효율적으로 했는가에 대한 이야기는 거의 들을 수 없다. 예를 들면 IE연(硏) 멤버 10명이 8시간에 달하는 시간을 들여 개선을 한 뒤 내가 2시간 만에 똑같은 효과의 개선을 했다고 한다면, 나의 생산성은 그들의 40배 이상이라고 할 수 있다. 개선 담당 직원에게는 이 개선 방식의 생산성을 의식시켜 주어야 한다.

그것을 위해서는 현장에 있는 많은 정보 중에서 문제 해결에 필요한 정보만을 모아서 정리할 수 있는 힘을 기르게 하는 것이 필요하다. 장기로 비유해서 말한다면 실전에서 상대를 완전히 제압할 수 있는 장면이라도 그것을 모르고 넘어가는 일이 프로 기사에게도 있다고 한다. 물론, 장기판에서는 프로 기사라면 누구나 막판으로 몰고 갈 수는 있다. 그것은 외통수가 있듯이 장기 알의 배치와 가진 알이 필요 충분하게 정리되어 있기 때문이다.

이와 같이 문제 해결을 위해 필요한 본질적인 정보만을 모아서 정리할 수 있는 힘이 관리자나 개선 담당자에게는 무엇보다 중요하다.

이것을 효율적으로 진척시키기 위해 나는 질문하는 방법까지도 연구하고 있다.

예를 들면, 현장의 제조 과제를 알고자 할 때 생산 방식을 직접 듣는 것이 아니라 현장에서 일어나고 있는 현상을 듣도록 하고 있다. 그리고 그 현장의 현상을 지금까지의 필자의 경험에서 얻은 패턴과 비교하여, 현장의 제조 과제를 파악하는 방법을 선택하고 있다. 지금까지 이 방식으로 세세한 점은 따로 하더라도 본 줄거리는 들어맞았던 경우가 많았다.

한 가지 예로서 "품절이 되는 일은 없습니까?"라고 묻고, "있다"는 답이 나오면, '생산 로트가 커서 계획 생산을 하고 있기 때문에 수요 변동에 따라갈 수 없어서 품절을 일으키고 있구나' 라고 대충 짐작한다. 또, 재고가 많은 모습을 보면 "여기의 생산 로트는 어느 정도입니까"라고 묻고, 하루당 필요한 수와 비교해서 크다면, '재고가 많으면서 품절이 되고 있구나' 라고 추측할 수 있다는 것이다.

이러한 훈련의 일환으로 이전에 어느 공장 견학회 후의 연수회에서, '이 현장은 원래 어떻게 존재해야 하는지를 묘사하고, 어떤 스태프로 개선하는 것이 효율적인가' 를 탐구하는 연수를 한 적이 있다.

그 때, 멤버를 JIT의 관점, 노동 생산성의 관점, 눈이 없는 소인화의 관점, 기업문화의 관점을 보는 네 가지 그룹으로 나누어 보았다. 특히 기업문화의 관점을 보는 그룹에서는, 효율적으로 실시하기 위한 질문 내용("개선을 진행시킬 때 어떤 어려움이 있습니까?" 라는 종류)을 생각하게 하였다. 그리고 질문과 그 순서를 매뉴얼로 정리하게 한 적이 있다. 단, 미리 질문을 매뉴얼 등에 준비해 두는 것은 중요하지만 현장을 보고 임기응변으로 질문할 수 있는 능력도 중요하다.

해외 공장에 갔을 때도 현지의 수준을 파악하기 위해 똑같은 질문을 했다. 필자가 현상적인 질문만 하므로 '무엇을 말하려는 것일까' 라고 의아한 얼굴을 하는 사람도 있었고, 필자의 질문이 현장의 과제에 대해 조금씩 정리해 나가는 것을 보고 '싫은 면을 지적당하는구나' 라는 표정이 되는 사람도 있었다. '지적받은 점을 바로 수정하려 드는 사람' 등 여러 가지 반응을 보였다.

이처럼 질문하는 것만으로도 현장의 실태를 알게 됨과 동시에 개선이 되기도 한다. 그러므로 현장에 나가는 일은 중요하다.

특히 개선 담당자는 최상의 상태를 그릴 수 있어야만 한다. 그리고 거기에 이르기까지의 갈 길을 체계적으로 알고 있어야 하며 게다가 현재의 현장 수준을 알아야 하고, 보다 효율적인 개선 방식을 찾아낼 수 있어야 한다. 이러한 것들이 대단히 중요한 능력이라고 할 수 있다.

개선 담당자는 우선 단거리형으로 육성하고, 장거리형으로 키우는 것이 좋다

현장에서 일어나고 있는 문제에는, 그 자리에서 단시간에 해결해야 하는 것과, 차분하게 착수하지 않으면 해결할 수 없는 미지의 세계로 남게 되는 것이 있다. 특히 교대 작용이 있는 것과 같이 복잡하고 다방면에 걸친 문제는, 단순하게 취급해서는 두더지 때리기 게임(문제가 드러날 때마다 막무가내로 착수하는 방법)처럼 될 우려가 있다. 그 때문에 실험 계획법 등을 사용하여 정확히 한 방법으로 실시하지 않으면 안 된다.

개선 담당자에게는, 이렇게 현장의 문제를 신속하게 척척 고쳐 갈 수 있는 능력과 여러 가지 일들을 잘 조사하고 나서 고쳐 나갈 수 있는 능력이 모두 요청된다.

현장의 문제를 빠른 속도로 척척 고쳐 갈 수 있는 사람을 단거리형, 여러 가지 일들을 잘 조사하고 나서 고쳐 가는 사람을 장거리형이라고 부르기로 한다면, 어떻게 키우는 것이 좋을 것인가?

당연히 단거리형과 장거리형 양쪽의 교육 훈련을 할 필요가 있지만 필자는 단거리형으로 우선 키우고 그 후 장거리형의 과제를 주고 육성해 가는 것이 효율적이라고 생각한다.

그러나 최근의 사원은 입사 이래 장거리형의 교육밖에 받지 못하고 있는 것은 아닐까? 교육의 중요성을 부르짖으면 부르짖을수록, 교육 전문 부서에 의한 장거리형 교육에 치우치기 쉬운 것이 아닐까? 단거리형의 교육은 교육 전문 부서에서는 하기가 어렵고 상사 스스로가 OJT(직장내 교육 훈련, On the job training)에서 가르칠 수밖에 없다.

필자의 신입사원 시절을 돌이켜 보면, 오노 타이이치 씨를 비롯한

많은 선배들로부터 OJT에서 빠른 속도로 척척 해치우는 단거리형
으로 길러졌다는 생각이 든다. 그리고 그 후, 교육 부문에서 차분하
게 수행해 나가는 장거리형의 문제에 대응하는 방법을 배워서, 빨
리 눈을 뜨게 되었다. 맨 처음에 확실히 단거리형으로 길러졌기 때
문에 장거리형 교육도 대단히 신선하게 느껴졌으며 이 점은 무척
감사한 일이라고 생각한다.

최근의 인사 평가 제도는 매일 현장에서 성과를 올리는 단거리형
보다도 장거리형만을 높이 평가하는 경향이 크다. 이점에 대해서는
미리 계획한 것의 성과와 계획은 하지 않았지만 상황에 따라서 척
척 해결한 성과의 합계로 평가해야 하다고 생각한다. 필자는 오히
려 후자의 성과로 평가하는 쪽에 조금 중점을 두어야 회사가 활기
있게 된다고 생각한다. 특히 젊은 사람의 평가는 단거리형에 중점
을 두어야 하다고 생각한다.

신입사원이 들어온 직후의 '일을 가르치는 방법' 에서 한 사람 몫을 할 수 있게 되느냐가 정해진다

신입사원이 들어왔을 때, 상사가 어떻게 일을 가르치는가에 따라
그 후 본인의 '일에 대한 자세와 경력' 에 상당히 차이가 생겨난다.

예를 들면, 반장이 신입사원에게 "당신은 이런 일을 이렇게 해야

한 사람 몫을 하게 된다. 그 목적은 이렇다. 그렇지만 당신은 처음부터 모든 것을 다 잘 할 수는 없다. 그래서 우선은 이 일만 하는것이다"라고 말해주고, 얼마 후 지시받은 일을 할 수 있게 되었을 때, "이제 그 일은 익혔으니 한 가지 더 배워보자"고 해준다. 그리고 "조금씩, 조금씩 한 사람 몫을 할 수 있는 상태로 접근하고 있다"라고 덧붙이면 본인도 '나도 조금씩, 조금씩 한 사람 몫을 해나가고 있다' 고 마음속에서 실감하면서 새로운 일에 도전하게 될 것이다.

그런데 처음에 "당신은 이러이러한 일을 이렇게 처리해야 하지만 아직은 못하기 때문에 우선 이것만 하시오"라고 설명하지 않고 대뜸 "이것만 하시오"라고만 말하고 그것을 할 수 있게 되면 일을 추가 하는 방식으로 지도해 나갔다고 하자. 이러한 방식을 취할 경우 신입사원은 '일을 할 수 있게 되면 자꾸 일이 늘어나는구나, 그다지 열심히 하지 않는 쪽이 좋겠구나' 라고 생각할지도 모른다.

'빨리 한 사람 몫을 하자' 라고 생각하고 일을 하는 것과, '일을 하면 할수록 일이 많아진다' 고 생각하는 것은 큰 차이가 있으며, 그 후 본인의 발전에도 큰 차이가 나게 될 것임에 틀림없다.

외국인들은 급료는 일에 따라 오는 것이지 시간에 따라오는 것이 아니라고 생각하고 있다. 이 사람들에게 후자의 신입교육과 같은 방식으로 하게 되면 급료를 올려달라고 하게 될 것임에 틀림없다.

스포츠계에는 자신을
적극적으로 단련하는 선수가 많다

최근의 마라톤 선수를 비롯한 스포츠 선수들은, 자신을 단련하는 일에 적극적이며 게다가 즐겁게 생각하는 것 같다. 아테네 올림픽에서 일본 선수의 코멘트를 듣다 보니 똑같은 인상을 느꼈다.

같은 맥락에서 개선 담당자의 정신적인 부분에 대해 접근해야 할 필요성을 느낀다. 젊은 개선 담당자에게도, '개선 활동을 하고 있을 때는 확실히 괴로웠지만, 차츰 성과가 나오면 즐거웠다. 또 해보고 싶다' 하는 생각이 들 만한 경험을 많이 시키는 것이 좋다. 개선에 적극적으로 착수하여 단련하는 편이 경영자, 관리자에게는 중요할 것이다.

스포츠계에서 좋은 선수를 많이 기른 지도자라고 불리는 사람은 이러한 점이 뛰어나며 상대가 바뀌어도 좋은 선수, 좋은 담당자를 많이 길러낼 수 있을 것이다.

인재의 육성 _ 개선 담당자의 역할

　필자가 개선 담당자에게 가장 기대하는 것은 '개선 담당자는 어떤 현장으로 만들어 갈 것인가 하는 철학에 바탕을 두고 최상의 상태(경영에 기여하는 현장)를 향해 새로운 기술을 생각해 실행하는 사람이 되어야 한다'는 점이다. '기술(技術)'이라는 글자는 구해서〔求〕 행한다〔行〕라고 쓴다. 경영이 요구하는 바를 기술적으로 지혜를 내어 해결하는 기술사(技術士)가 되어 주었으면 한다. 이점을 간절하게 바라는 것이다.

　하지만 아는 듯한 얼굴을 하고 이론이나 수치를 내세우기만 할 뿐 지혜를 내지 않고 계산만으로 만사를 결론짓고자 하는 기술사(技述士)는 결코 되지 않기를 바란다.

　이하에서는 개선 담당자에게 기대하는 것들을 서술해 보겠다.

반면교사(反面教師)도 좋은 교사라고 생각하는 마음 자세를 가져 주었으면 한다

필자가 중학교에 다닐 때였는데, 양동이를 들고 복도에 서 있었던 적이 있다. 지금 생각하면 그리운 추억이지만, '나쁜 일을 하면 그만한 응보(應報)를 받는 법이다. 이제 안 하겠다'라고 나 자신을 바꾸어 가기 위한 사랑의 채찍이라고 느꼈고, 주변 친구들도 저러한 일을 해서는 안 된다고 생각해 주었으리라고 생각한다.

학생 때도 그랬고 사회인이 된 다음에도 꾸짖음을 당한 기억이 많은데 생각해 보면 꾸짖는 방법에도 여러 가지가 있다. 큰 목소리로 꾸짖는 사람, 꾸짖는 것이 아니라 화를 내기만 하는 사람 등 다양하다.

그 가운데에, '저러한 방식으로 꾸짖지는 않겠다'고 하는 의미로, 사람을 꾸짖는 방법을 배울 수도 있었다. 즉, 반면교사(反面教師, 남의 잘못을 보고 그렇게 되지 않도록 노력하는 것 또는 그와 같은 잘못된 본보기)를 좋은 교사로 삼도록 배웠던 것이 아닐까 하고 생각한다. 이것은 바꿔 말하면, 꾸짖는 사람의 문제가 아니라 꾸중을 듣는 쪽의 받아들이는 방법의 문제라고 말할 수 있을 것이다.

타 기업의 실패도 반면교사이며 불상사도 반면교사이다. 이렇게 생각하면 세상의 모든 반면교사를 좋은 교사로 만들 수 있다.

물론, 저렇게 훌륭한 사람이 되고 싶다고 동경하는 교사로부터 가르침을 받는 것은 더욱 훌륭한 일이다.

전문가와 전문 바보

　밖에서 보면 '전문가'와 '전문 바보'의 차이를 잘 알 수 있다. 왜 이러한 말을 꺼내는가 하면, 아무리 좋은 제안을 내놓아도 변명만 하고 아무 것도 하지 않는 사람이 반드시 있기 때문이다. 그래서 변명만 하는 사람에게는 다음과 같은 이야기를 하면 된다.

　"전문가란, 세상에는 더 좋은 방법이 반드시 있을 것이라고 생각하고 항상 안테나를 달고 다니는 사람이다. 한 가지 재주에 뛰어난 사람이란 이러한 안테나를 달고 다니는 사람이다. 다른 한 편, 자신이 가장 잘 알고 있다고 착각하는 사람을 전문 바보라고 말한다. 남의 이야기는 듣지 않으면서 자꾸 우물 안의 개구리가 되어 버리는 사람이다"라는 이야기를 한다. 그리고 "그건 그렇고, 당신은 전문가, 전문 바보 중 어느 쪽입니까?"라고 물어보면, 그 이후부터는 남의 이야기를 잘 듣고 실행하게 된다.

　개선 담당자는 세상에는 더 좋은 방법이 반드시 있을 것이라고 생각하며 배우고, 누가 말해도 좋은 것은 바로 행하는 자세를 몸에 익혀 주었으면 한다.

　우리 컨설턴트의 일은, '상대를 어떻게 해서 빨리 의욕적으로 만드는가?' 하는 것도 커다란 과제다. 좋은 것을 제안하여 상대가 납득해서 해줄 때까지의 시간을 얼마만큼 짧게 할 수 있는가 하는 것이 우리의 생산성이다. 개선에도 리드타임이 있다. 그 때문에 '전문가와 전문 바보'라는 예를 들어서 상대의 마음을 열게 하는 것이 중요하다. "사람을 보고 법을 말하라"라는 말이 있는데, 얼마만큼이나 상대에게 맞는 진행 방식으로 할 수 있느냐가 대단히 중요하다.

똑같이 개선 담당자도 자신의 개선안을 현장에서 실시할 경우에는 이 점을 염두에 두고 있어야 한다.

'타인의 흉내를 내는 것은 좋지만, 자신의 흉내는 내지 말라'

이 말은 일본의 '시가라키(信樂)'라는 도예마을에 사는 어느 도예가의 말이다. 남의 흉내를 내는 것은 자신에게는 없는 상대의 좋은 점을 받아들이고자 하는 일이기 때문에 바람직한 일이다. 그러나 자기(좋았던 점)를 흉내낸다는 것은, 똑같은 것을 되풀이할 뿐 진보하지 않는다는 것을 의미한다.

개선 담당자에게도 지금의 자신보다 더욱 더 좋아지고자 하는 자세가 중요하다. 이것은 기업에도 들어맞는다. 이전에 성공한 사항을 몇 번이나 되풀이하는 일은 없는가? 예를 들면, 과거에 간판을 도입하여 효과가 나온 적이 있기 때문에 이번에도 간판을 도입하기만 하면 개선할 수 있을 것이라고 생각하고 있지는 않을까? 주의해야 할 점이다.

'하나의 그릇을 만들면 한 가지 일을 배우고
100개의 그릇을 만들었다면 100가지의 깨달음이 있다'

이것은 어느 은행의 전 총장이면서 도예가였던 분의 말이다.

이것은 '도자기를 하나 만들 때마다 하나씩 배울 것이 있는데, 자기의 부족한 면을 고치고자 하는 의지가 없다면 배운다든가 깨닫는다든가 하는 일은 없다' 는 의미이다.

자기의 좋았던 점을 되풀이하면 좋은 작품은 만들 수 있을지 모르지만 좋았던 점을 아무리 되풀이해도 깨달음(새로운 발견)은 없다.

마찬가지로 도구 변경을 할 때마다 여기가 좋지 않았다, 저기가 좋지 않았다고 매번 개선해 간다면, 그 과정을 통해 무엇인가를 배울 수 있다. '한 번 도구 변경을 하면 하나를 배우고, 100번 도구 변경을 하면 100가지의 깨달음이 있다' 는 생각을 가지고 더욱 좋아지고자 하는 마음을 가지는 것이 중요하다. 이렇게 생각하면 도구 변경도 적극적으로 해 보자는 마음이 들게 될 것이다.

목표 미달성의 경우에는 세 가지 요인에서
겸허하게 반성해야 한다

각 회사에서 수행하는 개선 활동의 개선 목표는 어디까지나 현장의 실태에서부터 설정되고 있어, 지나치게 높이 설정되어 있지는 않을 것이라고 생각한다.

니스크 그룹 멤버를 중심으로 운영되는 IE연구회의 개선 목표도 이와 같아서 함부로 정해지는 일은 없다. 예를 들면 공정수의 절감이라면, 어떤 순간에 '일을 하지 않고 있는 사람의 비율'과 '일을 하고 있는 사람의 동작 속의 허비의 비율'의 합계로 목표를 결정하고 있으며, 각 현장의 실태를 바탕으로 설정하고 있다. 그런데 열심히 개선활동을 해도 목표를 달성할 수 없을 때가 있다. 이렇게 설정한 목표를 달성할 수 없었을 경우의 요인은 크게 말해서 세 가지가 있다.

① 직장에서 지향해야 할 '최상의 상태'를 설정하고 있지 않기 때문에 어느 방향으로 나아가면 되는지 모를 경우이다.

② 진행해야 할 방향은 옳았지만, 개선하는 '기술, 기능'이 없어서 구체적으로 어떻게 대처해야 할지 모를 경우다. 이 때, 달리할 수 있는 방법으로 실시하면 오히려 잘못된 방향으로 갈 위험성이 있으므로 특히 주의해야 한다. 이는 현장의 구조를 개선하고자 할 때에 간혹 볼 수 있는 경우이다.

③ 좋다고 생각한 개선을 상대에게 '설득하는 힘과 해내는 실행력', '행동력'이 없었을 경우이다.

이상의 세 가지 요인 때문에 달성할 수 없었다고 말할 수 있다. 그래서 이 세 가지 요인에 대하여 겸손하게 반성하여 능력을 익히고, 다음에는 목표를 달성함과 동시에 똑같은 성과를 올리는 데에도 더욱 효율적으로 하는 방법은 없는가 하고 '효율면'에서 연구하는 것이 중요하다.

어느 방법(수단)이 장점이 많고 목적을 달성할 수 있는가를 기준으로 판단해야 한다

개선 담당자의 활동 목적은 재고(재료, 제작 중인 물건, 완성품)를 될 수 있는 대로 적게 하고 고객이 요구하는 것만을 짧은 리드타임으로, 게다가 노동생산성이 높아지도록 만드는 일이다. 따라서 현장에 도입하는 생산 방식도 그 현장에 맞도록 하지 않으면 안 된다.

지금 화제가 되고 있는 '포장마차 방식'도 이 목적에 비추어서 논의·평가하지 않으면 안 된다. 포장마차 방식을 공부했기 때문이라고 해서, 또 사용할 수 있을 것 같다는 이유로 도입하는 것은 본말

：포장마차방식

재고를 최소한으로 유지하고, 고객의 다양한 수요에 응하기 위해 표준화 작업을 실시하여 품질이 높은 제품을 처음부터 완성까지 모두 한 사람의 작업자가 행하는 생산 방식을 말함.

이 전도된 것이다. 포장마차 방식은 어디까지나 수단이지 목적이 되어서는 안 된다. 그러나 아무래도 나온 효과(부수 효과일지도 모르는데도)만으로 평가하고 있는 것이 아닐까 하고 생각된다.

포장마차 방식과 비교해 볼 수 있는 것으로는 '컨베이어 방식'이 있다. 컨베이어 방식은 비교적 단시간의 되풀이(표준) 작업이기 때문에 베테랑이 아닌 사람이라도 일을 할 수 있다. 또 부품은 한 군데만 운반하여 좋고 설비나 도구도 적어서 좋다는 등의 장점이 있다. 단, 컨베이어로 하면 한 사람당의 작업 시간이 10초 전후가 되는 일에서는 가지러 가는 부대시간에 많은 비율을 쓰지 않으면 안 되기 때문에, 단시간(예를 들면 몇 십 초)으로 완성되는 작업에는 컨베이어 방식이 적합하지 않다. 게다가 작업 균형을 완전히 잡기는 어렵고 결과적으로 한 사람 한 사람에게 대기(시간)의 손실이 생긴다.

이러한 이유로해서 엔진 조립과 장착에서는 한 사람 당 30초 전후, 차량의 조립에서는 1분 전후를 가장 빠른 스피드로 간주하고 있다. 즉, 최소 요소 작업 시간의 10배에서부터 20배를 사이클 타임으로 하지 않는다면 효율이 나쁘다. 게다가 총 작업 시간이 다른 제품을 같은 라인으로 조립하면 품종을 전환할 때의 손실도 발생한다.

한편, 포장마차 방식은 혼자 실시하기 때문에 균형이 깨지지는 않는다. 그래서 공정 사이의 표준 소지량도 적고 관리도 편하다는 장점이 있다. 하지만 작업자 한 사람 한 사람이 모든 작업 요소에 정통하여야 하고 동시에 일정 수준의 속도로 실시할 수 있어야 한다는 것(베테랑)이 필수조건이다. 때문에 누구나 할 수 있도록 감각과 요령을 배제하고 표준화할 수 있는 준비를 해 둘 필요가 있다.

설비나 도구가 많이 있기 때문에 저렴한 설비로 해 두지 않으면 안 된다. 또 부품을 모든 라인에 배달하지 않으면 안 되기 때문에 운반에 따른 연구도 하지 않으면 안 된다.

이상과 같이 어느 방식에서도 장점과 단점은 반드시 있다. 어느 방법으로 하면 장점이 많고 반대로 결점이 나오지 않는지 판단해야 한다. 어느 쪽이 절대적으로 좋다는 것은 아니다. 각각의 방법에서 장점과 단점을 이해하는 것과 나아가 '더 좋은 방법이 있지 않을까' 라고 생각하는 자세가 더 중요하다.

담당자의 일은 예술품 제작이 아니라 누가 만들어도 안정적으로 물건을 만들 수 있게 하는 것

예술가는 아무도 흉내낼 수 없는 독자적인 것을 만드는 것을 목표로 삼고 있다. 도예가라면 흙, 유약, 굽는 방법 등을 조합하면서 연구에 연구를 거듭하여 유일한 작품을 추구한다. 이것이 소위 예술품이다. 물건을 보면 누가 만든 작품인가를 알 수 있는 독자성이 중요시된다.

한편, 우리처럼 제조에 종사하는 사람들은 품질 면에서 똑같은 것을 만드는 것이 중요하다. 도자기라면 똑같은 것을 만들 수 있는 흙, 유약, 굽는 방법 등을 채용한다.

　담당자의 일은 누가 만들어도 안정된 품질의 물건을 만들 수 있도록 하는 일이다. 현장에서는 "여기가 어렵습니다, 감각과 요령이 필요합니다" 하는 사항이 자주 이야기된다. 그 감각과 요령을 누구라도 할 수 있도록 하기 위해 치공구의 연구, 노하우 습득, 표준화를 실시하여 해결하는 것이 중요하다. 바로 이것이 기술 담당자의 일이다.

▌담당자는 개선의 초점을 집약하는 능력을 몸에 익혀라

　제조 현장에서 해결하고 싶은 것은 여러 가지가 있다. 하지만 무엇이 문제인가, 무엇을 개선하고 싶은가에 따라 착안점이나 진행 방식은 크게 달라진다. 제조 현장에서는 안전과 품질을 제외하면 문제와 개선점은 주로 다음 세 가지로 정리할 수 있다.

① 주문이 많아 잔업이 많아지고 있으므로 생산고를 올리고 싶다.
　이 때는 설비에 주목하여 설비를 멈추는 원인을 제거할 것, 설비의 사이클 타임을 짧게 할 일이다.
② 리드타임을 짧게 하여 고객의 주문에 빠르게 대응하고 싶다.
　이 때는 상품의 흐름에 착안하여 특히 상품이 정체하는 원인을

제거할 것, 더욱 빨리 가공·조립을 할 수 있도록 한다.

③ 원가 절감을 위해 노동생산성을 올리고 싶다.

이 때는 사람에 착안하여 소인화 라인으로 만들어서 1인공의 일을 할 수 있도록 할 것, 작업 동작의 허비를 제거하도록 한다.

개선 담당자는 지금 자신에게 요청된 일이 무엇인지 끝까지 잘 확인하여 개선으로 초점을 집약하는 능력을 몸에 익히는 것이 중요하다. 해결하고 싶은 항목이 명확해지면 어떠한 견해를 가지면 좋은지에 대해 결정할 수 있게 된다.

사이클 타임(최단 작업 시간)을 측정하는 데에도 동작의 허비를 간파하는 힘이 중요하다

사이클 타임을 재는 방법으로서 "준비, 출발"이라는 방식으로 실시하는 것이 좋은 방법이다. 누구라도 간단히 측정할 수 있고 또한 사람에 의한 측정의 편차를 작게 할 수 있다. 그러나 혼자 여러 사람을 측정하려고 하면 한 번에 한 사람씩 밖에 잴 수 없어 효율이 나쁨과 동시에 매번 결산 수정을 하기 때문에 생산성도 떨어진다.

그래서 도요타 방식의 교과서에 씌어져 있듯이 한 사람에 대해서 연속 10회 측정하여 그 최단 값을 추구하게 되지만, 이것도 효율은

별로 좋다고는 말할 수 없다. 10번이나 측정하지 않으면 안 되고 최
단 값을 냈을 때 표준 작업을 하고 있었는지 아닌지 간과할 수도 있
기 때문이다.

　필자는 다음과 같이 해서 사이클 타임을 파악하고 있다. 참고 삼
기 바란다. '사이클 안의 작업 동작을 보고 보통 동작의 연속이라면
그 측정치에서 이상(異常, 예를 들면 부품을 다시 집는 동작) 등이 있
으면, 그 시간만큼을 뺀 값을 사이클 타임으로 한다. 그리고 피할
수 없는 편차로 예를 들면 손으로 집은 부품 상자 속의 위치가 평균
보다 멀 때는 시간을 마이너스로, 가까울 때는 플러스로 하는 등의
조정을 한다. 플러스, 마이너스로 하는 시간은 손을 이동하는 거리
10cm를 0.1초로 계산한다. 이렇게 하면 한 사람이 10회씩이나 잴
필요가 없다.

　어떻든 시간은 동작의 그림자라고 하듯이 개선 담당자는 동작의
허비를 간파하는 힘이 중요하다. 이 능력이 있으면 사이클 타임도 한
번만 측정하면 충분하다. 이 동작을 간파하는 힘은 평소부터 VTR 등
을 사용해서 동작을 자세하게 분석하는 훈련을 해 둠으로써 자연스
럽게 몸에 익힐 수 있다. 개선 담당자 개개인의 연구가 필요하다.

　이하에서는 개선을 진행시킬 때 평소부터 생각하던 매니지먼트
에 대하여 차근차근 서술하고자 한다.

개선을 진행시키기 위한 매니지먼트에 대하여

고객에게 있어서 좋은 일을 하는 것이
최고 경영진, 관리자, 본인이라는 삼자 공통의 사명이다

일본에서는 보통 노동한 시간만큼 임금이 지불된다. 그런데 요즘은 재량노동제(裁量勞動制) 등이 도입되어, 일의 성과로 임금을 지불하자는 움직임이 있다. 이러한 다양한 제도들이 앞으로는 더욱 많이 생길 것이다. 그렇다면 '일이란 무엇인가'에 대한 문제가 큰 비중을 차지할 것이다.

일이란 상사가 지시하는 바를 듣는 것, 회사에게 좋은 일을 하는 것, 고객에게 좋은 일을 하는 것 중 하나가 될 것이다. 필자는 당연하게도 고객에게 좋은 일을 하는 것밖에 없다고 생각한다. 이 세 가지가 일치할 때는 행복하지만 최근의 기업 불상사를 들을 때에 이 세 가지에 차이가 있었다고 말하지 않을 수 없다.

'고객에게 좋은 일이란 무엇인가' 를 경영자, 관리자, 본인 각각
의 입장에서 실행할 때 따르는 어려움, 그리고 필요성을 절감하고
있다.

▌'행동한다' 는 일에서부터 의식이 바뀐다

문제가 발생했을 때, 의식의 문제로 파악하여 정리하려는 경향이
있다. 예를 들면, 불량한 품질이 생겼을 때 "저 놈은 도대체 무엇을
하고 있었느냐?"라고 말하며, 그 사람의 의식을 비난하는 것이다.
심한 경우 상사가 그 사람을 불러서 인격까지 깎아 내리면서 설교
를 한다. 말을 들은 쪽은 "죄송합니다"라고 말하거나, "두 번 다시
이러한 실수를 하지 않도록 주의하겠습니다"라고 해서 그 자리에서
는 겉으로야 어떻게든 꾸미며 자신의 잘못을 인정한다.

그러나 이런 것을 몇 번이나 되풀이해도 조금도 좋아지지 않는다.
그리고 다른 사람이 똑같은 일을 일으킬 뿐이다.

의식적인 부분을 강조하는 것은 결코 나쁜 일은 아니다. 그러나
똑같이 꾸짖을 때에도 사람을 꾸짖는 것이 아니라 "왜 이런 일이 일
어나게 되었는가"라고, 일어난 일 자체를 꾸짖어야 한다. 필자는 환
경을 개선시키기 위해서는 구체적으로 손을 씀으로써 의식의 변혁
이 일어난다고 생각하고 있다. ''왜' 를 5번 되풀이해서 문제의 근본

적인 원인을 찾고, 재발을 방지하는' 것이 습관이 될 때까지 지도하는 것이 중요하다. 그것을 위해서는 우선 경영자, 관리자 스스로가 현장에 가서 자신의 눈으로 보고, 듣고, 생각하고, 대책을 실천할 일이다. 솔선수범이 우선되어야 한다.

세 가지 '하기만 한다' 는 허용되지 않는다

세 가지 '하기만 한다' 란, '상사는 말하기만 한다', '부하는 듣기만 한다', 그리고 '전원이 하기만 한다(내버려두기만 한다)' 를 말한다.

상사(경영자, 관리자)는 다양한 문제의식으로부터 부하 직원이나 현장에 의견을 말하고 지시를 내린다. 상사는 이 '말한다' 는 것에는 비교적 열심이지만 그 후의 관리에는 그다지 열심이지 않은 경우가 의외로 많다. 사실은 이 관리가 상당히 중요하다. 관리를 하지 않으므로 부하도 그 자리에서 듣기만 하고 혹은 할 일은 하지만 목표를 달성할 수 없어도 그대로 하기만 하고 내버려 두는 것이다.

필자가 도요타 자동차에서 경험한 일이다. 오노 타이이치 씨는 우리에게는 달성하기 힘든 일(예를 들면, 도구 변경을 3분 이내로 하라고 했다)을 지시하면서도 반드시 그 후의 관리를 해 주었다. 우리도 제대로 관리를 받기 때문에 무슨 일이 있어도 목표를 달성하려고 긴장감을 가지고 일을 하였던 것이다. 그리고 목표 미달성일 때는 하나가 되어서 개선책에 대해 생각했다. '말하기만 한다', '듣기만 한다', '하기만 한다'는 있을 수 없었다.

생산성이 높은 개선을 해야 한다

투입한 에너지에 대하여 얻은 효과의 크기가 중요하다.

컨설턴트도 비용 대(對) 효과로, 어느 컨설턴트를 활용할 것인가 혹은 활용하지 않을 것인가를 결정한다.

직원의 가치도 똑같다. 현장의 효율을 올리는 데에 전체적으로 얼마만큼이나 공헌했는가가 그들의 가치이다. 반년이나 1년이라는 시간 안에 현장에서 얼마만큼이나 높은 효율성을 가지고 효과적으로 일했는가 하는 점을 평가해야 한다.

그런데 그 평가하는 과정에서 상사에게서 들은 지시를 성실하게 이행하면 높이 평가하지만 조금이라도 실패하면 그것을 과대하게 감점해서는 안 된다.

또 상사도 효과가 적은 일을 주고 있다면 상사가 직장의 생산성을 현저하게 나쁘게 하고 있다고 말할 수 있다. 자신의 부하에게 생산성이 높은 일을 주고 있는가 아닌가, 상사는 항상 생각해야 한다. 중요한 것은 큰 효과가 나오는 데에 에너지를 사용하는 것이다.

절대 레벨을 올리는 쪽을 보다 중시하고 싶다

최근 벤치마크 방식이 화제가 되고 있다. 업계의 최상위 그룹을 조사해서 자사와 비교하고 그 차이만큼 자사의 수준을 올리려고 하는 것은 매니지먼트 중의 하나로서도 의미가 있고 성과도 크다.

그러나 기업을 보다 나은 상황으로 발전시키는 것이 업무인 우리는 비교보다 정점을 올린다. 즉 절대 레벨을 올리는 것을 보다 중시해야 한다. 니스크 그룹에서 IE실천연구회가 실시하고 있는 것도 이 정점을 올리는 힘을 기르기 위해서이다. 항상 최고의 수준을 지향하지 않으면 안 된다. 벤치마크 방식에만 의지한다면 자사의 수준을 올리는 것이 소홀해질 뿐만 아니라 독창성을 추구하는 자세를 잃어버리지 않겠는가?

한 군데를 최고 수준으로 올린 후 그것을 다른 부문에도 수평적으로 전개하여 전체의 성과를 올리는 것은 매니저로서 당연한 일이다.

저스트 인 타임 생산을 하기 위해서는 설비에는 여유를 주고 사람, 물건은 빠듯하게 운영해야 한다

오노 타이이치 씨가 일찍이 사보에 "톱니바퀴는 여유 공간이 없으면 탄 흔적이 남고, 여유 공간이 너무 많으면 소리가 난다. 여유 공간은 대단히 중요하다. 그러나 정확히 맞는 여유를 유지하기는 어렵다. 적당한 여유인 줄 알아도 때때로 지나치게 많은 경우가 있다"고 말을 한 적이 있다.

이 말은 '작업 속의 여유는 나지 않도록 해도 나오는 법이며, 여유가 필요하다고 생각하여 여유를 취하면 너무 많이 취하게 된다. 얼마만큼 여유가 필요한가는 미리 알 수 있는 것이 아니다. 여유는 아주 없애야만 비로소 여유의 필요성을 알게 되는 것이다'라는 의미이다.

물론 현장의 자원인 사람, 상품, 설비를 빠듯하게 활용하려고 하면 줄타기와 같이 불안한 상태가 될 수밖에 없다.

그래서 일반적으로는 설비 투자를 피하고 설비에 여유를 두지 않는 빠듯한 능력으로 생산하려고 한다. 설비를 빠듯하게 운영하면 설비를 멈춘 만큼 잔업이나 임시 출근을 하지 않으면 안 된다. 최악일 경우에는 고객에게까지 그 피해가 간다. 그래서 설비를 최대한으로 움직이기 위해 설비 앞에서 사람을 기다리게(여유) 하는 것이다.

그런데 이러한 설비 앞에서 기다리는 사람은 기계 앞에서 기다리는 것을 고통스럽게 여긴다. 그러므로 하지 않아도 되는 일을 해서 설비를 적절한 타이밍에 움직일 수 없게 되거나 멈추는 일도 생기는 것이다. 또 언제나 설비 앞에서 기다리고 싶지 않기 때문에 마치 여유가 많은 것처럼 천천히 일을 하게 되고 그 느리게 일하는 과정이 어느 새 본인의 리듬이 되어 버려서, 막상 규정된 속도로 작업을 하려고 하면 할 수 없게 된다. 이 때문에 사람이 충분하지 않다고 착각하여 직원을 더 채용하게 되는 악순환에 빠지는 것이다.

상품에 대해서도 설비에 여유가 없기 때문에 생산이 늦어져도 납품에 지장이 없도록 여분의 완성품이나 재료를 가지고 있다. 이러한 기업에서는 사람과 상품에 여유를 갖도록 하는 것이 당연하다.

필자는 이러한 고부하(高負荷) 때에도 JIT생산을 하기 위해 오히려 설비에 여유를 갖도록 만든다. 만약 설비 능력에 여유가 없으면, 개선을 해서 여유를 갖도록 만든다. 그 대신 설비 능력에 여력이 생기면 언제든지 지연을 만회할 수 있으므로 사람과 상품은 빠듯하게 해둔다. 그리고 사람과 상품을 개선하고 절감해서 원가를 내린다. 이렇게 저스트 인 타임 생산과 노동생산성을 올리기 위해서는 일하는 과정을 개선할 수 있는 힘이 중요하다.

노동생산성은 높이고, 재고는 줄이고, 리드타임을 짧게, 타이밍도 좋게 고객에게 납품하는 것, 이쪽이 경영적으로 효율적임은 명확하다(그림 5-2참조).

필요 이상의 사람을 채용하지 않는 것을 기본으로 해야 한다

도요타 자동차는, 1950년의 노동쟁의 때 "두 번 다시 종업원을 해고하지 않는다"라고 선언했다. 그러나 해고하지 않는다는 것은 수단이며 그것을 위해 원래 하지 않으면 안 될 일은 '여분의 사람을 채용하지 않는다' 는 것이다.

쟁의가 종결된 직후 한국전쟁으로 인해 생각하지도 못한 특수 수요가 있었지만 이를 악물고 사람을 늘리지 않도록 열심히 하였다. 오노 타이이치 씨 스스로도 "나도 라인에 들어간다"라고까지 말하였다. 그리고 부족한 사람만큼의 개선을 하면 그것이 수익으로 이어질 수 있기 때문에 개선에는 확실히 착수하였다. 사람을 해고하지 않아도 되게끔 여분으로 채용하지 않도록 하였던 것이다.

거품경제 시대에 해외에서는 일본이 돈을 버는 것은 일본인이 너무 열심히 일하기 때문이라는 비난이 있었다. 해고하지 않는다는 것과 더 많은 직원을 채용하지 않는다는 것은 같은 말이다. 직원 채용이 거의 없다는 것 때문에 많은 기업에서는 채용할 수 있을 때에 될 수 있는 한 많은 사람을 채용해 버렸다. 그 결과, 거품경제가 붕괴한 후에 오랫동안 계속되는 불황으로 결국 대량의 구조조정(정리해고)을 하지 않으면 안 되게 된 것이다.

매월 생산량에 걸맞았던 요원만 가지고 일을 하면서 생산량이 줄어들어서 요원이 남는 부서에서는, 생산량이 늘어나 요원이 충분하지 못한 부서로 사람을 이동시킨다면 직원을 더 채용할 필요는 없었을 것이다.

어느 기업도 증산을 위한 요원 수배(준비)는 하였지만, 감산일 때 사람을 줄이는 일을 하지 않았다. 궁지에 몰리고 나서야 엄청난 규모의 구조조정을 한 것이다. 그러므로 날마다 일에 적당한 요원이 투입되어 생산하도록 관리하는 것이 중요하다.

정규 직원은 생각할 수 있는 최소한의 생산량을 정시에 생산할 수 있는 인원 수로 집약해 둔다. 단, 실제의 수요는 생각할 수 있는 최소한보다 더 낮은 경우가 많다. 그러므로 2할 정도 적은 생산량을 상정하는 편이 나을 것이다. 그 이상으로 필요한 요원은 아웃소싱을 활용하는 것이 좋다.

그러나 아웃소싱이 정규 직원보다 비용(시간당 비용)이 싸다고 하여 활용하는 것은 장래를 생각하면 그다지 좋지 않다. 오히려 기능의 축적이나 개선을 실시할 수 있는 기능자(技能者)를 양성하여, 현장의 체질을 강하게 해 두기 위해 필요한 최소한의 사람은 정규 직원으로서 채용하는 것이 효과적인 방법이다.

앞으로는 시간에 대하여 지불하는 임금에서부터 일의 성과에 대하여 지불하는 임금으로 변해갈 것이다. 그 때는 정규, 비정규 직원 사이의 임금 차이는 없어질 것이다. 또 임금 이외의 보험이나, 연금 등 회사가 부담하는 사회보장 비용을 절감하려고 아웃소싱을 너무 많이 하게 되면 큰 사회 문제가 될 것은 명백하다.

아웃소싱(Outsourcing)의 생생한 활용을 생각한다

그런데 아웃소싱을 통해 한정된 기간 동안 일하는 사람은 정기적으로 교체시켜 나누게 되지만 신입사원이 현장에 들어갔을 때에도 노동생산성을 떨어뜨리는 일 없이 생산 활동을 해야 한다.

보통 이 사람들을 교체시켜 나눈 직후에는 교육 훈련을 위해 정규 직원의 일손을 빼앗기 때문에 교체시켜 나눈 사람을 제외하더라도 생산 효율은 마이너스가 된다. 플러스·마이너스를 해보고 거의 제로라면 좋은 쪽이고, 겨우 반달이나 1개월이 경과할 때에 플러스일 것이다. 하물며 사람의 교체가 심하여 1, 2주일만에 그만두는 일이 있으면 본전도 남지 않는다.

앞으로 아웃소싱을 전제로 생각한다면, 단기간에 익숙할 수 있는 신입사원용 공정을 확보해 두는 것이 절대적으로 필요하다. 예를 들면, 플라스틱 모형의 조립처럼 비교적 간단하여 작업을 하나씩 단시간에 기억할 수 있는 작업만을 모아서 1인공의 일로 만들어 두는 것이 필요하다.

그리고 익숙해지면 타 공정으로 옮겨가게 하여 그 다음 신인에게 신인용 공정을 담당시키는 방식의 매니지먼트가 노동 생산성을 유지하고 향상시켜 가기 위해서도 꼭 필요하다. 게다가 아웃소싱 인력에게 정규 직원과 다르지 않은 의식을 갖도록 유도하는 것도 중요하다. 감독자는 대화를 통해서 빨리 개성이나 취미 등을 파악하여 팀

워크 만들기 등 일체감을 조성하는 일에 힘쓰지 않으면 안 된다.

그림 5-2 사람, 물건, 설비의 최상의 상태

	일반적 생산	JIT생산
사람	여유	빠듯
물건	여유	빠듯
설비	빠듯	여유

앞으로는 정규 직원과 비정규 직원의 혼성이 계속될 것으로 생각되므로 일과 정신의 양면에서 현장 체질을 강하게 하는 대응이 점점 필요해진다. 어떻든 현장에 들어가면 바로 효과가 나올 만한 신입사원용 공정의 설정이나 정신적 일체감을 주는 것이 필요하다.

비정규 직원도 각각의 특징을 알아서 활용해야 한다. 정규 직원과 아웃소싱을 작업 기능과 시간의 유연성 면에서 비교하면 다음과 같은 특징이 있다(도표 5-3참조).

(i) 정규 종업원의 작업 능력은 ○이지만, 시간의 유연성은 잔업만큼밖에 할 수 없기 때문에 △

(ii) 파트타임의 능력은 가르치기만 하면 ○이지만, 유연성은 완전히 ×

(iii) 기간 종업원의 능력은 익숙해지는 데에 시간이 걸려서 △

유연성은 필요한 인원수만 채용할 수 있으므로 ○

(ⅳ) 내직(內職)의 능력은 파트타임과 같이 ○, 유연성은 시간대의 제약은 있지만 시간 수에 다소 융통성이 있으므로 활용하기 쉬워서 △, 단, 운반 비용과 리드타임이 길어지는 것을 고려하지 않으면 안 된다.

이 중, 작업 시간의 유연성은 아무리 해도 달성하기 어렵다. 그러므로 기능 면의 특징을 충분히 고려해서 활용하는 것이 바람직하다.

이상으로 필자가 늘 생각하고 실천해 왔던 것, 즉 경영에 기여하는 현장개선·혁신을 실제로 진행시키는 방법, 기업에 필요한 문화와 풍토에 대해 서술하였다. 경영자, 관리자들에게 조금이라도 참고가 되었기를 바란다.

그림 5-3 직원의 일반적 특성

	기능	작업시간의 유연성
정규직원	○	△(다소 불충분)
파트타임 종업원	○	×(불충분)
기간 종업원	△	○(충분)
내직	○	△

주) 지역, 회사의 채용 조건에 따라 다소 다르다.

지금까지는 컨설팅이나 강연 등에서 실천해 왔던 내용이나 생각을 문장으로 만들면 좋겠다는 정도의 생각만 하고 있었습니다. 책을 쓰는 것이 처음이라 생각했던 것보다 힘겹고 어렵다는 것을 새삼 실감하고 있습니다.

무엇보다 본서를 읽을 여러 독자분의 입장이나 역할, 그리고 문제의식을 생각하면 생각할수록 어디에 초점을 맞추고 어떤 구성으로 하면 좋을지 상당히 고민했습니다. 아직도 독자의 기대에 충분히 부응할 수 없는 것이 아닐까 하는 생각이 들어 불안하기도 합니다.

본서에서 제안한 딜리버리 설계는, 납기 측면에서 고객에게 높은 만족도를 주고 경영의 측면 뿐만 아니라 기업의 제조 체질 강화에도 크게 공헌하고 반드시 공업 입국의 부활로 이어지는 것이라고 믿습니다.

본서는 제조업 뿐만 아니라 서비스업 등 모든 기업의 경영자, 관리자, 담당자 여러분이 읽어 주시고 반드시 앞으로의 경영에 도움이 되기를 간절히 바랍니다.

기업 경쟁은 점점 글로벌화하고 한층 더 치열해지리라는 것이 눈에 보입니다. 그러한 가운데에서 여러 가지 벽에 부딪쳤을 때 본서로부터 무언가 힌트를 얻을 수 있다면 기대 이상의 기쁨이 될 것입니다.

많은 기업이 글로벌 경쟁이라고 하는 씨름판에서 이겨낼 것을 간절히 염원하고 있습니다. 그것을 위해 함께 깊이 생각하고 철저히 실천합시다.

2005년 3월

나카야마 키요타카

가림출판사 · 가림M&B · 가림Let's에서 나온 책들

 문 학

바늘구멍
켄 폴리트 지음 / 홍영의 옮김 / 신국판 / 342쪽 / 5,300원

레베카의 열쇠
켄 폴리트 지음 / 손연숙 옮김 / 신국판 / 492쪽 / 6,800원

암병선
니시무라 쥬코 지음 / 홍영의 옮김 / 신국판 / 300쪽 / 4,800원

첫키스한 얘기 말해도 될까
김정미 외 7명 지음 / 신국판 / 228쪽 / 4,000원

사미인곡 上 · 中 · 下
김충호 지음 / 신국판 / 각 권 5,000원

이내의 끝자리
박수완 스님 지음 / 국판변형 / 132쪽 / 3,000원

너는 왜 나에게 다가서야 했는지
김충호 지음 / 국판변형 / 124쪽 / 3,000원

세계의 명언 편집부 엮음 / 신국판 / 322쪽 / 5,000원

여자가 알아야 할 101가지 지혜
제인 아서 엮음 / 지창국 옮김 / 4×6판 / 132쪽 / 5,000원

현명한 사람이 읽는 지혜로운 이야기
이정민 엮음 / 신국판 / 236쪽 / 6,500원

성공적인 표정이 당신을 바꾼다
마츠오 도오루 지음 / 홍영의 옮김 / 신국판 / 240쪽 / 7,500원

태양의 법
오오카와 류우호오 지음 / 민병수 옮김 / 신국판 / 246쪽 / 8,500원

영원의 법
오오카와 류우호오 지음 / 민병수 옮김 / 신국판 / 240쪽 / 8,000원

석가의 본심
오오카와 류우호오 지음 / 민병수 옮김 / 신국판 / 246쪽 / 10,000원

옛 사람들의 재치와 웃음
강형중 · 김경익 편저 / 신국판 / 316쪽 / 8,000원

지혜의 쉼터
쇼펜하우어 지음 / 김충호 엮음 / 4×6판 양장본 / 160쪽 / 4,300원

헤세가 너에게
헤르만 헤세 지음 / 홍영의 엮음 / 4×6판 양장본 / 144쪽 / 4,500원

사랑보다 소중한 삶의 의미
크리슈나무르티 지음 / 최윤영 엮음 / 신국판 / 180쪽 / 4,000원

장자-어찌하여 알 속에 털이 있다 하는가
홍영의 엮음 / 4×6판 / 180쪽 / 4,000원

논어-배우고 때로 익히면 즐겁지 아니한가
신도희 엮음 / 4×6판 / 180쪽 / 4,000원

맹자-가까이 있는데 어찌 먼 데서 구하려 하는가
홍영의 엮음 / 4×6판 / 180쪽 / 4,000원

아름다운 세상을 만드는 사랑의 메시지 365
DuMont monte Verlag 엮음 / 정성호 옮김
4×6판 변형 양장본 / 240쪽 / 8,000원

황금의 법
오오카와 류우호오 지음 / 민병수 옮김 / 신국판 / 320쪽 / 12,000원

왜 여자는 바람을 피우는가?
기젤라 룬테 지음 / 김현성 · 진정미 옮김 / 국판 / 200쪽 / 7,000원

세상에서 가장 아름다운 선물
김인자 지음 / 국판변형 / 292쪽 / 9,000원

수능에 꼭 나오는 한국 단편 33 윤종필 엮음
수능 시험에 대비하기 위해 중고등학교 시절에 반드시 읽어두어야
할 한국 문학의 대표적인 단편 33선을 엄선하여 수록. 이 책에 수록

된 대표 단편들은 청소년기의 간접 경험을 위한 매체, 세대를 초월
하는 교류 수단, 삶의 활력소가 되어 줄 것이다. 또한 수능 및 내신,
논술 대비에 많은 도움을 줄 것이다. 신국판 / 704쪽 / 11,000원

수능에 꼭 나오는 한국 현대 단편 소설 윤종필 엮음 및 해설
1960~1970년대를 대표하는 단편소설을 엄선하여 수록. 현행 교과과
정에 적합한 작품들을 엮어 청소년들의 학습에도 도움이 되도록 하였
고, 더불어 소설 작품을 읽음으로써 간접 경험을 할 수 있게 하였으
며, 풍부한 상상력을 키워갈 수 있도록 하였다. 각 작품에 대한 요점
정리도 해놓아 학습 효과도 높일 수 있다. 신국판 / 364쪽 / 11,000원

수능에 꼭 나오는 세계단편(영미권) 지창영 옮김 / 윤종필 엮음 및 해설
1920~1950년대 단편 소설 분야 최고 작가의 작품만 엄선하여 수록.
미국과 영국의 단편선을 통하여 그 나라의 정신적 가치, 문화적 특
징을 접합으로써 정신적인 성장을 할 수 있는 계기가 될 수 있을 것
이다. 신국판 / 328쪽 / 10,000원

수능에 꼭 나오는 세계단편(유럽권) 지창영 옮김 / 윤종필 엮음 및 해설
1920~1950년대 프랑스, 러시아, 독일의 특색을 온전히 느낄 수 있
고 그 나라를 대표할 수 있는 작가의 작품만을 엄선하여 12편을 실
은 것이다. 이 작품들은 몇 백 년이 흐른 지금에도 전 세계인들이
애독하고 있는 불후의 명작들에 속한다. 신국판 / 360쪽 / 11,000원

 건 강

아름다운 피부미용법 이순희(한독피부미용학원 원장) 지음
피부조직에 대한 기초 이론과 우리 몸의 생리를 알려줌으로써 아름
다운 피부, 젊은 피부를 오래 유지할 수 있는 비결 제시!
신국판 / 296쪽 / 6,000원

버섯건강요법 김병각 외 6명 지음
종양 억제율 100%에 가까운 96.7%를 나타내는 기적의 약용버섯
등 신비의 버섯을 통하여 암을 치료하고 비만, 당뇨, 고혈압, 동맥
경화 등 각종 성인병 예방을 위한 생활 건강 지침서!
신국판 / 286쪽 / 8,000원

성인병과 암을 정복하는 유기게르마늄
이상현 편저 / 캬오 샤오이 감수
최근 들어 각광을 받고 있는 새로운 치료제인 유기게르마늄을 통한
성인병, 각종 암의 치료에 대해 상세히 소개. 신국판 / 312쪽 / 9,000원

난치성 피부병 생약효소연구원 지음
현대의학으로도 치유불가능했던 난치성 피부병인 건선 · 아토피(태
열)의 완치요법이 수록된 건강 지침서. 신국판 / 232쪽 / 7,500원

新 방약합편 정도명 편역
자신의 병을 알고 증세에 맞춰 스스로 처방을 할 수 있고 조제할 수
있는 보약 506가지 수록. 신국판 / 416쪽 / 15,000원

자연치료의학 오홍근(신경정신과 의학박사 · 자연의학박사) 지음
대한민국 최초의 자연의학박사가 밝힌 신비의 자연치료의학으로 자
연산물을 이용하여 부작용 없이 치료하는 건강 생활 비법 공개!!
신국판 / 472쪽 / 15,000원

약초의 활용과 가정한방 이인성 지음
주변의 흔한 식물과 약초를 활용하여 각종 질병을 간편하게 예방 ·
치료할 수 있는 비법제시. 신국판 / 384쪽 / 8,500원

역전의학 이시하라 유미 지음 / 유태종 감수
일반상식으로 알고 있는 건강상식에 대해 전혀 새로운 관점에서 비
판하고 아울러 새로운 방법들을 제시한 건강 혁명 서적!!
신국판 / 286쪽 / 8,500원

이순희식 순수피부미용법 이순희(한독피부미용학원 원장) 지음
자신의 피부에 맞는 관리법으로 스스로 피부관리를 할 수 있는 방
법을 제시하고 책 속 부록으로 천연팩 재료 사전과 피부 타입별 팩
고르기. 신국판 / 304쪽 / 7,000원

21세기 당뇨병 예방과 치료법 이현철(연세대 의대 내과 교수) 지음
세계 최초 유전자 치료법을 개발한 저자가 당뇨병과 대항하여 가장

확실하게 이길 수 있는 당뇨병에 대한 올바른 이론과 발병시 대처 방법을 상세히 수록! 신국판 / 360쪽 / 9,500원

신재용의 민의학 동의보감 신재용(해성한의원 원장) 지음
주변의 흔한 먹거리를 이용해 신비의 명약이나 보약으로 활용할 수 있는 건강 지침서로서 저자가 TV나 라디오에서 다 밝히지 못한 한방 및 민간요법까지 상세히 수록!! 신국판 / 476쪽 / 10,000원

치매 알면 치매 이긴다 배오성(백상한방병원 원장) 지음
B.O.S.요법으로 뇌세포의 기능을 활성화시키고 엔돌핀의 분비효과를 극대화시켜 증상에 맞는 한약 처방을 병행하여 치매를 치유하는 획기적인 치유법 제시. 신국판 / 312쪽 / 10,000원

21세기 건강혁명 밥상 위의 보약 생식 최경순 지음
항암식품으로, 다이어트식으로, 젊고 탄력적인 피부를 유지할 수 있게 해주는 자연식으로의 생식을 소개하여 현대인들의 건강 길라잡이가 되도록 하였다. 신국판 / 348쪽 / 9,800원

기치유와 기공수련 윤한홍(기치유 연구회 회장) 지음
누구나 노력만 하면 개발할 수 있고 활용할 수 있는 기 수련 방법과 기치유 개발 방법 소개. 신국판 / 340쪽 / 12,000원

만병의 근원 스트레스 원인과 퇴치 김지혁(김지혁한의원 원장) 지음
만병의 근원인 스트레스를 속속들이 파헤치고 예방법까지 속시원하게 제시!! 신국판 / 324쪽 / 9,500원

김종성 박사의 뇌졸중 119 김종성 지음
우리나라 사망원인 1위. 뇌졸중 분야의 최고 권위자인 저자가 일상생활에서의 건강관리부터 환자간호에 이르기까지 뇌졸중의 예방, 치료법 등 모든 것 수록. 신국판 / 356쪽 / 12,000원

탈모 예방과 모발 클리닉 장정훈 · 전재홍 지음
미용적인 측면과 우리가 일상적으로 고민하고 궁금해 하는 털에 관한 내용들을 다양하고 재미있게 예들을 들어가면서 흥미롭게 풀어간 것이 이 책의 특징. 신국판 / 252쪽 / 8,000원

구태규의 100% 성공 다이어트 구태규 지음
하이틴 영화배우의 다이어트 체험서. 저자만의 다이어트법을 제시하면서 바람직한 다이어트에 대해서도 알려준다. 건강하게 날씬해지고 싶은 사람들을 위한 필독서! 4×6배판 변형 / 240쪽 / 9,900원

암 예방과 치료법 이춘기 지음
암환자와 가족들을 위해서 암의 치료방법에서부터 합병증의 예방 및 암이 생기기 전에 알 수 있는 방법에 이르기까지 상세하게 해설해 놓은 책. 신국판 / 296쪽 / 11,000원

알기 쉬운 위장병 예방과 치료법 민영일 지음
소화기관인 위와 관련 기관들의 여러 질환을 발병 원인, 증상, 치료법을 중심으로 알기 쉽게 해설해 놓은 건강서. 신국판 / 328쪽 / 9,900원

이온 체내혁명 노보루 야마노이 지음 / 김병관 옮김
새로운 건강관리 이론으로 주목을 받고 있는 음이온을 통해 건강을 돌볼 수 있는 방법 제시. 신국판 / 272쪽 / 9,500원

어혈과 사혈요법 정지천 지음
침과 부항요법 등을 사용하여 모든 질병을 다스릴 수 방법과 우리 주변에서 흔하게 접할 수 있는 각 질병의 상황별 처치를 혈자리 그림과 함께 해설. 신국판 / 308쪽 / 12,000원

약손 경락마사지로 건강미인 만들기 고정환 지음
경락과 민족 고유의 정신 약손을 결합시킨 약손 성형경락 마사지로 수술하지 않고도 자신이 원하는 부위를 고치는 방법을 제시하는 건강 미용서. 4×6배판 변형 / 284쪽 / 15,000원

정유정의 LOVE DIET 정유정 지음
널리 알려진 온갖 다이어트 방법으로 살을 빼려고 노력했던 저자의 고통스러웠던 다이어트 체험담이 실려 있어 지금 살 때문에 고민하는 사람들이 가슴에 와 닿는 나만의 다이어트 계획을 나름대로 세울 수 있을 것이다. 4×6배판 변형 / 196쪽 / 10,500원

머리에서 발끝까지 예뻐지는 부분다이어트 신상만 · 김선민 지음
한약을 먹거나 침을 맞아 살을 빼는 방법, 아로마요법을 이용한 다이어트법, 운동을 이용한 부분비만 해소법 등이 실려 있으므로 나에게 맞는 방법을 선택해 날씬하고 예쁜 몸매를 만들 수 있을 것이다. 4×6배판 변형 / 196쪽 / 11,000원

알기 쉬운 심장병 119 박승정 지음
심장병에 관해 심장질환이 생기는 원인, 증상, 치료법을 중심으로 내용을 상세하게 해설해 놓은 건강서. 신국판 / 248쪽 / 9,000원

알기 쉬운 고혈압 119 이정균 지음
생활 속의 고혈압에 관해 일반인들이 관심을 가지고 예방할 수 있도록 고혈압의 원인, 증상, 합병증 등을 상세하게 해설해 놓은 건강서. 신국판 / 304쪽 / 10,000원

여성을 위한 부인과질환의 예방과 치료 차선희 지음
남들에게는 말할 수 없는 증상들로 고민하고 있는 여성들을 위해 부인암, 골다공증, 빈혈 등 부인과질환을 원인 및 치료방법을 중심으로 설명한 여성건강 정보서. 신국판 / 304쪽 / 10,000원

알기 쉬운 아토피 119 이승규 · 임승엽 · 김문호 · 안유일 지음
감기처럼 흔하지만 암만큼 무서운 아토피 피부염의 원인에서부터 증상, 치료방법, 임상사례, 민간요법을 적용한 환자들의 경험담 등 수록. 신국판 / 232쪽 / 9,500원

120세에 도전한다 이권행 지음
아프지 않고 건강하게 오래 살기를 바라는 현대인들에게 우리 체질에 맞는 식생활습관, 심신 활동, 생활습관, 체질별 · 나이별 양생법을 소개. 장수하고픈 독자들의 궁금증을 풀어줄 것이다. 신국판 / 308쪽 / 11,000원

건강과 아름다움을 만드는 요가 정판식 지음
책을 보고서 집에서 혼자서도 할 수 있는 요가법 수록. 각종 질병에 따른 요가 수정체조법도 담았으며, 별책 부록으로 한눈에 보는 요가 차트 수록. 4×6배판 변형 / 224쪽 / 14,000원

우리 아이 건강하고 아름다운 롱다리 만들기 김성훈 지음
키 작은 우리 아이를 롱다리로 만드는 비법공개. 식사습관과 생활습관만의 변화로도 키를 크게 할 수 있으므로 키 작은 자녀를 둔 부모의 고민을 해결해 준다. 대국전판 / 236쪽 / 10,500원

알기 쉬운 허리디스크 예방과 치료 이종서 지음
전문가들의 의견, 허리병의 치료에서 가장 중요한 운동치료, 허리디스크와 요통에 관해 언론에서 잘못 소개한 기사나 과장 보도한 기사, 대상이 광범위함으로써 생기고 있는 사이비 의술 및 상업적인 의술을 시행하는 상업적인 병원 등을 소개함으로써 허리병을 앓고 있는 사람들에게 정확하고 올바른 지식을 전달하고자 하는 길라잡이서. 대국전판 / 336쪽 / 12,000원

소아과 전문의에게 듣는 알기 쉬운 소아과 119
신영규 · 이강우 · 최성항 지음
새내기 엄마, 아빠를 위해 올바른 육아법을 제시하고 각종 질병에 대한 치료법 및 예방법, 응급처치법을 소개. 4×6배판 변형 / 280쪽 / 14,000원

피가 맑아야 건강하게 오래 살 수 있다 김영찬 지음
현대인이 앓고 있는 고혈압, 당뇨병, 심장병 등은 피가 끈적거리고 혈관이 너덜거려서 생기는 질병이다. 이러한 성인병을 치료하려면 식이요법, 생활습관 개선 등을 통해 피를 맑게 해야 한다. 이 책에서는 피를 맑게 하기 위해 필요한 처방, 생활습관 개선법을 한의학적 관점에서 상세하게 설명하고 있다. 신국판 / 256쪽 / 10,000원

웰빙형 피부 미인을 만드는 나만의 셀프 피부건강 양해원 지음
모든 사람들이 관심 있어 하는 피부 관리를 집에서 할 수 있게 해주는 실용서. 집에서 간단하게 만들 수 있는 화장수, 팩 등을 소개하여 손 안의 미용서 역할을 하고 있다. 대국전판 / 144쪽 / 10,000원

내 몸을 살리는 생활 속의 웰빙 항암 식품 이승남 지음
'암=사형 선고'라는 고정 관념을 깨자는 전제 아래 우리 밥상에서 흔히 볼 수 있는 먹거리로 암을 예방하며 치료하는 방법 소개. 암환자와 그 가족들에게 희망을 안겨 줄 것이다. 대국전판 / 248쪽 / 9,800원

마음한글, 느낌한글 박완식 지음
훈민정음의 창제원리를 이용한 한글명상, 한글요가, 한글체조로 지금까지의 요가나 명상과는 차원이 다른 더욱 더 효과적인 수련으로 이제 당신 앞에 새로운 세계가 펼쳐진다. 4×6배판 / 300쪽 / 15,000원

웰빙 동의보감식 발마사지 10분 최미희 지음 / 신재용 감수
발이 병나면 몸에도 병이 생긴다. 우리 몸 중에서 가장 천대받으면서도 가장 많은 일을 하는 발을 새롭게 인식하는 추세에 맞추어 발을 가꾸어 건강을 지키는 방법 제시. 각 질병별 발마사지 방법, 부위를 구체적으로 설명하고 있다. 텔레비전을 보면서 하는 15분의 발마사지가 피로를 풀어주고 건강을 지켜줄 것이다. 4×6배판 변형 / 204쪽 / 13,000원

아름다운 몸, 건강한 몸을 위한 목욕 건강 30분 임하성 지음
우리가 흔히 대수롭지 않게 여기고 하는 습관 중에 하나가 목욕일 것이다. 그러나 이제 목욕도 건강과 관련시켜 올바른 방법으로 해

야 한다. 웰빙 시대, 웰빙 라이프에 맞는 올바른 목욕법을 피부 관리 및 우리들의 생활 패턴에 맞추어 제시해 본다.
대국전판 / 176쪽 / 9,500원

내가 만드는 한방생주스 60 김영섭 지음
일반적인 과일·야채 주스에 21가지 한약재로 기본 음료를 만들어 맛과 영양을 고루 갖춘 최초의 웰빙 한방 건강음료 만드는 법 60가지 수록!! 각 음료마다 만드는 법과 효능을 실어 우리 가족 건강을 지키는 건강지침서의 역할을 한다. 국판 / 112쪽 / 7,000원

몸을 살리는 건강식품 백은희·조창호·최양진 지음
스트레스에 시달리는 현대인들에게 자연 영양소를 공급해 주는 건강기능식품에 관한 상세한 정보를 담고 있다. 나에게 필요한 영양소는 어떤 것이 있으며, 어떻게 섭취했을 때 가장 큰 효과를 얻을 수 있는지 등을 조목조목 설명해 놓은 것이 눈에 띈다.
신국판 / 384쪽 / 11,000원

건강도 키우고 성적도 올리는 자녀 건강 김진돈 지음
자녀를 둔 부모라면 가장 먼저 생각하는 것이 자녀의 건강일 것이다. 특히 수험생을 둔 부모라면 그 관심은 말로 단정지을 수 없다. 수험생 자신이나 부모가 알아야 한 평소 건강 관리법, 제일 이겨내기 힘든 계절인 여름철 건강 관리법, 조심해야 할 질병들에 대해 예방법, 치료법을 상세하게 소개하고 있다. 신국판 / 304쪽 / 12,000원

알기 쉬운 간질환 119 이관식 지음
간염이 있는 사람이 술잔을 돌릴 경우 간염이 전염될까? 우리는 간이 소중한 존재임을 알면서도 혹사시키는 일이 많다. 간염 전염 및 간경화, 간암 등에 대한 잘못된 지식을 제대로 잡아주고 간과 관련된 병을 예방하는 법, 병에 걸렸을 때 치료하고 관리하는 법 등을 상세히 수록하여 간을 건강하게 지킬 수 있도록 해준다.
신국판 / 264쪽 / 11,000원

밥으로 병을 고친다 허봉수 지음
우리가 하루 세 끼 식사에서 대하는 밥상이 우리의 건강을 지켜주는 최고의 건강지킴이다. 이 간단 명료한 진리를 알면서도 우리는 다른 방법으로 건강을 지키려고 한다. 건강을 지키는 일은 어렵고 특별한 일이 아니라 보통의 밥상에서 지킬 수 있는 일임을 강조하고 거기에 맞는 실제 사례를 제시하여 비슷한 사례에서 응용할 수 있게 내용을 구성하고 있다. 대국전판 / 352쪽 / 13,500원

알기 쉬운 신장병 119 김형규 지음
신장병은 특별한 증상이 없어 조기진단이 힘들다고 한다. 그러나 진단과 치료의 혜택으로 완치를 할 수 있는 병이라고도 한다. 일상생활 속에서 신장병을 파악할 수 있는 자가진단법, 신장병을 검사하고 치료하는 방법, 신장병과 관련 있는 질병들을 일반인들이 이해하기 수준에서 설명하고 있다. 또한 신장병과 관련 있는 생활 속의 정보를 부록으로 수록하여 내용의 깊이를 더해 주고 있다.
신국판 / 240쪽 / 10,000원

마음의 감기 치료법 우울증 119 이민수 지음
우울증에는 예외의 대상이 없다. 현대인이라면 누구나 우울증에 걸릴 수 있다는 전제 아래 일반인들이 쉽게 이해할 수 있는 우울증을 담고 있다. 남에게, 가족에게 숨겨야 하는 몹쓸 병이 아니라 바르고 정확하게 알아야 건강한 삶을 누릴 수 있는 병임을 알리면서 우울증을 치료하는 법, 환자 본인과 가족 및 주위에서 가져야 할 자세 등을 알려준다. 대국전판 / 232쪽 / 9,800원

관절염 119 송영욱 지음
"비가 오려나? 왜 이리 무릎이 쑤시나." 이렇게 표현되는 관절염에는 일반인들이 잘 알지 못하는 다른 종류의 관절염도 있다. 이러한 관절염을 일반인들의 입장에서 쉽게 이해하고 예방하고 치료할 수 있는 방법을 소개하고 있다. 생활 속에서의 습관을 고치고 운동을 통해서 허리나 다리가 아픈 통증에서 벗어날 수 있다.
대국전판 / 224쪽 / 9,800원

내 딸을 위한 미성년 클리닉 강병문·이향아·최정원 지음
서울 아산병원 미성년 클리닉팀의 새로운 제안!! 청소년기의 건강 상태는 평생을 좌우한다. 이 시기를 어떻게 보내느냐에 따라 60년 인생이 완전히 달라질 수 있다. 특히 여자라면 꼭 알아야할 건강 이야기로 자라나는 우리 딸들이 자신의 몸을 소중히 하는데 도움이 될 것이다. 국판 / 148쪽 / 8,000원

암을 다스리는 기적의 치유법
케이 세이헤이 감수 / 카와키 나리카즈 지음 / 민병수 옮김
저분자 수용성 키토산의 파워!! 항암제나 방사선 치료의 부작용을 경감시키고 그 효과를 오래 지속시켜주는 효과를 비롯한 키토산의

6대 항암 효과를 통하여 암에 탁월한 효과가 있는 수용성 키토산의 전신 면역 요법에 대하여 알 수 있을 것이다. 더불어 자연치유력에 대한 강한 믿음을 갖게 된다. 신국판 / 256쪽 / 9,000원

스트레스 다스리기
대한불안장애학회 스트레스관리연구특별위원회 지음
스트레스 분야의 21명의 전문가가 쓴 스트레스 해소법. 암보다 무서운 병, 스트레스를 줄이면 10년은 젊게 살 수 있다.
신국판 / 304쪽 / 12,000원

천연 식초 건강법
건강식품연구회 엮음 / 신재용(해성한의원 원장) 감수
가장 쉽게 구할 수 있고 경제적인 식품이면서 상상할 수 없을 정도로 뛰어난 약효를 지닌 식초의 모든 것을 담은 건강지침서!
신국판 / 252쪽 / 9,000원

암에 대한 모든 것 서울아산병원 암센터 지음
이 책은 우리나라에서 특히 발병률이 높은 7가지 암에 대해 철저히 분석한 책이다. 해당 암의 원인부터 발병률, 원인 및 진단법, 치료법, 예방법 및 관리법, 해당 암에 대해 잘못 알려진 상식 등 암에 대한 보다 실질적이고 구체적인 정보를 담았다. 암에 대한 정보를 필요로 이들이 보다 효율적으로 이용할 수 있는 책이다.
신국판 / 360쪽 / 13,000원

알록달록 컬러 다이어트 이승남 지음
이 시대의 트렌드인 웰빙 열풍 가운데 컬러 푸드가 커다란 아이템으로 자리 잡고 있다. 이 책에서는 다이어트 시에 생기는 스트레스와, 스트레스로 인한 활성산소, 다이어트로 인한 영양불균형 등을 컬러 푸드를 이용하여 우리 몸을 젊고 건강하고 아름답게 가꾸는 방법을 상세히 제시하여 주고 있다. 또한 비만이 아닌 체형교정을 원하는 분들에게는 올바른 운동법과 마사지요법을 통하여 문제를 해결할 수 있도록 길을 열어준다. 국판 / 248쪽 / 10,000원

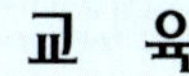

교 육

우리 교육의 창조적 백색혁명
원상기 지음 / 신국판 / 206쪽 / 6,000원

현대생활과 체육
조창남 외 5명 공저 / 신국판 / 340쪽 / 10,000원

퍼펙트 MBA IAE유학네트 지음 / 신국판 / 400쪽 / 12,000원

유학길라잡이 I - 미국편
IAE유학네트 지음 / 4×6배판 / 372쪽 / 13,900원

유학길라잡이 II - 4개국편
IAE유학네트 지음 / 4×6배판 / 348쪽 / 13,900원

조기유학길라잡이.com
IAE유학네트 지음 / 4×6배판 / 428쪽 / 15,000원

현대인의 건강생활
박상호 외 5명 공저 / 4×6배판 / 268쪽 / 15,000원

천재아이로 키우는 두뇌훈련
나카마츠 요시로 지음 / 민병수 옮김 / 국판 / 288쪽 / 9,500원

두뇌혁명
나카마츠 요시로 지음 / 민병수 옮김 / 4×6판 양장본 / 288쪽 / 12,000원

테마별 고사성어로 익히는 한자
김경익 지음 / 4×6배판 변형 / 248쪽 / 9,800원

生生 공부비법 이은승 지음 / 대국전판 / 272쪽 / 9,500원

자녀를 성공시키는 습관만들기 배은경 지음
성공하는 자녀를 꿈꾸는 부모들이 알아야 할 자녀 교육법 소개. 부모는 자녀 인생의 주연이 아님을 알아야 하며 부모의 좋은 습관, 건전한 생각이 자녀의 성공 인생을 가져온다는 내용을 담은 부모 및 자녀 모두를 위한 자기 계발서. 대국전판 / 232쪽 / 9,500원

한자능력검정시험 1급 한자능력검정시험연구위원회 편저
한자능력검정시험의 최상급인 1급 대비서. 2~8급 배정한자(2355자)를 포함하는 1급 배정한자 3500자에 관한 유래, 활용 예, 사자성어, 예상문제 등을 완벽 수록하여 시험에 만전을 기할 수 있게 하였다. 또한 쓰기 배정한자 2005자에 대한 부록도 수록하여 읽기와 쓰

기 한자 익힘이 완벽하게 이루어지도록 하였다.
4×6배판 / 568쪽 / 21,000원

한자능력검정시험 2급 한자능력검정시험연구위원회 편저
국어사전식 단어 배열, 내용을 쉽게 이해할 수 있도록 도와주는 일러스트, 기출 문제의 완전 분석을 바탕으로 한 예상 문제 수록 등 한자능력검정시험 2급을 준비하는 사람들을 위한 완벽 대비서.
4×6배판 / 472쪽 / 18,000원

한자능력검정시험 3급(3급II) 한자능력검정시험연구위원회 편저
4급 한자를 포함한 3급·3급II 배정한자 1817자 각 한자에 대한 어원 및 실용 사례를 수록하였다. 각 한자의 배열은 가, 나, 다…의 국어사전식 배열을 채택하여 음만 알아도 한자를 쉽게 찾을 수 있게 하였다. 또한 한자의 이해를 돕는 일러스트, 3급·3급II 한자를 포함한 실생활에 응용할 수 있는 생활 한자 코너를 배정하여 학습의 깊이를 더해주고 있다. 끝으로 기출문제 분석에 맞춘 예상문제와 쓰기 배정 한자를 실어 3급·3급II 한자 학습을 완전히 익힐 수 있게 하였다. 4×6배판 / 440쪽 / 17,000원

한자능력검정시험 4급(4급II) 한자능력검정시험연구위원회 편저
국어사전식 단어 배열, 4급 한자 1000자 필순 수록, 생활에서 활용할 수 있는 활용 한자 요점정리, 생활 속에서 자주 쓰이는 약자, 한자의 이해를 돕기 위한 일러스트와 유래 설명, 4급 한자 1000자를 응용한 한자 심화 학습, 기출 문제를 완전 분석한 후 그에 따라 엄선한 예상문제 수록 등 4급 한자 익히기와 시험에 대비하는 모든 사람들을 위한 완벽 대비서. 4×6배판 / 352쪽 / 15,000원

한자능력검정시험 5급 한자능력검정시험연구위원회 편저
국어사전식 단어 배열, 5급 한자 500자 따라 쓰기, 생활에서 활용할 수 있는 활용 한자 요점정리, 생활 속에서 자주 쓰이는 약자, 한자의 이해를 돕기 위한 일러스트와 유래 설명, 기출 문제를 완전 분석한 후 그에 따라 엄선한 예상문제 수록 등 5급 한자 익히기와 시험에 대비하는 모든 사람들을 위한 완벽 대비서.
4×6배판 / 264쪽 / 11,000원

한자능력검정시험 6급 한자능력검정시험연구위원회 편저
국어사전식 단어 배열, 6급 한자 300자 따라 쓰기, 생활에서 활용할 수 있는 활용 한자 요점정리, 한자의 이해를 돕기 위한 일러스트와 유래 설명, 기출 문제를 완전 분석한 후 그에 따라 엄선한 예상문제 수록 등 6급 한자 익히기와 시험에 대비하는 모든 사람들을 위한 완벽 대비서. 4×6배판 / 168쪽 / 8,500원

한자능력검정시험 7급 한자능력검정시험연구위원회 편저
국어사전식 단어 배열, 각 한자 배우기에 도움이 되는 일러스트를 곁들이고 한자의 구성 원리를 설명해 놓아 한자 배우기가 재미있고 쉽다. 또한 따라쓰기를 통해 한자 익히기를 완전하게 끝낼 수 있도록 하였으며 활용 예문을 다양하게 예시해 놓았다.
4×6배판 / 152쪽 / 7,000원

한자능력검정시험 8급 한자능력검정시험연구위원회 편저
8급 한자 50자에 대해 각 한자 배우기에 도움이 되는 일러스트를 곁들이고 한자의 구성 원리를 설명해 놓아 한자 배우기가 재미있고 쉽다. 또한 따라쓰기를 통해 기본 한자 익히기를 완전하게 끝낼 수 있도록 하였으며 기본 50개의 한자를 활용한 예문을 다양하게 예시해 놓았다. 4×6배판 / 112쪽 / 6,000원

볼링의 이론과 실기 이택상 지음 / 신국판 / 192쪽 / 9,000원

고사성어로 끝내는 천자문 조준상 글/그림
고사성어에 얽힌 일화를 재미있는 만화로 엮어, 만화를 보면서 고사성어도 익힐 수 있는 일석이조의 만화 학습서이다. 특히 국가공인 한자능력검정시험 4급에 나오는 한자를 수록하고 있어 자격증을 준비하는 데에 도움을 줄 뿐만 아니라 실생활에 응용할 수 있는 생활한자가 수록되어 있어 교양을 넓히는 데에도 많은 도움이 될 것이다. 4×6배판 / 216쪽 / 12,000원

내 아이 스타 만들기 김민성 지음
이 책은 평범한 가정에서 태어난 초등학생 예랑이가 자신의 재능을 발견해가는 과정과 그것을 지켜보는 부모님을 통하여 현대의 많은 부모님들이 자신의 자녀들에게 어떤 교육방식과 마음가짐으로 아이의 뒷바라지를 해줘야 할지 그 방향을 제시해주고 있다.
신국판 / 200쪽 / 9,000원

취미 · 실용

김진국과 같이 배우는 와인의 세계 김진국 지음
포도주 역사에서 분류, 원료 포도의 종류와 재배, 양조·숙성·저장, 시음법, 어울리는 요리와 와인의 유통과 소비, 와인 시장의 현황과 전망, 와인 판매 요령, 와인의 보관과 재고의 회전, '와인 양조 비밀의 모든 것'을 동영상으로 담은 CD까지, 와인의 모든 것이 담긴 종합학습서. 국배판 변형양장본(올 컬러판) / 208쪽 / 30,000원

경제 · 경영

CEO가 될 수 있는 성공법칙 101가지
김승룡 편역 / 신국판 / 320쪽 / 9,500원

정보소프트 김승룡 지음 / 신국판 / 324쪽 / 6,000원

기획대사전 다카하시 겐코 지음 / 홍영의 옮김
기획에 관련된 모든 사항을 실례와 도표를 통하여 초보자에서 프로 기획맨에 이르기까지 효율적으로 활용할 수 있도록 체계적으로 총망라하였다. 신국판 / 552쪽 / 19,500원

맨손창업 · 맞춤창업 BEST 74 양혜숙 지음
창업대행 현장 전문가가 추천하는 유망업종을 7가지 주제별로 나누어 수록한 맞춤창업서로 창업예비자들에게 창업의 길을 밝혀줄 발로 뛰면서 만든 실무 지침서!! 신국판 / 416쪽 / 12,000원

무자본, 무점포 창업! FAX 한 대면 성공한다
다카시로 고시 지음 / 홍영의 옮김 / 신국판 / 226쪽 / 7,500원

성공하는 기업의 인간경영 중소기업 노무 연구회 편저 / 홍영의 옮김
무한경쟁시대에서 각 기업들의 다양한 경영 실태 속에서 인사·노무 관리 개선에 있어서 기업의 효율을 높이고 발전을 이룰 수 있는 원칙을 제시. 신국판 / 368쪽 / 11,000원

21세기 IT가 세계를 지배한다 김광희 지음
21세기 화두로 떠오른 IT혁명의 경쟁력에 대해서 전문가의 논리적이고 철저한 해설과 더불어 매장 끝까지 실제 사례를 곁들여 설명.
신국판 / 380쪽 / 12,000원

경제기사로 부자아빠 만들기 김기태 · 신현태 · 박근수 공저
날마다 배달되는 경제기사를 꼼꼼히 챙겨보는 사람만이 현대생활에서 부자가 될 수 있다. 언론인의 현장감각과 학자의 전문성을 접목시킨 것이 이 책의 특성! 누구나 이 책을 읽고 경제원리를 체득, 경제예측을 할 수 있게 준비된 생활경제서적.
신국판 / 388쪽 / 12,000원

포스트 PC의 주역 정보가전과 무선인터넷 김광희 지음
포스트 PC의 주역으로 급부상하고 있는 정보가전과 무선인터넷 그리고 이를 구현하기 위한 관련 테크놀러지를 체계적으로 소개.
신국판 / 356쪽 / 12,000원

성공하는 사람들의 마케팅 바이블 채수명 지음
최근의 이론을 보완하여 내놓은 마케팅 관련 실무서. 마케팅의 정보전략, 핵심요소, 컨설팅실무까지 저자의 노하우와 창의적인 이론이 결합된 마케팅서. 신국판 / 328쪽 / 12,000원

느린 비즈니스로 돌아가라
사카모토 게이이치 지음 / 정성호 옮김
미국식 스피드 경영에 익숙해져 현실의 오류를 간과하고 있는 사람들을 위한 어떻게 팔 것인가보다 무엇을 팔 것인가를 설명하는 마케팅 컨설턴트의 대안 제시서! 신국판 / 276쪽 / 9,000원

적은 돈으로 큰돈 벌 수 있는 부동산 재테크 이원재 지음
700만 원으로 부동산 재테크에 뛰어들어 100배 불린 저자가 부동산 재테크를 계획하고 있는 사람들이 반드시 알아두어야 할 내용을 경험담을 담아 해설해 놓은 경제서. 신국판 / 340쪽 / 12,000원

바이오혁명 이주영 지음
21세기 국가간 경쟁부문으로 새로이 떠오르고 있는 바이오혁명에 관한 기초지식을 언론사에 몸담고 있는 현직 기자가 아주 쉽게 해설해 놓은 바이오 가이드서. 바이오 관련 용어 해설 수록.
신국판 / 328쪽 / 12,000원

성공하는 사람들의 **자기혁신 경영기술** 채수명 지음
자기 계발을 통한 신지식 자기경영마인드를 갖추어야 한다는 전제
아래 그 방법을 자세하게 알려주는 자기계발 지침서.
신국판 / 344쪽 / 12,000원

CFO 교텐 토요오 · 타하라 오키시 지음 / 민병수 옮김
일반인들에게 생소한 용어인 CFO, 즉 최고 재무책임자의 역할이
지금까지와는 완전히 달라져야 한다. 기업을 이끌어가는 새로운 키
잡이로서의 CFO의 역할, 위상 등을 일본의 기업을 중심으로 하여
알아보고 바람직한 방향을 제시한다. 신국판 / 312쪽 / 12,000원

네트워크시대 네트워크마케팅 임동학 지음
학력, 사회적 지위 등에 관계 없이 자신이 노력한 만큼 돈을 벌 수
있는 네트워크마케팅에 관해 알려주는 안내서.
신국판 / 376쪽 / 12,000원

성공리더의 7가지 조건
다이앤 트레이시 · 윌리엄 모건 지음 / 지창영 옮김
개인과 팀, 조직관계의 개선을 위한 방향제시 및 실천을 위한 안내
자 역할을 해주는 책. 현장에서 활용할 수 있는 실용서.
신국판 / 360쪽 / 13,000원

김종결의 **성공창업** 김종결 지음
'누구나 창업을 할 수는 있지만 아무나 돈을 버는 것은 아니다' 라는
전제 아래 중견 연기자로서, 음식점 사장님으로 성공한 탤런트 김
종결의 성공비결을 통해 창업전략과 성공전략을 제시한다.
신국판 / 340쪽 / 12,000원

최적의 타이밍에 **내 집 마련하는 기술** 이원재 지음
부동산을 통한 재테크의 첫걸음 '내 집 마련' 의 결정판. 체계적이고
한눈에 쏙 들어 오는 '내 집 장만 과정' 을 쉽게 풀어놓은 부동산재
테크서. 신국판 / 248쪽 / 10,500원

컨설팅 세일즈 *Consulting sales* 임동학 지음
발로 뛰는 영업이 아니라 머리로 하는 영업이 절실히 요구되는 시대
상황에 맞추어 고객지향의 세일즈, 과제해결 세일즈, 구매자와 공급
자 간에 서로 만족하는 세일즈법 제시. 대국전판 / 336쪽 / 13,000원

연봉 10억 만들기 김농주 지음
연봉으로 말해지는 임금을 재테크 하여 부자가 될 수 있는 방법 제
시. 고액의 연봉을 받기 위해서 개인이 갖추어야 할 실무적 능력,
태도, 마음가짐, 재테크 수단 등을 각 주제에 따라 구체적으로 제시
함으로써 부자를 꿈꾸는 사람들이 그 희망을 이룰 수 있게 해준다.
국판 / 216쪽 / 10,000원

주5일제 근무에 따른 **한국형 주말창업** 최효진 지음
우리나라 실정에 맞는 주말창업 아이템의 제시 및 창업시 필요한
정보를 얻을 수 있는 곳, 주의해야 할 점, 실전 인터넷 쇼핑몰 창업,
표준사업계획서 등을 수록하여 지금 당장이라도 내 사업을 할 수
있게 해주는 창업 길라잡이서. 신국판 변형 양장본 / 216쪽 / 10,000원

돈 되는 땅 돈 안되는 땅 김영준 지음
부동산 틈새시장에서 성공하는 투자 노하우를 신행정수도 예정지
및 고속철도 역세권 등 투자 유망지역을 중심으로 완벽하게 수록해
놓은 부동산 재테크서. 신국판 / 320쪽 / 13,000원

돈 버는 회사로 만들 수 있는 109가지
다카하시 도시노리 지음 / 민병수 옮김
회사경영에서 경영자가 꼭 알아야 할 기본 사항 수록. 내용이 항목
별로 정리되어 있어 원하는 자료를 바로 찾아 볼 수 있는 것이 최대
의 장점. 이 책을 통해서 불필요한 군살을 빼고 강한 근육질을 가진
돈 버는 회사를 만들어 보자. 신국판 / 344쪽 / 13,000원

프로는 디테일에 강하다 김미현 지음
탄탄하게 자리를 잡은 15군데 중소기업의 여성 CEO들이 회사를 운
영하면서 겪은 어려움, 기쁨 등을 자서전 형식을 빌어 솔직 담백하
게 얘기했다. 예비 창업자들을 위한 조언, 경영 철학, 성공 요인도
담고 있어 창업을 준비하는 사람들에게 도움이 될 것이다.
신국판 / 248쪽 / 9,000원

머니투데이 송복규 기자의 **부동산으로 주머니돈 100배 만들기** 송복규 지음
재테크 수단으로 새롭게 각광 받고 있는 부동산을 이용한 재산 증
식 방법 수록. 부동산 재료별 특성에 따른 맞춤 투자전략을 제시하
고 알아두면 편리한 부동산 상식도 알려준다. 현직 전문 기자의 예
리한 분석과 최신 정보가 담겨 있는 부동산재테크 가이드서.
신국판 / 328쪽 / 13,000원

성공하는 슈퍼마켓&편의점 창업 나명환 지음
슈퍼마켓이나 편의점을 창업하려고 하는 사람들을 위한 창업 가이
드서. 어느 위치에 얼마만한 크기로, 어떤 상품을 갖추고 어떤 마인
드로 창업하고 영업해야 대형할인점과의 경쟁에서 살아남을 수 있
는지 등을 저자의 실제 경험과 통계, 전문가들의 의견을 바탕으로
상세하게 소개. 4×6배판 변형 / 500쪽 / 28,000원

대한민국 성공 재테크 **부동산 펀드와 리츠로 승부하라** 김영준 지음
새로운 재테크 수단으로 세간의 관심을 모으고 있는 부동산 펀드와
리츠에 관한 투자 안내서. 리스크 없이 투자에 성공하기 위해서 알
아두어야 할 주의사항, 펀드 및 리츠 관련 상품 설명, 실제로 투자
되고 있는 물건을 수록하여 책을 통해서 실전 투자감각을 익힐 수
있게 하였다. 신국판 / 256쪽 / 12,000원

마일리지 200% 활용하기 박성희 지음
우리 주변에는 마일리지와 관련 있는 다양한 카드가 있다. 신용카
드로부터 시작하여 이동통신사의 멤버십 카드, 캐시백 카드, 각 업
소의 스탬프 카드 등 다양한 종류의 카드가 각기 특성을 가지고 우
리 생활 속에서 이용되고 있다. 잘 알고 활용하면 개인의 주머니 경
제, 가계의 살림에 보탬이 되는 각종 마일리지에 관한 최신 정보를
한 권에 모아 놓았다. 이 책의 내용을 잘 활용하면 새는 돈을 알뜰
살뜰 모으는 길이 보일 것이다. 국판 변형 / 200쪽 / 8,000원

1%의 가능성에 도전, **성공 신화를 이룬 여성 CEO** 김미현 지음
탄탄하게 자리를 잡은 15군데 중소기업의 여성 CEO들이 회사를 운
영하면서 겪은 어려움, 기쁨 등을 자서전 형식을 빌어 솔직 담백하
게 얘기했다. 예비 창업자들을 위한 조언, 경영 철학, 성공 요인도
담고 있어 창업을 준비하는 사람들에게 도움이 될 것이다.
신국판 / 248쪽 / 9,500원

3천만 원으로 **부동산 재벌 되기** 최수길 · 이숙 · 조연희 지음
전세에 머물고 있는 일반 서민들에게 가정의 보금자리인 내 집 마
련의 길을 안내하고 여유자금을 가지고 소액으로도 투자할 수 있는
알짜 재테크 정보를 소개하고 있다. 신국판 / 290쪽 / 12,000원

10년을 앞설 수 있는 **재테크** 노동규 지음
이 책은 돈이 모아지는 기본적인 구조를 설명하여 우리들의 평범한
삶에 영향을 끼치는 머니 시스템에 대해 알려주고 있다. 때문에 이
제 막 재테크를 시작하는 2, 30대 직장인을 비롯한 주부들에게 바람
직한 재테크 실천전략을 제시하는 책이라 할 수 있다.
신국판 / 260쪽 / 10,000원

세계 최강을 추구하는 **도요타 방식**
나카야마 키요타카 지음 / 민병수 옮김
'도요타 생산 방식' 의 개발자인 오노 타이이치에게서 전수받은 경
영철학과 실천방안을 소개하고 있다. 끝없이 낭비를 철저하게 제거
하고 고객이 원하는 만큼 생산하여 재고를 최소화하는 JIT(Just-In-
Time)의 진정한 의미, 고객의 최대 만족을 확보하기 위하여 납품 공
정을 최적화하는 딜리버리 설계 등의 기법을 중점적으로 소개한다.
신국판 / 300쪽 / 12,000원

주　식

개미군단 대박맞이 주식투자
홍성걸(한양증권 투자분석팀 팀장) 지음 / 신국판 / 310쪽 / 9,500원

알고 하자! 돈 되는 주식투자
이길영 외 2명 공저 / 신국판 / 388쪽 / 12,500원

항상 당하기만 하는 개미들의 매도 · 매수타이밍 **999% 적중 노하우**
강경무 지음 / 신국판 / 336쪽 / 12,000원

부자 만들기 주식성공클리닉
이창희 지음 / 신국판 / 372쪽 / 11,500원

선물 · 옵션 이론과 실전매매
이창희 지음 / 신국판 / 372쪽 / 12,000원

너무나 쉬워 재미있는 주가차트
홍성무 지음 / 4×6배판 / 216쪽 / 15,000원

주식투자 직접 투자로 높은 수익을 올릴 수 있는 비결
저금리 · 고령화 시대를 대비한 개인자산관리의 확실한 방법을 제시
한 책이다. 미국뿐만 아니라 일본, 중국, 홍콩, 대만, 브라질 등의 주
식 시장의 철저한 분석과 데이터화를 통해 한국 주식 시장에 맞는 가
치주를 발굴하고 투자할 수 있는 확실한 성공 전략을 제시한다.
김학균 지음 / 신국판 / 230쪽 / 11,000원

코끼리와 원숭이의 우화를 히딩크의 창조적 경영기법과 리더십에 대비하여 자기혁신, 기업혁신을 꾀하는 창의력 개발법을 제시.
신국판 / 208쪽 / 8,500원

성공하려면 유머와 위트로 무장하라 민영욱 지음
21세기에 들어 새로운 추세를 형성하고 있는 말 잘하기. 이러한 추세에 맞추어 현재 스피치 강사로 활약하고 있는 저자가 말을 잘하는 방법과 유머와 위트를 만들고 즐기는 방법을 제시한다.
신국판 / 292쪽 / 9,500원

등소평의 오뚝이전략 조창남 편저
중국 역사상 정치 · 경제 · 학문 등의 분야에서 최고 위치에 오른 리더들의 인재활용, 상황 극복법 등 처세 전략 · 전술을 통해 이 시대의 성공인으로 자리매김하는 해법 제시. 신국판 / 304쪽 / 9,500원

노무현 화술과 화법을 통한 이미지 변화 이현정 지음
현재 불교방송에서 활동하고 있는 이현정 아나운서의 화술 길라잡이서. 노무현 대통령의 독특한 화술과 화법을 통해 리더로서, 성공인으로서 갖추어야 할 화술 화법을 배우는 화술 실용서.
신국판 / 320쪽 / 10,000원

성공하는 사람들의 토론의 법칙 민영욱 지음
다양한 사람들의 다양한 욕구를 하나로 응집시키는 수단으로 등장하고 있는 토론에 관해 간단하고 쉽게 제시한 토론 길라잡이서.
신국판 / 280쪽 / 9,500원

사람은 칭찬을 먹고산다 민영욱 지음
현대에서 성공하는 사람으로 남기 위해서는 남을 칭찬할 줄도 알아야 한다. 성공하는 사람이 되기 위해서 알아야 할 칭찬 스피치의 기법, 특징 등을 실생활에 적용해 설명해놓은 성공처세 지침서.
신국판 / 268쪽 / 9,500원

사과의 기술 김농주 지음
미안하다는 말에 인색한 한국인들에게 "I'm sorry."가 성공을 위한 처세 기법으로 다가온다. 직장, 가정 등 다양한 환경에서 사과 한마디의 의미, 기능을 알아보고 효율성을 가진 사과가 되기 위해 갖추어야 할 조건을 제시한다. 신국판 변형 양장본 / 200쪽 / 10,000원

취업 경쟁력을 높여라 김농주 지음
각 기업별 특성 및 취업 정보 분석과 예비 취업자의 능력 개발, 자신의 적성에 맞는 직종과 직장 잡는 법을 상세하게 수록.
신국판 / 280쪽 / 12,000원

유비쿼터스시대의 블루오션 전략 최양진 지음
나날이 치열해지는 경쟁 환경 속에서 최후의 웃는 사람이 되기 위해서는 시대의 흐름에 빨리 적응하고, 정보를 신속하게 받아들이며, 남과는 다른 튀는 행동을 해야 한다고 저자는 주장한다. 유비쿼터스시대를 맞아 생존 경쟁에서 살아남는 지혜, 전략을 현실 점검을 바탕으로 세우는 방법 제시. 신국판 / 248쪽 / 10,000원

나만의 블루오션 전략 - 화술편 민영욱 지음
모든 사람과의 관계에는 대화가 있게 마련이다. 특히 직장인이나 비즈니스를 하는 CEO들은 더욱 절실히 느낄 것이다. 이 책에는 일반적으로 나누는 대화의 기법부터 좀더 부드러운 분위기를 위한 유머화술의 기법까지 총망라하여 성공된 리더가 될 수 있는 방법을 제시한다. 신국판 / 254쪽 / 10,000원

희망의 씨앗을 뿌리는 20대를 위하여 우광균 지음
이 책은 예측대로 살아지지 않는 인생에 이제 막 발을 들여놓은 사회 초년생에게 인생의 지침이 되어줄 조언이 담겨 있다. 저자 자신이 경험한 실제 사례들을 통해 우리가 일상에서 쉽게 접하는 모든 일들을 어떻게 받아들이고 또 얻을 수 있는 것은 무엇인지 알려주고 있다.
신국판 / 172쪽 / 8,000원

끌리는 사람이 되기위한 이미지 컨설팅 홍순아 지음
비주얼 시대에는 필요한 순간에 필요한 이미지를 정확하게 표출할 수 있어야 성공적인 인생을 살아갈 수 있다. 그러므로 자신만의 이미지를 만드는 것은 이 시대 가장 큰 경쟁력이다. 이 책은 자연스럽게, 때로는 전략적으로, 자신만의 이미지를 다듬고 만드는 방법을 알기 쉽게 제시하고 있다. 대국전판 / 194쪽 / 10,000원

명 상

명상으로 얻는 깨달음 달라이 라마 지음 / 지창영 옮김
티베트의 정신적 지도자이자 실질적 지도자인 달라이 라마의 수많

은 가르침 가운데 현대인에게 필요해지고 있는 인내에 대한 이야기.
국판 / 320쪽 / 9,000원

어 학

2진법 영어 이상도 지음 / 4×6배판 변형 / 328쪽 / 13,000원
한 방으로 끝내는 영어 고제윤 지음 / 신국판 / 316쪽 / 9,800원
한 방으로 끝내는 영단어 김승엽 지음 / 김수경 · 카렌다 감수 /
4×6배판 변형 / 236쪽 / 9,800원
해도해도 안 되던 영어회화 하루에 30분씩 90일이면 끝낸다
Carrot Korea 편집부 지음 / 4×6배판 변형 / 260쪽 / 11,000원
바로 활용할 수 있는 기초생활영어
김수경 지음 / 신국판 / 240쪽 / 10,000원
바로 활용할 수 있는 비즈니스영어
김수경 지음 / 신국판 / 252쪽 / 10,000원
생존영어55 홍일록 지음 / 신국판 / 224쪽 / 8,500원
필수 여행영어회화 한현숙 지음 / 4×6판 변형 / 328쪽 / 7,000원
필수 여행일어회화 윤영자 지음 / 4×6판 변형 / 264쪽 / 6,500원
필수 여행중국어회화 이은진 지음 / 4×6판 변형 / 256쪽 / 7,000원
영어로 배우는 중국어 김승엽 지음 / 신국판 / 216쪽 / 9,000원
필수 여행스페인어회화 유연창 지음 / 4×6판 변형 / 288쪽 / 7,000원
바로 활용할 수 있는 홈스테이 영어
김형주 지음 / 신국판 / 184쪽 / 9,000원

레포츠

수열이의 브라질 축구 탐방 삼바 축구, 그들은 강하다
이수열 지음 / 신국판 / 280쪽 / 8,500원
마라톤, 그 아름다운 도전을 향하여
빌 로저스 · 프리실라 웰치 · 조 헨더슨 공저 /
오인환 감수 / 지창영 옮김 / 4×6배판 / 320쪽 / 15,000원
퍼팅 메커닉 이근택 지음
감각에 의존하는 기존 방식의 퍼팅은 이제 그만!!
저자 특유의 과학적 이론을 신체근육 운동학에 접목시켜 몸의 무리를 최소한으로 덜고 최대한의 정확성과 거리감을 갖게 하는 새로운 퍼팅 메커닉 북. 4×6배판 변형 / 192쪽 / 18,000원
아마골프 가이드 정영호 지음
골프를 처음 시작하는 모든 아마추어 골퍼를 위해 보다 쉽고 빠르게 이해할 수 있도록 내용이 구성된 아마골프 레슨 프로그램서.
4×6배판 변형 / 216쪽 / 12,000원
인라인스케이팅 100%즐기기 임미숙 지음
레저 문화에 새로운 강자로 자리매김하고 있는 인라인 스케이팅을 안전하고 재미있게 즐길 수 있도록 알려주는 인라인 스케이팅 지침서. 각단계별 동작을 한눈에 알아볼 수 있도록 세부 동작별 일러스트 수록. 4×6배판 변형 / 172쪽 / 11,000원
배스낚시 테크닉 이종건 지음
현재 한국배스스쿨에서 강사로 활약하고 있는 아마추어 배스 낚시꾼과 중급 수준의 배스 낚시꾼들이 자신의 실력을 한 단계 업그레이드 시킬 수 있도록 루어의 활용, 응용법 등을 상세하게 해설.
4×6배판 / 440쪽 / 20,000원
나도 디지털 전문가 될 수 있다!!! 이승훈 지음
깜찍한 디자인과 간편하게 휴대할 수 있다는 장점 때문에 새로운 생활필수품으로 자리를 잡아가고 있는 디카 · 디캠을 짧은 시간 안에 쉽게 배울 수 있도록 해놓은 초보자를 위한 디카 · 디캠 길라잡이서. 4×6배판 / 320쪽 / 19,200원
스키 100% 즐기기 김동환 지음
스키 인구의 확산 추세에 따라 스키의 기초 이론 및 기본 동작부터

상급의 기술까지 단계별 동작을 전문가의 동작사진을 곁들여 내용 구성. 4×6배판 변형 / 184쪽 / 12,000원

태권도 총론 하웅의 지음
우리의 국기 태권도에 관한 실용 이론서. 지도자가 알아야 할 사항, 태권도장 운영이론, 응급처치법 및 태권도 경기규칙 등 필수 내용만 수록. 4×6배판 / 288쪽 / 15,000원

건강하고 아름다운 동양란 기르기 난마을 지음
동양란 재배의 첫걸음부터 전시회 출품까지 동양란의 모든 것 수록. 동양란의 구조·특징·종류·감상법, 꽃대 관리·꽃 피우기·발색 요령 등 건강하고 아름다운 동양란 만들기로 구성.
4×6배판 변형 / 184쪽 / 12,000원

수영 100% 즐기기 김종만 지음
물 적응하기부터 수영용품, 수영과 건강, 응용수영 및 고급 수영기술에 이르기까지 주옥 같은 수중촬영 연속사진으로 자세히 설명해주는 수영기법 Q&A. 4×6배판 변형 / 248쪽 / 13,000원

애완견114 황양원 엮음
애완견 길들이기, 애완견의 먹거리, 멋진 애완견 만들기, 애완견의 질병 예방과 건강, 애완견의 임신과 출산, 애완견에 대한 기타 관리 등 애완견을 기를 때 반드시 알아야 할 내용 수록.
4×6배판 변형 / 228쪽 / 13,000원

건강을 위한 웰빙 걷기 이강옥 지음
건강 운동으로서 많은 사람들의 관심을 모으고 있는 걷기운동을 상세하게 설명. 걷기시 필요한 장비, 올바른 걷기 자세를 설명하고 고혈압·당뇨병·비만증·골다공증 등 성인병과 관련해 걷기운동을 했을 때 얻을 수 있는 효과를 수록하여 성인병을 예방하고 치료할 수 있도록 하였다. 대국전판 / 280쪽 / 10,000원

우리 땅 우리 문화가 살아 숨쉬는 옛터 이형권 지음
우리나라에서 가장 가보고 싶은 역사의 현장 19곳을 선정. 그 터에 어린 조상의 숨결과 역사적 증언을 만날 수 있는 시간 제공. 맛있는 집, 찾아가는 길, 꼭 가봐야 할 유적지 등 핵심 내용 선별 수록.
대국전판 올컬러 / 208쪽 / 9,500원

아름다운 산사 이형권 지음
우리나라의 대표적인 산사를 찾아 계절 따라 산사가 주는 이미지, 산사가 안고 있는 역사적 의미를 되새겨 본다. 동시에 산사를 찾음으로써 생활에 찌든 현대인들이 삶의 활력을 되찾는 시간을 갖게 한다. 대국전판 올컬러 / 208쪽 / 9,500원

골프 100타 깨기 김준모 지음
읽고 따라 하기만 해도 100타를 깰 수 있는 골프의 전략·전술의 비법 공개. 뛰어난 골프 실력은 올바른 그립과 어드레스에서 비롯됨을 강조한 초보자를 위한 실전 골프 지침서.. 4×6배판 변형 / 136쪽 / 10,000원

쉽고 즐겁게! 신나게! 배우는 재즈댄스 최재선 지음
몸치인 사람도 쉽게 따라 하고 배우는 재즈댄스 안내서. 이 책에 실려 있는 기본 동작을 익혀 재즈댄스를 하면 생활 속의 긴장과 스트레스를 털어버리고 활력을 되찾을 수 있으며, 다이어트 효과도 얻을 수 있다. 4×6배판 변형 / 200쪽 / 12,000원

맛과 멋이 있는 낭만의 카페 박성찬 지음
가족끼리, 연인끼리 추억을 만들고 행복한 시간을 보낼 수 있는 서울 근교의 카페를 엄선하여 소개. 카페에 대한 인상 및 기본 정보, 인근 볼거리 등도 함께 수록하여 손 안의 인터넷 정보서가 될 수 있게 했다. 대국전판 올컬러 / 168쪽 / 9,900원

한국의 숨어 있는 아름다운 풍경 이종원 지음
우리나라의 숨어 있는 아름다운 풍경을 찾아 소개하는 여행서. 저자의 여행 감상과 먹거리, 볼거리, 사람 사는 이야기가 담겨 있어 안내서라기보다는 답사기라고 할 수 있다. 서정과 사진이 풍부하게 담겨 있는 그곳에 가고 싶다 시리즈 4번째 책.
대국전판 올컬러 / 208쪽 / 9,900원

사람이 있고 자연이 있는 아름다운 명산 박기성 지음
산을 좋아하는 사람들을 위한 산 안내서. 한번쯤 가보면 좋을 산을 엄선하여 그 산이 갖는 매력을 서정성 짙은 글로 풀어 놓았다. 가는 방법과 둘러 보아야 할 곳도 덤으로 설명.
대국전판 올컬러 / 176쪽 / 12,000원

마음의 고향을 찾아가는 여행 포구 김인자 지음
일상 생활에서 벗어나고 싶다면 우리 국토의 진정한 아름다움을 느끼게 해주는 포구로 가보자. 그 곳에서 사람냄새, 자연이 어우러진 역동성에 삶의 의욕을 되찾을 수 있을 것이다. 시인이자 여행가인 김인자 님이 소개하는 가볼 만한 대표적인 포구 20곳 수록. 볼거리, 먹거리와 함께 서정성 넘치는 글로 포구의 낭만, 삶의 현장을 소개.
대국전판 올컬러 / 224쪽 / 14,000원

골프 90타 깨기 김광섭 지음
90타를 깨고 싱글로 진입할 수 있게 해주는 실전 골프 테크닉서. 스트레칭, 세트 업, 드라이버 스윙, 샷, 어프로치, 퍼팅, 벙커 샷 등의 스윙 원리를 요점을 짚어 정리해 놓았으므로 골퍼 자신의 잘못된 스윙을 바로잡는 데 많은 도움이 될 것이다. 또한 연습장에서 스윙 연습을 하는 방법도 수록해 골프의 재미를 한층 더 배가시켜 즐길 수 있게 하였다. 4×6배판 변형 / 148쪽 / 11,000원

생명이 살아 숨쉬는 한국의 아름다운 강 민병준 지음
물놀이를 하는 아이들, 재첩을 잡는 사람들, 두물머리에 서 있는 연인들. 이 모습은 우리나라의 강변에서 볼 수 있는 정겨운 장면이다. 우리나라의 대표적인 강 15곳을 엄선하여 찾아가는 법, 먹거리, 잘 곳 등을 함께 수록. 또한 강과 연관 있는 인근의 볼거리를 수록하여 가족이나 연인 사이에는 추억을 만들고, 자녀와는 역사공부도 할 수 있게 내용을 아기자기 하게 꾸민 강 여행서.
대국전판 올컬러 / 168쪽 / 12,000원

틈나는 대로 세계여행 김재관 지음
다른 나라를 알고 다른 문화를 알고자 하는 노력은 결국 내 자신의 정신세계를 풍요롭게 하는 일이다. 그리고 여행이 정신세계를 풍요롭게 하는 데 좋은 도구가 될 수 있다. 이 책에는 도전과 모험을 꿈꾸는 사람이라면 한 번은 가보아야 할 세계의 오지에 대한 이야기가 실려 있다. 저자가 엄선한 28개국의 오지에 대한 감상, 교통편, 알아두면 편리한 상식 등이 수록되어 있으므로 여행지에 대한 사전 지식을 쌓는 데 많은 도움이 될 것이다.
4×6배판 변형 올컬러 / 368쪽 / 20,000원

KLPGA 최여진 프로의 센스 골프 최여진 지음
KLPGA 출신 처음으로 쓴 골프 길라잡이. 신체 조건이나 골프채의 길이 또는 무게, 스윙 등 기초에서부터 기술적인 부분까지 미세하게 다른, 그동안 필자가 골프를 하면서 여성으로서 느꼈던 애로사항과 노하우를 담아 모든 골프 마니아들에게 실질적인 도움을 주고 스코어를 줄일 수 있는 해답을 찾게 해줄 것이다.
4×6배판 변형 올컬러 / 192쪽 / 13,900원

해양스포츠 카이트보딩 김남용 편저
국내 유일의 카이트보딩 자격증 소지자가 소개하는 국내 최초의 카이트보딩 안내서. 친절한 안내와 기술 향상을 위한 지식을 담고 있어 초보자에서 마니아에 이르기까지 훌륭한 동반자가 되어줄 것이다.
신국판 올컬러 / 152쪽 / 18,000원

KTPGA 김준모 프로의 파워 골프 김준모 지음
골프의 기원과 역사를 비롯하여 골프의 기본 기술을 체계적으로 숙달할 수 있는 효과적인 연습법, 골퍼에게 필요한 기본 상식들을 모두 수록하였다. 골프를 더욱더 깊이 이해하고 골프를 즐기고 골프를 통하여 삶의 활력소를 얻을 수 있을 뿐만 아니라, 진정한 골퍼로서 거듭날 기회를 제공해줄 것이다.
4×6배판 변형 올컬러 / 192쪽 / 13,900원

골프 80타 깨기 오태훈 지음
80타를 깨고 70타로 진입하겠다는 목표를 세운 골퍼들을 대상으로 스윙의 이론적 풀이보다는 여러 가지 상황에서 위기를 모면할 수 있도록 도와주는 기술과 깨끗한 마무리, 전체적인 스코어를 낮추는 데에 중점을 둔 싱글을 위한 실전 골프 테크닉서로, 이 책만 따라하면 최고의 골퍼를 향한 목표에 도달할 수 있을 것이다.
4×6배판 변형 / 132쪽 / 10,000원

신나는 골프 세상 유응열 지음
MBC-ESPN 골프해설위원 유응열 프로가 쓴 골프의 모든 것이 담겨 있다. 아마추어에서 비기너, 싱글 수준의 골퍼에 이르기까지 이 책을 보면서 하루에 한 가지씩 배우고 익힐 수 있도록 하였다.
4×6배판 변형 올컬러 / 232쪽 / 16,000원

풍경 속을 걷는 즐거움 명상 산책 김인자 지음
우리나라의 사계절 걷기 좋은 곳 21곳 수록. 걸으면서 사색을 즐기고 싶은 사람에게 추천할 만한 책이다. 특히 느림과 침묵에 굶주려 있는 도시인들에게 두 발의 건강한 노동인 걷는 즐거움을 줄 수 있는 책이다. 대국전판 올컬러 / 224쪽 / 14,000원

세계 최강을 추구하는
도요타 방식

2006년 6월 20일 제1판 1쇄 발행

지은이/나카야마 키요타카
옮긴이/민병수
펴낸이/강선희
펴낸곳/가림출판사

등록/1992. 10. 6. 제4-191호
주소/서울시 광진구 구의동 57-71 부원빌딩 4층
대표전화/458-6451   팩스/458-6450
홈페이지/ www.galim.co.kr
전자우편/galim@galim.co.kr

값 12,000원

저자와의 협의하에 인지를 생략합니다.

ISBN 89-7895-239-9 13320

가림출판사 · 가림M&B · 가림Let's의 홈페이지(http://www.galim.co.kr)에 들
어오시면 가림출판사 · 가림M&B · 가림Let's의 신간도서 및 출간 예정 도서를
포함한 모든 책들을 만나실 수 있습니다.
온라인 서점을 통하여 직접 도서 구입도 하실 수 있으며 가림 홈페이지 내에서
전국 대형 서점들의 사이트에 링크하시어 종합 신간 안내 및 각종 도서 정보,
책과 관련된 문화 정보를 받아보실 수 있습니다.
또한 홈페이지 방문시 회원으로 가입하시면 신간 안내 자료를 보내드립니다.